紳士協定
Gentleman's Agreement

スクリーンプレイ

この映画について
About the movie

　この映画の真の主人公ともいえる、世界の放浪の民ユダヤ人を語るとき、彼らからエルサレムの聖地を奪還しようというローマ教皇の号令のもとに、11世紀の終わりから始まった十字軍遠征と、それに続く迫害と苦難の長い歴史に触れねばならない。キリスト教徒のいう「聖戦」なる美名のもとにいわれない攻撃を受け、数世紀にわたって甚大な被害を被り続けてきたユダヤ人たちは、やがて1215年、教皇インノケンティウス3世が召集した第4回ラテラン宗教会議において、キリスト教徒たちとの共存さえ禁じられることになる。キリスト教徒とは異なる衣服を身に付けさせられ、キリスト教徒の使用人を雇用することや官職に就くことを禁じられたばかりか、ユダヤ人であることがはっきりと分かる名前を付けることさえ要求されたのである。もちろん、その後もヨーロッパ各地で彼らに様々な嫌がらせや、いわれなき攻撃が加えられていったことは言うまでもない。そして、遂には1939年10月、ドイツナチスによりまるで動物さながらに強制収容所へと放り込まれ、1942年1月にはユダヤ人全滅作戦のもとで、人類史上最も残酷な大量虐殺が行われるのである。彼らにより無残にも尊い命を奪われたユダヤ人の数は600万とも言われている。

　ヨーロッパにおけるこうした悲惨な状況を逃れることができた幸運なユダヤ人たちは、新大陸アメリカを目指して大西洋の荒波を渡っていった。彼らにとって、憲法で自由と平等を高らかに歌い上げるアメリカは、生き延びることのできる唯一の国だ

ったからである。確かに、アメリカは旧大陸ヨーロッパと異なり、反ユダヤ主義を政府や教会が制度化したり、政治的に利用することはなかった。とはいえ、この反ユダヤ主義なる不条理な差別意識がヨーロッパ大陸から移民とともにアメリカへもたらされていたこともまた事実である。そのためユダヤ人たちが19世紀末から20世紀初頭にかけて、アメリカ人が営々と築いてきた快適な生活領域へと押し寄せるや、彼らのなかで眠っていた反ユダヤ主義が様々な形をとって現れるようになるのである。

ご存じの通り、アメリカは「アメリカンドリーム」の国だ。ベンジャミン・フランクリン(Benjamin Franklin, 1706 - 1790)やリンカーン(Abraham Lincoln, 1809 - 1865)がそうであったように、社会の底辺からたゆまぬ努力の積み重ねによって上昇することが何よりも高く評価される国である。このような競争社会に、厳しい競争を生き抜いてきた百戦錬磨のユダヤ人が大量に流れ込んできたことは、多くのアメリカ人にとって限りない脅威だったのである。全ての国民に等しく成功への機会と競争の自由を与えている平等の世界であったがために、皮肉にも、人々の中に眠っていた反ユダヤ主義が目を覚ましたのだ。結果、悲しいかな、ユダヤ人たちは皆、最後の砦としてすがったアメリカ、自由と富の国であるはずのアメリカでさえも、彼らの逃亡生活の終わりを告げていないという憂鬱な発見を分かち合っているのである。就職時に受ける目に見えない差別、高級ホテルやレストラ

ン、あるいは中産階級の住宅街やアパートからの排斥、さらには1919年のコロンビア大学から始まり、東部の名門私立大学へと急速に広がっていったユダヤ人排除のための入学定員枠などは、彼らの受けた差別のほんの一例に過ぎない。

目に見えない、であるがゆえになおさら陰湿な反ユダヤ主義により、全身に人間の苦悩をにじませながら、屈辱の人生を相手に悪戦苦闘せざるを得ないユダヤ人の悲しい現実と人種偏見に対する限りない怒りを描いたこの映画『紳士協定』(Gentleman's Agreement, 1947)は、ユダヤ系移民の娘としてニューヨークに生まれたローラ・ホブソン(Laura Z. Hobson, 1900 – 1986)が1947年に発表した同名の小説が原作だ。映画化され

るに至った経緯は、ハリウッド映画界の大物プロデューサー、ダリル・ザナック(Darryl Francis Zanuck, 1902 – 1971)がロサンゼルスカントリークラブからユダヤ人と勘違いされ、入会を断られたことがきっかけだった。映画の中の昼食会での1シーン同様に、MGMの前身ゴールドウィン・ピクチャーズの創立者サミュエル・ゴールドウイン(Samuel Goldwyn, 1879 - 1974)をはじめとする20世紀FOXの重役たちはザナックに「トラブルを掻き立てるだけだ」と言って映画化の中止を求めたが、不当に差別されたことに対する彼の怒りは収まらなかった。こうして彼は、原作者と同じくニューヨークのユダヤ人地区で生まれ、多くの辛酸を舐めてきた戯曲家モス・ハート(Moss

Hart, 1904 – 1961) に脚本を依頼する。メガホンを握るのは、この作品でハリウッド映画界に確固たる地位を築くことになる社会派監督エリア・カザン(Elia Kazan, 1909 - 2003)だ。反ユダヤ主義を痛烈に告発する作家グリーンには、ケーリー・グラント(Cary Grant, 1904 - 1986)が拒絶したことから、誠実で正義感に溢れるキャラクターを最も得意とするグレゴリー・ペック (Gregory Peck, 1916 - 2003)が選ばれた。そして彼の両脇は、キャシーに扮するドロシー・マクガイア (Dorothy McGuire, 1916 - 2001)、母親を演じるアン・リヴィア (Anne Revere, 1903 - 1990)、ユダヤ人の親友デイヴを演じるユダヤ系俳優ジョン・ガーフィールド (John Garfield, 1913 - 1952)、編集員アンを好演するセレステ・ホルム (Celeste Holm, 1919 -　2012) ら、第一線で活躍する俳優たちで固められた。

1948 年 3 月 20 日、赤狩りの脅威が大きな足音をたてながら近付きつつあった情勢のなか、ロサンゼルスのシュライン・オーディトリアムで行われた第 20 回アカデミー授賞式では作品賞、主演男優賞、主演女優賞、助演女優賞、監督賞、脚色賞、編集賞の 7 部門にノミネートされ、見事、作品賞、助演女優賞、監督賞を手中に収めた。アメリカ映画界の良心を象徴する、誰もが一度は見るべき作品として誉れ高い、映画史上燦然と光り輝く傑作中の傑作である。

曽根田　憲三（相模女子大学名誉教授）

この映画の魅力
Movie attraction

ユダヤ人に対する偏見と差別。当然のことながら、それが映画『紳士協定』が描き出そうとする主題である。アフリカ系アメリカ人への人種差別と並び、アメリカ合衆国が長年に渡り格闘を続けてきたこの題材は、現在もハリウッドの新作映画で取り上げられることが少なくない。そのなかで1947年公開の本作は、最初期のものとして位置付けられよう。

同種の問題を扱った映画はほかにも数多く存在する。だが、スクリーンという舞台のなかで、この重く、デリケートな、そして根深い暗黒をいかに描き出すかは、制作者側の手腕にかかっている。ドキュメンタリー調で特定の出来事を淡々と提示することもできようし、人間の深層心理に潜む暗部をあぶりだすべく濃密な人物描写を試みることもできる。

その点、『紳士協定』は明快である。差別と偏見の存在をあからさまに白日の下に曝し、観る者に突き付ける。グレゴリー・ペック演じるフィル・グリーンは、偏見に対し真っ向から立ち向かい、たとえ相手が愛する婚約者であっても、自らの信念に照らし

て疑問符が付くのであれば、ゆるぎない正論で応酬する。彼が発する言葉は、僅かなぶれもなく、我々に他の解釈の余地を許さない、いわば正義のヒーローである。

他の登場人物も同様にキャラクターが設定されている。ユダヤ人として差別を受けてきた幼馴染デイビッドの苦渋に満ちた言葉の数々、偏見に対し偽善的な態度をとる自らに葛藤する婚約者キャシー、そしてグリーンから「グリーンバーグ」となったフィルにあからさまに態度を変える同僚たちやアパートの管理人、一家の宿泊を拒否するホテルの支配人。彼らもみな、主人公フィルと同様、人物像と行動が紋切り型で、きわめて単純明快に設定されている。

『紳士協定』を観る我々が受け取るメッセージは、愚直ともいえる。「ユダヤ人差別は根絶しなければならない罪悪である。見て見ぬふりをする者も差別を行う人間と同罪である」。詭弁や虚飾を排した、骨太の正論。それゆえ観る者は、この問題について、逃げることなく正面から思考することを迫られる。雑誌記事執筆のために「ユダヤ人となる」ことを選

択した主人公が受ける差別、そしてニューヨークで出会った女性とのラブロマンス。シンプルなストーリー展開は、むき出しの悪を覆い隠そうとはしない。余計な小細工なしで、我々は「ユダヤ人差別」という問題の渦中に投げ込まれるのである。

　偏見と差別に対する制作側の思想を周到に張り巡らせるのではなく、かといって難解なプロットを放り投げて鑑賞側にすべてを委ねるのでもなく、誰もが避けたくなるような直球勝負で問題を突き付けるという作品として、『紳士協定』はとらえられよう。ペックやマクガイアといった往年の名優たちが演じるが故、飾りのない正論も気恥ずかしさすら感じない。単純さゆえの余韻、余計なぜい肉をそぎ落とし、生身に迫る差別の問題を提示する、現代ではもう観ることのできない稀有な映画、それが本作の魅力といえまいか。

　鈴木　涼太郎（獨協大学准教授）

キャスト
Cast
Gregory Peck / グレゴリー・ペック

"Wouldn't be any good if I could write it"

1916年4月5日カリフォルニア州生まれ、2003年6月12日没。幼いころに両親が離婚したため、父と祖母に育てられた。高校卒業後、医者を目指して大学の医学部に入るも、演劇に魅せられ俳優を志すようになる。大学を卒業すると、ニューヨークに渡り、ネイバーフッド・プレイハウスで本格的に演技を学ぶ。卒業後にブロードウェイデビューすると、1944年に『Days of Glory』で映画界に進出、以降は、『白い恐怖』(1945)、『ローマの休日』(1953)、『アラバマ物語』(1962)、『オーメン』(1976) などジャンルを問わず、様々な作品に出演し人気を博した。そして、本作品を含みアカデミー賞主演男優賞に5回ノミネートされ、『アラバマ物語』でオスカーを獲得した。

Dorothy McGuire / ドロシー・マクガイア

"Do you mind telling people what you're writing now, Mr. Green?"

1916年6月14日ネブラスカ州生まれ、2001年9月13日没。10代の時に地元の劇場に初出演。高等学校を卒業後、舞台女優となり、ブロードウェイで成功を収める。中でもブロードウェイの舞台『クラウディア』は1943年に映画化され、どちらも主役を演じた。『ブルックリン横丁』(1945)、『らせん階段』(1945)、『時の終りまで』(1946)、『紳士協定』(1947) などのヒット作に出演、本作ではアカデミー賞主演女優賞にノミネートされた。以降も『黄色い老犬』(1957)、『南海漂流』(1960)、『偉大な生涯の物語』(1965) など様々な作品に出演した。晩年はテレビ映画に活動の場を移し、『青春の炎』(1976) ではエミー賞にノミネートされた。

John Garfield / ジョン・ガーフィールド

"Now you know it all"

1913年3月4日ニューヨーク市生まれ、1952年5月21日没。7歳のときに母が亡くなり、父に育てられる。しょうこう熱の後遺症で心臓が弱く特別支援学校(P.S.45)に入学、そこで演劇に出会う。1932年にブロードウェイデビュー。その後、ワーナー・ブラザースと契約し映画界に転身する際、名前をJohn Garfieldに変更される。『四人の姉妹』(1938)でアカデミー賞助演男優賞にノミネートされ、『郵便配達は二度ベルを鳴らす』(1946)、『ユーモレスク』(1946)などに出演する。しかし、1940年代に発生した赤狩りの影響でハリウッド・ブラックリストに載ったことで仕事が激減。心臓病の悪化もあり、39歳の若さで他界した。

Anne Revere / アン・リヴィア

"I suddenly wanna live to be very old."

1903年6月25日ニューヨーク市生まれ、1990年12月18日没。アメリカ独立戦争時には愛国者として活躍したポール・リビアの子孫。高等学校を卒業後、American Laboratory Theatre(1933年閉鎖)で演技を学ぶ。1931年にブロードウェイの初舞台を踏み、1934年の『Double Door』で銀幕デビューを果たす。母親役を中心に様々な映画に出演、中でも『聖処女』(1943)、『緑園の天使』(1944)と本作『紳士協定』(1947)の3作品でアカデミー賞助演女優賞にノミネートされ、『緑園の天使』でオスカーを獲得する。しかし、『陽のあたる場所』(1951)完成後、赤狩りに巻き込まれた結果、女優業に復帰してテレビ出演を果たすまでに20年を要した。

Celeste Holm / セレスト・ホルム

"There's time."

1917年4月29日ニューヨーク市生まれ、2012年7月15日没。ブロードウェイにいくつか出演した後に、1946年20世紀フォックスと契約し、映画界に進む。同年に、『Three Little Girls in Blue』でデビューし、翌年に出演3本目となる本作『紳士協定』で、アカデミー賞助演女優賞を獲得する。以降、『蛇の穴』(1948)、『イヴの総て』(1950)、『上流社会』(1956)などに出演するが、『イヴの総て』出演後、映画から舞台に軸足を移し活躍する。晩年には『逃亡者』、『刑事コロンボ』、『The Love Boat』などの幅広いジャンルのテレビシリーズに出演。2014年末には他界の2年後にもかかわらず、映画『College Debts』の主人公として登場する予定である。

11

この映画の英語について
Movie English

　この映画は、米国におけるユダヤ人に対する差別という社会問題に焦点を当てた作品であり、ここで使われる英語は極めて知的レベルの高いものである。使用される単語もこの映画のタイトルであるgentleman's agreement（紳士協定＝少数派等に対する差別的な暗黙の協定）から始まり、anti-Semitism（反ユダヤ主義）、Jewish（ユダヤ人）、prejudice（偏見）といった社会的用語が多く登場する。

　また会話の内容もデリケートな社会問題を扱っていることから、映像から内容が容易に推測できる類の映画とは異なり、映像より言葉のやり取りへの比重の高い作品と言える。英語学習という視点から言い換えれば、英文と内容がどちらも充実しており、学習者はこの映画のスクリプトを読み、理解するだけでも英語力アップにつなげることのできる貴重な教材の一つである。登場人物の発話スピードは全体的に速く、字幕なしで英語をフォローすることにより効果的なリスニング教材としても活用できるだろう。

　それでは、登場人物たちによる味わい深い発話の一端を見てみよう。"On the coal-mine series, I didn't sit in my bedroom and do a lot of research, did I? I got myself a job. I went down in the dark. I slept in a shack. I didn't try to dig into a coal miner's heart. I was a miner. … I got it. … I'll be a Jewish."（炭鉱の連載の時

は…寝室に座ってあれこれと調べものなんかしていない、でしょ? 出かけて行ってすけた哀れな男の肩をポンとたたいて話をさせたりしたわけじゃない。僕自身が仕事を見つけ、暗がりに潜り、掘っ立て小屋で眠った。炭坑夫の心を探ろうなんてことはしなかった。僕が坑夫だったんだ…分かったぞ…僕がユダヤ人になろう)というセリフは、依頼された「反ユダヤ主義」の連載記事の執筆を半ばあきらめかけていたフィルが母との会話の中で、「自分がユダヤ人になりきる」というアイデアを思いついた場面でのものである。このセリフは耳学問よりも実際に体験することの大切さを私たちに教えてくれる。

一方、フィルの婚約者キャシーは、フィルがユダヤ人に扮することで被る差別にうんざりし、自分が反ユダヤ主義者ではないことを自認しつつも、ついにフィルに対して、"You are what you are for the one life you have. You can't help it if you were born Christian and not Jewish. It doesn't mean you're glad. But I am glad. … I could never make you understand that. … It's a practical fact, not a judgment that I'm superior."(人は人、それぞれ持って生まれた人生があるわ。ユダヤ人ではなくキリスト教徒に生まれたことを自分ではどうすることもできない。だからといってあなたはそれを喜んではいないのよね。でも私は嬉し

13

"What's he supposed to be doing?"

"I've asked him to do a series on anti-Semitism. Break it wide open."

"We've been skirting it all evening."

"I can take naughty words, you know."

い…あなたには絶対それを理解してもらえないでしょうね…私の方が上だというのは判断ではなく、単なる現実だわ)と言い放つ。差別や偏見の実体験を通して「これではいけない」と正義感を燃やすフィルに対し、善良な市民が見て見ぬふりをすることに憤りを感じつつも「自分が差別される側でなくて良かった」と主張するキャシーの発話には奥深い人間の深層心理が垣間見られる。

　ここでは紙面の関係で2例のみ紹介したが、母親やキャシーの他にも息子トミー、友人デイヴ、編集長ミニフィ等との会話には考えさせられる内容のやり取りが数多く含まれている。前述したように登場人物のセリフは、重要な文法項目を含んだしっかりした英文で構成されており、内容を味わうと共にレベルの高い英語学習教材として本書を活用して頂けたら幸いである。

　　　　　　羽井佐昭彦（相模女子大学教授）

 # リスニング難易度表

　スクリーンプレイ編集部が独自に採点したこの映画の「リスニング難易度」評価一覧表です。リスニングのポイントを9つの評価項目に分け、通常北米で使われている会話を基準として、それぞれの項目を5段階で採点。また、その合計点により、映画全体のリスニング難易度を初級・中級・上級・最上級の4段階で評価しました。評価の対象となったポイントについては、コメント欄で簡単に紹介されています。英語を学ぶ際の目安として参考にしてください。なお、映画全体の英語に関する詳しい説明につきましては、「この映画の英語について」をご参照ください。

評価項目	易 → 難	コメント
会話スピード Conversation Speed	Level 4	早く話す人物が多い。特に、口論のシーンは早くなる。
発音の明瞭さ Pronunciation Clarity	Level 3	全体的に明瞭だが、単語が聞き取りづらいことがある。
アメリカ訛 American Accent	Level 3	多くの登場人物は、標準的なアメリカ英語で話す。
外国訛 Foreign Accent	Level 1	みられない。
語彙 Vocabulary	Level 3	時代遅れの言葉がいくつかみられる。
専門用語 Jargon	Level 4	ユダヤ人や反ユダヤ主義に関する用語が多くみられる。
ジョーク Jokes	Level 1	みられない。
スラング Slang & Vulgarity	Level 3	時代遅れの単語、スラングやイディオムがみられる。
文法 Grammar	Level 3	全体を通し、標準的である。

口論のシーンでは、会話スピードが増し、聞き取りが難しくなることがある。全体を通して、標準的な語彙が用いられるが、反ユダヤ主義に関連する用語、時代遅れの単語や表現が登場する。

| TOTAL SCORE：25 | 9〜16 = 初級 | 17〜24 = 中級 | 25〜34 = 上級 | 35〜45 = 最上級 |

スクリーンプレイ・シリーズについて

『スクリーンプレイ・シリーズ』は、映画のセリフを100%の英語および日本語訳で編集した完全セリフ集です。また、セリフの『英語学』的な説明ならびに『映画』のさまざまな楽しい解説を編集しています。

【スクリーンプレイ・シリーズの特徴】

◆(完全)セリフを完全に文字化しています。あなたか聞き取れなかったセリフを文字で確認することができます。
◆(正確)DVD日本語字幕のような省略意訳でなく、忠実に日本語訳しているので、正確な意味が分かります。
◆(説明)左頁で、セリフや書きにある単語の意味や語句の英語学的説明があり、英語学習を極めることができます。
◆(解説)右頁に、単語や熟語などの構造・使用方法などの説明から映画シーンのさまざまな解説が編集されています。
◆(読物)『卜書き』を本物映画台本の専門的説明を省き、映画を読み物として楽しめるように執筆しています。
◆(分割)10に分割し、チャプター毎にDVDの時間表示もしているので、学習したい場面を探しやすくしています。
◆(知識)『この映画の英語について』などの冒頭編集ページや数ヶ所の『映画コラム』で楽しく学習できます。
◆(実践)『覚えておきたいセリフベスト10』を対象に、繰り返し何度も発声練習しておけば、実生活でも使えます。
◆(無料)『リスニングシート(無料)』を活用すれば、映画別、段階別にリスニング能力のチェックができます。

『ドット・コード』について
【ドットコードとは?】

●グリッドマーク社が特許を有する「ドットコード音声データ再生技術」のことです。通常の文字印刷に加えて、パターン化された微小な黒い点の集合体(ドットコード)を印刷する一種の「二色刷り」です。
●目次ならびに本文英文ページの『セリフ』箇所に印刷されています。ルーペなど拡大鏡で見ると確認できます。
●グリッドマーク社のホームページ「GridOnput」をご覧下さい。http://www.gridmark.co.jp/gridonput.html

【ドットコードはどう使うの?】

●スクリーンプレイが別売している音が出るペン "iPen" と「音声データ」を入手いただくことが必要です。
●ドットコード印刷された本書の部分に "iPen" のペン先を当てると、"iPen" のスキャナーがドットコードを読み取り、内蔵された microSD メモリ内の音声データとリンクして、ペンのスピーカーから『音声』が聴こえるというシステムです。
●さらに詳しい内容は、本書の巻末ページ「iPenの案内」をご覧下さい。

【今までと何が違うの?】

●"iPen" と「音声データ」共用で、DVD なしで音声が聞こえ、本書でリスニング学習が可能となります。
●映画では「チョット早すぎる」という人も、ネイティブのゆっくりとした、クリアな発声で格段に聞き取り安くなります。
(なお、PD =パブリック・ドメインの『映画タイトル』は "iPen" 音声も生の映画音声を採用しています)
●"iPen" で学習した後に、最後はお好きな映画を、英語音声と一切の字幕なしで楽しめるようになりましょう。

『ドット・コード』印刷書籍の使用上のご注意
<本書の取り扱いについて>

■ドット印刷箇所に鉛筆、油性ペンなどで文字や絵を書いたり、シールなどを貼ったり、消しゴムでこすったりしないでください。"iPen" が正常にドットコードを読み込まなくなる恐れがあります。
■水などの液体に十分ご注意ください。紙面が濡れたり、汚れたりすると読み込み不良の原因となります。
■購入時に正常だった書籍が、ドットコード異常になった場合、返品やお取り替えの対象となりません。

<音声再生について、等>

■紙面にペン先を当てる際は、確認音声が終わるまでしっかりと "iPen" に読み込ませてください。読み込み時間が十分でないまたは適切な使用方法でない場合、再生音声が途切れるなど動作不良の原因となります。
■本書の印刷以外に "iPen" のペン先を当てても音声は再生されません。
■スクリーンプレイが発売している「音声データ」以外のデータで "iPen" をご利用になられた場合、"iPen" 本体ならびに「音声データ」の故障の原因となります。その際、当社は一切の責任を負いかねますのでご了承ください。また、不正に入手された「音声データ」の場合も同様です。

本書のご利用にあたって

【目次ページ】

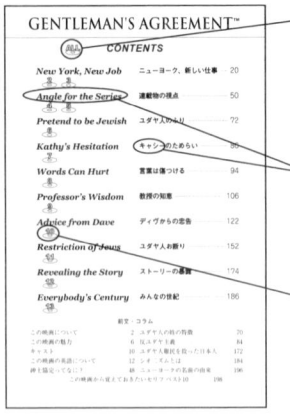

◆ マーク

これが本書の英語セリフ音声全再生マークです。特殊なドットコードが印刷されています。ですから、マークに"iPen"の先端を当てると、該当映画の本文英語セリフ音声を全て通してお聞きいただけます。

◆ 本書の章分類

本書シリーズの章分類は、従来から原則的に10章に分割して編集しています。章題名の英文と日本文はスクリーンプレイによるものです。

◆ マーク

これが本書のチャプターマークです。全て日本で発売されている標準的DVDに準拠しています。全再生マークと同様に、"iPen"の先端を当てると、該当チャプター分の本文英語セリフ音声をお聞きいただけます。

【本文ページ】

◆ マーク

上記説明と同様です。

◆ 英文文字（セリフ）

英文文字（セリフ）に"iPen"の先端を当てると、該当したセリフ音声が聞こえます。
原則として、初めの「:」から文章の終わりまでです。
また、同一人物の長いセリフの場合、分割して編集していますから、次の「:」で行替えになる直前までです。

◆ (Pen)マーク

"iPen"での外部音声録音記憶用の「空白」ドット番号です。録音方法その他は、本書巻末ページ「スクリーンプレイ iPenの案内」をご覧下さい。

【時間表示について】

本書各章の冒頭に印刷してある時間は、その映画シーンをサーチ（頭出し）するための「目安」です。
表示されている時間は、映画の開始時点を [00:00:00]（ゼロ点）とした上での通過時間を表示しています。
但し、ご使用になられる DVD、ブルーレイなどの映画ソフトならびに再生機器の機種により表示が異なる場合があります。この場合、「□□□□」欄にご使用機種の独自のカウンター番号をご記入ください。

GENTLEMAN'S AGREEMENT™

CONTENTS

New York, New Job ② ③　ニューヨーク、新しい仕事 …… 20

Angle for the Series ④ ⑤　連載物の視点 …… 50

Pretend to be Jewish ⑥　ユダヤ人のふり …… 72

Kathy's Hesitation ⑦　キャシーのためらい …… 86

Words Can Hurt ⑧　言葉は傷つける …… 94

Professor's Wisdom ⑨　教授の知恵 …… 106

Advice from Dave ⑩　デイヴからの忠告 …… 122

Restriction of Jews ⑪　ユダヤ人お断り …… 152

Revealing the Story ⑫　ストーリーの暴露 …… 174

Everybody's Century ⑬　みんなの世紀 …… 186

前文・コラム

この映画について …… 2	ユダヤ人の姓の特徴 …… 70
この映画の魅力 …… 6	反ユダヤ主義 …… 84
キャスト …… 10	ユダヤ人難民を救った日本人 …… 172
この映画の英語について …… 12	シオニズムとは …… 184
紳士協定ってなに？ …… 48	ニューヨークの名前の由来 …… 196

この映画から覚えておきたいセリフ ベスト10 …… 198

New York, New Job

EXT. NEW YORK - DAY - PHILIP SCHUYLER GREEN and his son TOMMY walk through a square downtown. Philip points out buildings to Tommy. They stop and rest at a bench.

PHILIP : Aren't you tired?

TOMMY : No. There's so much of it. D'you think we'll live here all the time, Pop?

PHILIP : Want to?

TOMMY : Sure. I like it. Why did we always live in California?

PHILIP : Well, I was born there, got married there. Just went right on living there.

TOMMY : Did Mother ever come with you to New York?

PHILIP : No. I was here by myself once for three days. You still think of her, Tommy?

TOMMY : Sort of. Not all the time. Just sometimes. How old was I when she died, Pop?

PHILIP : You were four years old. A long time.

TOMMY : Yeah. You ever gonna get married again?

PHILIP : Maybe. Want me to?

TOMMY : I don't care. I like it fine this way. But Grandma says you're getting tougher and tougher to have around the house.

PHILIP : She does, does she? Any more complaints from Grandma?

TOMMY : She says you're too picky and choosy.

: Where are we going?

PHILIP : To meet Grandma at Saks.

Ext. 屋外
square スクエア, 四角い広場
downtown ダウンタウンの, ダウンタウンにある
point out 指し示す, に注意を向ける

There's so much of it
all the time ずっと, いつも
Pop 父ちゃん

sure もちろん, いいとも

California カリフォルニア

go on 続ける
right ずっと

ever かつて, これまで
New York ニューヨーク

by oneself 自分だけで, 一人ぼっちで

sort of いくぶん, まあ, 多少

I don't care 構わない, どうでもいい
grandma おばあちゃん
tougher and tougher ますます難しい
around the house 家の辺りで, 側にいる
complaint 不平, 不服, 小言, ぐち

picky えり好みをする, 小さいことにこだわる, 難くせをつける
choosy 好みにうるさい, 気難しい

Gentleman's Agreement

ニューヨーク、新しい仕事

DVD　00:01:15

屋外－ニューヨーク－昼－フィリップ・スカイラー・グリーンと息子のトミーがダウンタウンの広場を歩いている。フィリップがトミーに建物を指し示す。二人は立ち止まり、ベンチで休む。

フィリップ　：疲れていないか？
トミー　　：うん。いろいろたくさんあるんだもん。僕たち、これからずっとここに住むの、パパ？
フィリップ　：住みたいかい？
トミー　　：もちろん。気に入ったよ。どうして僕たちずっとカリフォルニアに住んでいたの？
フィリップ　：そうだな、パパが生まれたのはそこだし、結婚したのもそこ。ただ、そこに住み続けていたからなんだ。
トミー　　：ママはパパとニューヨークに来たことあった？
フィリップ　：いや。ここに来たのはパパ一人、一度だけ、三日ほど。まだママのことを考えているのか、トミー？
トミー　　：まあね。いつもじゃないけど。ほんの時々。ママが死んだとき、僕は何歳だった、パパ？
フィリップ　：4歳だったよ。ずっと前のことだ。
トミー　　：そう。パパはまた結婚するの？
フィリップ　：たぶん。結婚してほしいか？
トミー　　：どっちでもいいよ。今のままでいい。でも、おばあちゃんはパパと一緒に住むのがだんだん大変になってるって言っているよ。
フィリップ　：おばあちゃんがそう言っているか？　おばあちゃん、他にも文句を言ってたかね？
トミー　　：パパはえり好みが激しくて、気難しいって言っている。
　　　　　　：僕たち、どこへ行くの？
フィリップ　：サックスでおばあちゃんと待ち合わせさ。

■ **Ext.**
映画や舞台の屋外シーン、屋外シーン用セットのこと。Exterior の略。

■ **square**
街路樹や芝などが植えられた市街の広場で、多くの場合、小公園の形をしている。

■ **downtown**
都市の中心部、すなわち中心街、繁華街のこと。ニューヨーク、マンハッタンの場合は Wall Street などがある金融、ビジネス中心街を指す。

■ **There's so much of it**
ここでの it は I had a good time of it.（楽しかったよ）のように前置詞の目的語として分かっている事情、状況を指して使われるもの。ここでは「見るもの、やること」などを表している。

■ **all the time**
during the whole period とか through the whole time のことで、all the while ともする。

■ **Pop**
papa の異形である poppa（父ちゃん）の短縮形。

■ **sure**
会話では yes とか certainly の意を表して使われる。

■ **California**
太平洋に臨むアメリカ西部の州。州都は Sacramento。

■ **go on**
I can't go on doing this.（これをやり続けることはできないよ）のように go on doing something で to continue with something の意を表す。なお、go on with something ともする。

■ **right**
ここでは強意語として使われたもの。

■ **tougher and tougher**
ここでの tough は「強い」ではなく「扱いにくい、厄介な」の意。また and は She coughed and coughed.（彼女は激しくせき込んだ）のように同一語を繰り返して反復、徹底、多数などを表す。

21

EXT. ROCKEFELLER CENTER - DAY - Philip and Tommy stop in front of the Atlas Statue.

TOMMY : Hey, Pop, look at that. What's he supposed to be doing?

PHILIP : Well, that's a statue of Atlas, Tommy. He's carrying the world on his shoulders.

TOMMY : No kidding. That's what Grandma says you're doing. And she wishes you'd leave the world alone awhile.

PHILIP : Oh, yeah? Looks like I'm gonna have to slug Grandma.

: Hey, we're late. Grandma's gonna slug us. Come on.

INT. SAKS DEPARTMENT STORE - DAY - Philip and Tommy arrive at the store to greet Philip's mother, MRS. GREEN.

MRS. GREEN: I just love waiting for people. I always say there's nothing as much fun as standing around waiting for people who are always late.

PHILIP : Oh, well, we're late, Ma, because I've been carrying the world around on my shoulders. It's kinda heavy. You can't walk too fast.

MRS. GREEN: Well, put it down gently, dear, and give me some money for your son's shoes. And I'll thank you Tommy to keep your mouth shut hereafter.

TOMMY : I told Pop he was getting tougher and tougher to have around the house, too.

PHILIP : How much are shoes in New York?

TOMMY : Better give her ten bucks.

PHILIP : Wish me luck, Ma. I'm going up to the magazine now.

屋外－ロックフェラーセンター－昼－フィリップとトミーはアトラス像の前で立ち止まる。

トミー ： ねえ、パパ、あれ見て。あの人、何をしてると思う？

フィリップ ： ああ、あれはアトラスの像さ、トミー。世界を両肩で担いでいるんだ。

トミー ： まさか。それって、まさに、おばあちゃんの言う、パパがやってることだよ。だから、おばあちゃん、パパにはしばらくの間、世界に干渉しないでほしいと思ってるんだ。

フィリップ ： ほう、そうか？ パパ、おばあちゃんにお仕置きしなきゃいけないみたいだな。

： ほら、パパたち、遅刻だ。おばあちゃんにお仕置きされちゃうぞ。さあ、おいで。

屋内－サックス・デパート－昼－フィリップとトミーがデパートに到着し、フィリップの母、グリーン夫人に挨拶する。

グリーン夫人： 私は本当に人を待つことが好きなの。いつも言っている通り、遅刻の常習犯をただ立って待っていることほど楽しい事はないわ。

フィリップ ： ああ、確かに、僕たち遅刻したよ、母さん。なんたって、僕は両肩に世界を担いでいるんだから。少々重いのさ。余り速く歩けないんだ。

グリーン夫人： じゃあ、それをそっと下ろして、坊やの靴を買うお金をちょうだい。そうすれば、トミー、あなたに感謝することになるわ、これから先、口を慎んでくれることにね。

トミー ： 僕、パパと一緒に生活するのがますます大変になっているとも言っておいたよ。

フィリップ ： ニューヨークでは靴はいくらする？

トミー ： おばあちゃんに 10 ドル渡せばいいよ。

フィリップ ： 幸運を祈っていて、母さん。これから雑誌社に行ってくる。

■ Rockefeller Center
New York 市 Manhattan 地区の中心に 1930 年に建設されたビル群と庭園。The City Within a City の異名がある。

■ Atlas Statue
アトラスはギリシャ神話で Iapetus の息子。Prometheus と Epimetheus の兄弟にあたる巨人で、Olympus の神々に反抗した罪により生涯天空を双肩に担うことを運命づけられた。

■ No kidding
おだやかな驚きの表現で、You are not kidding me, are you? ほどの意。

■ awhile
「かなりの間」とする場合は a good while、a great while、quite a while、「長い間」は a long while、「しばらく」は a short while。

■ Looks like
文頭の It が省略されたもの。

■ come on
命令文で説得、催促、懇願などを表す。なお、反語的に用いられて「いい加減にしろ、やめろ、ふざけるな」などの意で使われることも多い。

■ Saks
ここではニューヨークの5番街にある高級デパート Saks Fifth Avenue のこと。

■ well
会話を続けたり、言葉を切り出したり、単に間を置いたりする際、また驚き、予期、期待、非難などの意を表して使われる。

■ kinda
kind of のことで、sort of に同じ。

■ keep one's mouth shut
反対に「口を開く、しゃべる」は open one's mouth
ex. Keep your mouth shut about it.（そのことは黙ってろ）

■ Better
文頭の You had が省略されたもの。なお、had better... は「～した方がいい、～しなさい」の意で、会話では had がつづまって 'd となったり、完全に省略される。

■ buck
もとは「シカの皮」で、アメリカ開拓時代においてインディアンや開拓者たちが商人との取引でシカ皮を交換の単位としていたことに由来すると考えられている。

■ Wish me luck
wish は人に成功や幸運などを「祈る、願う」
ex. I wish you the best of luck.（幸運を祈ります）

MRS. GREEN:	Good luck, Phil. I hope it's something you want this time and not too far away.	Good luck 幸運を祈る ◎
PHILIP :	It'll be right here, or otherwise Minify wouldn't have gone to all this trouble to get us the apartment.	otherwise さもなければ, もしそうでなければ go to all the trouble to... わざわざ～する ◎
TOMMY :	Does Mr. Minify always tell you what to write? Don't you ever think up what to write yourself?	think up 考え出す, 考案する
PHILIP :	Well, yeah, I think sometimes for myself.	for oneself 自分で, 独力で, 人の手を借りないで
:	Well, I'm late. Have fun.	have fun 楽しく遊ぶ ◎
		inquire 尋ねる, 問う
MRS. GREEN:	Boys' shoes?	
CLERK :	Fourth floor. Yes?	clerk 販売員, 店員, 売り子 ◎
CUSTOMER:	Toy department, please?	
CLERK :	Second floor.	
CUSTOMER:	Thank you.	

INT. BUILDING LOBBY - DAY - Philip enters the lobby and inquires to the ATTENDANT.

attendant 係員, 接客係, 従業員 ◎

ATTENDANT:	Right in there.	Right in there あちらです ◎
PHILIP :	Smith's Weekly, please?	Smith's Weekly ◎
ATTENDANT:	Reception room, sixth floor. Right in there.	reception room 待合室

INT. SMITH'S WEEKLY - DAY - Philip stands behind some MEN talking with the RECEPTIONISTS at the counter.

receptionist 受付係, 応接係

RECEPTIONIST1:	...will see you now.	
MAN 1 :	Well.	
MAN 2 :	Miss, I did have an appointment.	Miss お嬢さん, 娘さん, おねえさん appointment 約束, 取り決め ◎
RECEPTIONIST1:	I'm sorry. I have no record of it.	I'm sorry ごめんなさい, 申し訳ありません, 残念ですが ◎
RECEPTIONIST2:	Here it is. That's what you wanted.	Here it is はいどうぞ ◎
MAN 2 :	I spoke with his secretary the day before yesterday and she said to come in this morning.	secretary 秘書 the day before yesterday 一昨日 ◎
RECEPTIONIST1:	He'll be in himself in a half-hour. If you don't mind waiting, I'll try again.	a half-hour 半時間, 30分 ◎ don't mind... ～が嫌でない, ～を気にしない, ～は構わない

24

グリーン夫人	幸運を祈ってるわ、フィル。今回はやりたがっていることだといいね、それに余り遠く離れていなければ。
フィリップ	すぐこの近くさ。そうでなければ、ミニフィがわざわざ僕たちをあのアパートに住まわせるようなことはしないよ。
トミー	ミニフィさんがいつもパパに書く事柄を指示するの？ パパが自分で書くものを考え出したりはしないの？
フィリップ	うん、そうだな、たまには自分で考えることもあるよ。
	：さて、遅れる。楽しんで。
グリーン夫人	男の子の靴は？
店員	：4階です。何でしょう？
客	：おもちゃ売り場はどこですか？
店員	：2階です。
客	：ありがとう。

屋内－建物のロビー－昼－フィリップがロビーに入り、案内係に尋ねる。

案内係	：そちらへどうぞ。
フィリップ	：週刊スミスはどちらですか？
案内係	：6階に受付がございます。そちらへどうぞ。

屋内－週刊スミス－昼－フィリップはカウンターで受付係と話している男性たちの後ろに並んで立つ。

受付係1	：…がただいまお目にかかります。
男1	：よろしい。
男2	：お嬢さん、予約をしてるんだが。
受付係1	：申し訳ございません。その記録がありません。
受付係2	：はい、どうぞ。お問い合わせのものです。
男2	：彼の秘書とおととい話した時、彼女は今日の午前中に来るようにと言っていたのだが。
受付係1	：彼でしたら30分後に来ると思います。お待ちいただけましたら、もう一度確認してみます。

■ Good luck
Best of luck とか Lots of luck ともする。これに対して答えるときの表現は、通例、Thank you や Thanks。なお、「ついてないね、お気の毒に」は Bad luck, Hard luck, Tough luck。

■ go to all the trouble to…
ここでの trouble は「迷惑、ごたごた」ではなく、何かに関して「労をとること、骨折り、努力」の意。

■ have fun
本文中の例のように命令文で使われると「楽しくやってくれ」との意になる。

■ clerk
この語は「事務員、銀行の「行員」などをも表して頻繁に使われるが、ここでは sales clerk, shop assistant の意。

■ attendant
会合などの「出席者」の意も表すが、ここでは a person on duty (勤務についている人物) のこと。

■ Right in there
ここでの right は「まさしく、ちょうど、きっかり」などの意を表して場所に用いられる副詞。

■ Smith's Weekly
Weekly からも分かる通り、週一回の刊行物、すなわち週刊誌を発行する出版社。

■ appointment
会合、訪問などの「約束」のことで、「約束を取りきめる」は arrange an appointment, set up an appointment、「約束を守る」は keep the appointment、「約束を破る」は break the appointment、「約束を取り消す」は cancel an appointment。

■ I'm sorry
話し手による自分の発言、行為などに対する謝罪、また相手の意見に対する不賛成、不一致を謝罪する丁寧な表現。

■ Here it is
人に物を差し出す際の表現。

■ the day before yesterday
yesterday が「昨日」であることから。なお、「先週の昨日」は a week from yesterday, a week ago yesterday、イギリスでは yesterday week。

■ a half-hour
half an hour のこと。
cf. Two and a half hours have passed since then. (それから2時間半がたった)

■ don't mind…
ここでの mind は人、物、事を「気にする、嫌がる」を意味して否定文、疑問文、条件文で用いられる。
ex. Would you mind opening the window? (窓を開けていただいてもよろしいですか)

RECEPTIONIST1	: Yes, please?	
PHILIP	: I have an appointment with Mr. Minify.	
RECEPTIONIST1	: Name, please?	
PHILIP	: Schuyler Green.	
RECEPTIONIST1	: Schuyler Green.	
MAILMAN	: Telegram for Mr. Pendleton.	telegram 電報 ◎
RECEPTIONIST1	: Through the door, second office to the right.	
MAILMAN	: Thank you.	
RECEPTIONIST1	: Schuyler Green to see Mr. Minify. Thank you.	Schuyler Green to see ~ ◎
	: Mr. Minify is expecting you.	expect 期待する, 待ち設ける ◎
JANET	: Mr. Herman will call for these.	call for.... ～を取りに来る, 取りに行く, 求める, 立ち寄る ◎
RECEPTIONIST 1	: Janet. For Mr. Minify.	
JANET	: Follow me, please.	follow 続く, 従う, 後をつける
PHILIP	: Thanks.	
RECEPTIONIST1	: Yes, please?	
MAN	: Miss Dettrey's expecting me.	
RECEPTIONIST1	: Just a moment, please.	Just a moment 少々お待ち下さい, ちょっと待って ◎
JANET	: Mr. Green.	
MISS MILLER	: Oh, Mr. Green. Mr. Minify's on the long distance. He'll be through in a moment. Won't you sit down?	be on the long distance 長距離電話中である ◎ be through 終える ◎ in a moment すぐに, 直ちに
PHILIP	: Thanks.	Thanks ありがとう
MISS MILLER	: Have you seen the last issue?	the last issue 最新号 ◎ issue 号 ◎
PHILIP	: No. Thank you.	
MINIFY	: Is Green out there yet?	
MISS MILLER	: Yes, Mr. Green is here.	
MINIFY	: Good. I'll be right out.	

Gentleman's Agreement

受付係1	：	はい、どうぞ？
フィリップ	：	ミニフィ氏と約束しています。
受付係1	：	お名前をお願いします。
フィリップ	：	スカイラー・グリーン。
受付係1	：	スカイラー・グリーン。
郵便配達人	：	ペンデルトン氏に電報です。
受付係1	：	ドアを通って、右側の2番目のオフィスです。
郵便配達人	：	ありがとう。
受付係1	：	スカイラー・グリーンさんがミニフィ氏に会いにいらしてます。ありがとう。
	：	ミニフィ氏がお待ちです。
ジャネット	：	ハーマン氏がこれらを取りに来られます。
受付係1	：	ジャネット。ミニフィ氏に。
ジャネット	：	こちらへどうぞ。
フィリップ	：	ありがとう。
受付係1	：	はい、どうぞ？
男	：	ディトレイ嬢が私を待っているはずですが。
受付係1	：	少々お待ち下さい。
ジャネット	：	グリーン氏です。
ミラー嬢	：	まあ、グリーンさん。ミニフィ氏は、長距離電話でお話し中です。もうすぐ終わると思います。お掛けになりません？
フィリップ	：	ありがとう。
ミラー嬢	：	最新号をご覧になりました？
フィリップ	：	いいえ。ありがとう。
ミニフィ	：	グリーンはもうそこか？
ミラー嬢	：	はい、グリーン氏はこちらにおいでです。
ミニフィ	：	よろしい。すぐにそこへ行こう。

■ telegram
「電報を打つ」は send a telegram、「電報を受け取る」は receive a telegram, have a telegram。

■ Schuyler Green to see ～
Schuyler Green の前に We have を補って考える。

■ expect
この語の出来事や事態を「予想する」から、ここでは「待っている」といった意味合い。なお、くだけた会話では I expect you're right.（君が正しいと思う）のように suppose の意で使われることもある。

■ call for
ex. I'll call for you on my way home.（帰宅途中に君のところへ立ち寄ります）

■ Just a moment
moment は漠然とした短い時間を示すため minute でもよい。なお、Wait a moment, Hang on a moment, One moment などともする。

■ be on the long distance
ここでの long distance は a long distance call（長距離通話）のこと。

■ be through
ここでの through は終了、完了、経験を表し「～を終わって、済ませて、経験して」を意味する前置詞。

■ the last issue
ここでの last は「最後の」ではなく、the last として「最新の、最近の」を意味する。

■ issue
この語は Did you read the March issue?（3月号は読みましたか）のように、特に定期刊行物の「刊行物、出版物、号」の意。

MINIFY	: Come in, come in. Glad you're here, Green.	
	: This is all right now, Miss Miller. Get it off airmail special. Glad to see ya. Come on in.	get off 送る, 送り出す ◎ airmail 航空便 ◎ special 特別配達 ◎
PHILIP	: Thanks.	
MINIFY	: Sit down. Finding your way around?	find one's way around 自分で歩き回れる, 勝手を知っている
PHILIP	: Almost.	
MINIFY	: Good. Mother and kid like New York?	kid 子供 ◎
PHILIP	: Oh, fine. They like the apartment too, thanks.	
MINIFY	: Had a bit of luck. Probably the last apartment left in Manhattan. Getting to know people here?	Had ◎ a bit of... 少しの〜, わずかの〜 probably たぶん, おそらく Manhattan マンハッタン島, マンハッタン区 ◎
PHILIP	: Well, not yet. I'm always a little bit slow about that.	Getting ◎ slow のろい, おっとりしている, 動きが悪い, のんびりした fix up 用意する, 手配する, 解決する
MINIFY	: Fix that up right away. How about tonight at my place? Having some people. Couple of girls and some people.	right away すぐに, 直ちに How about... 〜はどうですか ◎ Having... ◎ couple of... 2つの〜, 2人の〜, 数個の〜, 何人かの〜, 少数の〜 ◎
PHILIP	: Well, thanks. Some other time.	Some other time いつか他の時に ◎
MINIFY	: Nonsense. I won't ask you another time.	nonsense ばかな, くだらん
	: Here's the address.	
	: Miss Miller, don't disturb me 'till I call you for anything. Tell Mrs. Minify Mr. Green's coming to dinner.	disturb 邪魔する, 妨害する
	: Now, get good and comfortable. There. Because I'm going to talk to you for about an hour. Maybe two. I've had an idea.	get good and comfortable ゆっくりとくつろいでくれ, 楽にして There そら, ほら, さあ, それ, まあまあ ◎ have an idea ある考えがある ◎

③ *EXT. / INT. MINIFY MANSION - NIGHT - Philip gets out of a taxi in front of the entrance. He walks inside. In the lounge, JESSIE MINIFY talks to some GUESTS.*

in front of... 〜の前に, 〜の面で ◎
entrance 入り口, 戸口, 玄関 ◎
lounge ラウンジ, ロビー, 待合室, 居間

JESSIE	: Do go into the bar, won't you?	
GUEST 1	: I'd love a Martini.	Martini マティーニ

28

Gentleman's Agreement

ミニフィ	:	さあさあ、入りたまえ。来てくれてうれしいよ、グリーン。
	:	これは、もうよろしい、ミス・ミラー。航空便で発送してくれ、特別便で。君に会えてうれしいよ。さあ、入って。
フィリップ	:	どうも。
ミニフィ	:	掛けたまえ。勝手は分かってきたかな？
フィリップ	:	ほぼ。
ミニフィ	:	よろしい。母上と坊やはニューヨークが気に入ったかな？
フィリップ	:	ええ、とても。二人はアパートも気にいっています。ありがとう。
ミニフィ	:	ちょっぴり運が良かった。恐らく、マンハッタンに残っていた最後のアパートだ。ここの人たちとの知り合いは出来たかな？
フィリップ	:	いえ、まだ。そういうのは、いつも少々おくれてなもんで。
ミニフィ	:	すぐに手配しよう。今晩、わしの家でどうだ？何人か招待している。女性2、3人と何人かの連中をな。
フィリップ	:	それは、ありがとう。またの機会に。
ミニフィ	:	ばかな。またの機会なんてだめだ。
	:	これが住所だ。
	:	ミス・ミラー、わしから何か頼むまで、取り次ぎはしないよう。家内に、グリーン氏がディナーに来ると伝えてくれ。
	:	さて、ゆっくりとくつろいでくれ。さあ。というのも、これから君に1時間くらい話をする。ことによると2時間。温めてきた考えがあるんだ。

屋外/屋内 − ミニフィの邸宅 − 夜 − フィリップが玄関の前でタクシーから降りる。彼は邸宅の中に歩いて入る。居間でジェシー・ミニフィが客たちに話しかける。

ジェシー	:	バーに行きませんか？
客1	:	私はマティーニをいただくわ。

■ get off
郵便物、電報などを「送る」ことで、ここでは send it by airmail special の意。

■ airmail
「船便」は sea mail。surface mail は airmail に対する船、列車、トラック便のこと。

■ special
special delivery のことで、定時後の一定時間内に届いた郵便物も配達する。略してSDとする。

■ kid
日常会話では child より頻繁に用いられる。

■ Had
文頭の I が省略されたもの。このようにくだけた会話では日本語と同様、主語が頻繁に省略される。

■ Manhattan
ここでは New York 市の主要地区で商業、文化の中心地域。

■ Getting
文頭の Are you 省略されたもの。なお、get to... は Let's get to know each other.（お互い知り合いになりましょう → お見知りおきを）のように、「〜するようになる」の意。

■ right away
ここでの right は時間を示して「すぐに、直ちに」を意味する副詞。right off や right off the bat ともする。

■ How about...
提案、勧誘を表したり、意見を尋ねる際の表現。What about... ともする。

■ Having...
文頭の We are が省略されたもの。

■ couple of...
a couple of のこと。なお、couple は「2つ」だが、数、時間、長さ、金額などについて「幾つかの」とか「2、3の」の意で用いられることが多い。

■ Some other time
誘いを断る時などに用いられる。

■ There
満足、安心、激励、慰めなどを示す間投詞。

■ have an idea
「それは名案だ」とする場合は That's an excellent idea. What a good idea. What a wonderful idea などとする。

■ in front of...
「〜の後ろに、の裏に」の場合は in back of...、at the back of... とする。ちなみに in the back of... とした場合は「〜の後部に、の奥に」なので注意。

GUEST 2	: Why don't we get you one?	Why don't we... 〜はどう, 〜しましょうか
GUEST 1	: Fine.	
MINIFY	: Jessie!	
	: Schuyler Green I've been telling you about. My wife.	
JESSIE	: Oh, don't be silly, John. I know Mr. Green. I've read everything he ever wrote. You just never stop talking. Get him a drink.	don't be silly バカなことは言うな, バカなまねはするな drink 一杯
MINIFY	: What'll you have?	
PHILIP	: A Martini, and a…	
MINIFY	: Good.	
JESSIE	: Kathy, this is Mr. Green.	
KATHY	: Hello.	
JESSIE	: My niece Miss Lacey, and Bill Lacey.	niece 姪
PHILIP	: How do you do?	How do you do? はじめまして
BILL	: How do you do?	
MINIFY	: You better clear things up now, Jesse, or it'll never get straightened out.	clear up 片づける, 整理する, 明らかにする straighten out 正しく理解させる, 状況を正しく把握させる
JESSIE	: Well, Mr. Green. Kathy and Bill…	divorce 離婚する
MINIFY	: Kathy and Bill have been divorced for a couple of years, Green. Calls herself Miss Lacey and confuses everybody. All very friendly, very civilized, and very dumb. Likes your stuff, though.	confuse 困惑させる, 混乱させる all とても friendly 人なつっこい civilized 洗練された, 上品な dumb ばかな stuff こと, もの, 事柄 though だけど, だが
JESSIE	: Please sit down, Mr. Green.	
KATHY	: Bill, would you get me another?	
BILL	: Sure. Way it was before, all right?	Way it was before all right 前のと同じでいいかい
KATHY	: Just right, thank you. I haven't read everything you've written, Mr. Green, but what I have has been…	what I have has been...
PHILIP	: Why, thanks.	Why おや, これは, いやはや, もちろん

30

客2	:	それを取ってきてあげよう。
客1	:	いいですね。
ミニフィ	:	ジェシー！
	:	以前から話していたスカイラー・グリーンだ。家内だよ。
ジェシー	:	あら、馬鹿なことを言わないで、ジョン。グリーンさんなら存じてますわ。お書きになったものはすべて読んでいますよ。あなたは話し始めると止まらないから、この方にお飲物をお持ちして下さいな。
ミニフィ	:	何を飲むかね？
フィリップ	:	マティーニを。それから…。
ミニフィ	:	よろしい。
ジェシー	:	キャシー、こちらはグリーンさん。
キャシー	:	今晩は。
ジェシー	:	姪のミス・レイシーとビル・レイシーです。
フィリップ	:	はじめまして。
ビル	:	はじめまして。
ミニフィ	:	今のうちに明らかにしておいた方がいいぞ、ジェシー。さもないと、誤解を招いてしまう。
ジェシー	:	ええっと、グリーンさん。キャシーとビルは…
ミニフィ	:	キャシーとビルは離婚して2年になるんだよ、グリーン。彼女がミス・レイシーと名乗るから、皆が混乱する。とても人懐こく、とても洗練されていて、それにとてもおばかさんだ。だが、君の書いたものが好きなのさ。
ジェシー	:	お掛けになって下さいさい、グリーンさん。
キャシー	:	ビル、私にもう一杯持ってきて下さる？
ビル	:	もちろん。さっきと同じでいいかね？
キャシー	:	ええ、いいわ、ありがとう。グリーンさん、私はまだ、あなたがお書きになったもの全てを読んでるわけじゃないけど、でも今までに読んだものは…
フィリップ	:	それは、ありがとう。

■ Why don't we….
提案の意を表す表現。

■ don't be silly
バカなことを言ったり、したりする人に対してたしなめるときの表現。

■ drink
a drink として Let's go for a drink.（一杯飲みに行こう）のようにアルコール飲料の「1杯、1飲み、1口」を意味する。

■ niece
「甥」は nephew

■ How do you do?
初対面のときに交わす形式的なあいさつ。ただし、アメリカでは「おはよう、こんにちは、こんばんは」の意味でも使われる。

■ straighten out
straighten が「まっすぐにする」から、straighten out で悩みや混乱などを「解決する」などの意を表す。

■ divorce
この名詞を使って「離婚する」とする場合は She got a divorce from her husband.（彼女は夫と離婚した）のように get a divorce とする。

■ all
ここでは単なる強意的表現として使われたもの。

■ stuff
この語は材料、原料、持ち物、食べ物、ガラクタなど様々なものを表して使われる。ここでのように文学、新聞、雑誌、音楽、美術といった分野で使われた場合は「作品、記事」などの意になる。

■ Way it was before, all right?
酒などの種類ではなく、作り方を言ったもの。

■ what I have has been…
次に wonderful とか very good などを補って考える。

■ Why
意外、驚き、当然の承認、抗議などを表す間投詞。

MINIFY	: What do people call a guy whose first name is Schuyler?	What do people... Schuyler ↻ first name ファーストネーム, 名 ↻ Schuyler ↻ all the time ずっと
PHILIP	: Phil.	
MINIFY	: Good. Then I don't have to say Green all the time. Too hearty, last names. And Schuyler is impossible.	hearty 心の温かい, 心のこもった, 優しい, 力強い, 激しい last name 名字, 姓, 氏 impossible どうしようもない, 手に負えない, 耐えられない
PHILIP	: That bad?	
MINIFY	: I wouldn't call a dog Schuyler.	
JESSIE	: John.	
PHILIP	: It's my mother's name.	
	: My middle one. Ah, I started signing my stuff "Schuyler Green" when I was on the college paper at Stanford. Sounded better to me, I guess, than Philip. Like ah... Somerset Maugham instead of William, Sinclair Lewis instead of Harry.	middle one ↻ Stanford スタンフォード大学 ↻ I guess と思う, と信じる Somerset Maugham サマセット・モーム ↻ Sinclair Lewis シンクレア・ルイス ↻
KATHY	: Somerset, Sinclair, Schuyler - all S's. Maybe that means something.	mean 意味する, 表す, 象徴する
PHILIP	: Yes.	
KATHY	: Do you mind telling people what you're writing now, Mr. Green?	
PHILIP	: No, not at all. Um... Well, I'm... I'm not, not writing anything just now, but ah...	not at all 少しもかまわない
MINIFY	: Let me tell her. I've asked him to do a series on anti-Semitism. Break it wide open. Been wanting to do it for some time.	anti-Semitism 反ユダヤ主義, ユダヤ人排斥主義 ↻ wide open 広く開いて Been 文頭の I have が省略されたもの。 for some time しばらく, 相当長い間 credit line クレジットライン ↻
KATHY	: Do I get a credit line?	
MINIFY	: You?	
KATHY	: Yes.	
MINIFY	: For what?	
KATHY	: Well, don't you remember, oh... back around Christmas of last year, that Jewish schoolteacher resigning? I was the one who...	back 昔に, 昔にさかのぼって, 以前に ↻ Jewish ユダヤ人の, ユダヤ教の resign 辞任する, 辞める

32

ミニフィ	：	ファーストネームがスカイラーという人物を人は、なんと呼ぶんだね？
フィリップ	：	フィル。
ミニフィ	：	よろしい。では、ずっとグリーンと呼び続けなくても良いわけだ。名字は、優し過ぎる。それに、スカイラーはあり得ない。
フィリップ	：	そんなにひどいですか？
ミニフィ	：	犬でさえ、スカイラーとは呼ばないよ。
ジェシー	：	ジョン。
フィリップ	：	それは僕の母の名前なんだ。
	：	僕のミドルネーム。そう、スタンフォード大学の新聞をやっているとき、記事で「スカイラー・グリーン」の名を使いはじめた。たぶん、フィリップよりも響きがいいと思ったんだな。例えば、そう…ウィリアムではなくてサマーセット・モーム、ハリーではなくてシンクレア・ルイスのようにね。
キャシー	：	サマーセット、シンクレア、スカイラー —みんなSね。それって何か意味がありそう。
フィリップ	：	そうなんだ。
キャシー	：	グリーンさん、今執筆中のものについて教えていただけますか？
フィリップ	：	ええ、構いませんよ。あ〜…えっと、僕…僕は今のところ何も書いていません。しかし、え…
ミニフィ	：	この娘にはわしに言わせてくれ。彼には反ユダヤ主義についての連載を頼んだところだ。そいつを暴くのさ。しばらく前からそうしたかったんだ。
キャシー	：	私の名前もクレジットに載るのかしら？
ミニフィ	：	おまえ？
キャシー	：	そうよ。
ミニフィ	：	なんで？
キャシー	：	あら、覚えてないの、えっと…去年のクリスマスの頃にユダヤ人教師が辞職したのを？　私がその時…

■ What do people…Schuyler?
文字通りの訳「ファーストネームがスカイラーと言う人物を人は何て呼ぶのかな」とは「スカイラーをどう呼べばいいのかな」ということ。すなわち Johnson を John と呼ぶように、短縮形やあだ名を尋ねたもの。なお、この一風変わった名前はそれがないため、Philip の短縮形を使っている。

■ first name
姓に対する名のこと。given name, forename, Christian name ともする。ただし、キリスト教徒でない場合は Christian name を避けたほうが無難。

■ Schuyler
オランダ出身の名前で、この名には「学校教師」とか「逃亡者を保護した者」の意がある。

■ last name
surname, family name ともする。

■ middle one
ここでは middle name（ミドルネーム）のこと。first name と family name の間の名で、第二の洗礼名または母方の姓を表す。

■ Stanford
California 州サンタクララ郡パロアルトにあるアメリカ有数の私立名門大学。カリフォルニア州知事でもあったリーランド・スタンフォードが病で早逝した息子リーランド・スタンフォード Jr. の名を残すために 1886 年に構想、1891 年に設立したもの。

■ Somerset Maugham
イギリスの小説家、劇作家 William Somerset Maugham (1874-1965) のこと。代表作に『人間の絆』(*Of Human Bondage*, 1915)、などがある。

■ Sinclair Lewis
アメリカの小説家・劇作家・批評家 Harry Sinclair Lewis (1885- 1951) のこと。『本町通り』(*Main Street*, 1921)、『バビット』(*Babbitt*, 1923) などがある。アメリカ人として初めてノーベル文学賞を受賞した。

■ anti-Semitism
anti- は「反…、対…」を意味する接頭辞。また Semitism は「セム風、ユダヤ人風、ユダヤ人びいき」の意。

■ credit line
出版物、展示物などに付けられる提供者の名前。なお、credit とは著作物の「著作者表示」とかテレビ、映画などの「製作者一覧」のこと。

■ back
ここでの back は I wrote this some years back.（数年前にこれを書いたんだ）のように、時間について用いられて「昔にさかのぼって」を意味する。

MINIFY	: Why, sure. I knew somebody was after me, but I forgot who.	Why, sure もちろん，むろん，そりぁあ
JESSIE	: John, the Jacksons are here.	the Jacksons ジャクソン家の人々，ジャクソン一家
MINIFY	: Yeah, all right. I'm always stealing ideas without knowing it, Phil.	
KATHY	: That's what keeps the magazine original.	original 独自の，独特の，独創的な，斬新な
MINIFY	: Huh, huh.	
PHILIP	: Funny your suggesting the series.	Funny 文頭のIt's が省略されたもの。 funny おかしい，面白い，滑稽な suggest 提案する，言いだす，勧める
KATHY	: Is it? Why?	
PHILIP	: Oh, ah… Lots of reasons.	series シリーズもの，逐次刊行物，双書 lots of… たくさんの〜
KATHY	: You make up your mind too quickly about people, Mr. Green. Women, anyway. I saw you do it when you sat down.	make up one's mind 決心する，決断する，結論を下す
PHILIP	: Huh, huh. As apparent as all that.	apparent 明らかな cross-file 交差登録する index 索引をつける
KATHY	: Mm. You cross-filed and indexed me. A little well-bred, self-confident… Artificial, a trifle absurd. Typical New York.	well-bred 育ちがよい，上品な self-confident 自信のある，自信過剰の artificial 不自然な，わざとらしい trifle 少々 absurd 不合理な，ばかげた typical 典型的な
PHILIP	: No. I didn't have time for all that.	leave out 残しておく
KATHY	: Oh, yes, you did. I even left out a few things. Faintly irritating upper-class manner, over-bright voice…	faintly ほんの少し irritating いらいらさせる upper-class 上流階級特有の，上流社会の
PHILIP	: All right, all right. I give up. You win.	over-bright 明る過ぎる，響き過ぎる give up あきらめる，断念する，降参する，お手上げだ
KATHY	: I'm sorry. I couldn't resist it. Because it's only partly true. Is this your first trip east?	You win 君の勝ちだ resist こらえる，我慢する partly 一部分，少しは east 東部へ
PHILIP	: No. It's not my first trip. Every other time I've been here, though, I've had a plane or railroad or a boat ticket for tomorrow.	every other time しょっちゅう
KATHY	: Are you going to stay?	
PHILIP	: I think so. You're getting a pretty complete story on me. Now it's your turn.	pretty かなり complete 完全な story
KATHY	: Well, you know I'm divorced. Um, I help run a nursery school. I'm called Miss Lacey. Do you want just anything?	help run 運営するのを手伝う，運営に手を貸す nursery school 保育園
PHILIP	: Yeah, just anything.	
JESSIE	: Dinner.	
KATHY	: Dinner?	

Gentleman's Agreement

ミニフィ	もちろん。誰か私に用があったようだが、誰だったか忘れていたよ。
ジェシー	ジョン、ジャクソン夫妻がいらしたわよ。
ミニフィ	ああ、わかった。わしはいつも自覚なしに他人の考えを盗んでしまうんだ、フィル。
キャシー	そのおかげで雑誌が斬新でいられるのよ。
ミニフィ	ハ、ハ。
フィリップ	あなたが連載を提案したとは、おもしろいですね。
キャシー	そう？ なぜ？
フィリップ	ああ、その…理由はたくさんある。
キャシー	あなたは直ぐに人を決め付けるのね、グリーンさん。とにかく女性を。あなたが座った時、そうだと思ったわ。
フィリップ	ハ、ハ。そんなに明らかだったかな。
キャシー	そうよ。私の品定めをしていたわ。ちょっと育ちが良くて、自信過剰で…気取っていて、ちょっとわからずや。典型的なニューヨーカー。
フィリップ	いいや、そこまでの時間はなかった。
キャシー	あら、あったわ。私、まだ幾つかは残しておいたのよ。ほんのちょっと人をイライラさせる上流階級特有の振る舞いと明るすぎる声…
フィリップ	わかった、わかった。僕の負け。君が勝ちだ。
キャシー	ごめんなさい。言わずにはいられなかったの。だって、ほんの一部しか当たっていないんだもの。東部にいらしたのは今回が初めて？
フィリップ	いいえ、初めてではありません。しかし、今までここに来た時は、いつも翌日帰るための飛行機か列車か船の切符を持っていました。
キャシー	:しばらく滞在されるおつもり？
フィリップ	そうです。僕については、もうほとんどわかったでしょう。今度はあなたの番だ。
キャシー	ええと、ご存じのとおり、私は離婚している。それで、保育園の経営を手伝っている。ミス・レイシーと呼ばれているわ。こんなこと聞きたい？
フィリップ	ええ、どんなことでも。
ジェシー	お食事よ。
キャシー	食事？

■ the Jacksons
ここでの the は名前の複数形に付けて「～一家の人々」を意味する。

■ index
cross-file と index で「私がどういった人間かを分類する、判断する」ほどの意で使われたもの。

■ absurd
この話は常識、真理、理性に全く反する、すなわち道理に合わすることに。ここでは、「わからずや」といった感じ。

■ upper-class
upper が場所、位置、温度などについて「さらに上」を意味することから、地位、階級、身分などについて「上級の、上位の」を表す。

■ over-bright
ここでの over は「過度の、過多の、～過ぎ」を意味する形容詞。また bright は「明るい」だが、声について用いられた場合は一般的に音、音調、音質が「良く通る、朗々とした、響き渡る」などの意を表す。

■ You win
議論などで相手の意見や発言に対して降参する際の表現で、「君の言うとおりだ」ほどの意味合い。

■ resist
この話は「抵抗する、阻止する」の意だが、本文中の例のように否定文で用いられた場合は「こらえる、我慢する」の意を表す。

■ east
The East とした場合は、アメリカの東部地方 (the East of America) とかアメリカのイーストコースト (the East Coast) のこと。ここでは He went east. (彼は東部へ行った) のように「東へ、東部へ」を表す副詞。

■ every other time
every other... は every other day (1日おきに) とか every other week (隔週ごとに) のように次の単数名詞を修飾する。

■ story
ここでは「物語」ではなく、人や物にまつわる「話し、経歴、素性」などの意。

■ help run
「S + help + (to) do」の型で「S は do するのを手伝う、助ける」を意味する。

INT. PHILIP'S APARTMENT - MORNING - In the kitchen, Mrs. Green pours some coffee for Philip. At the table, Philip is reading the newspaper, while Tommy is reading a comic.

MRS. GREEN:	No reading comics at the table, Tommy. Put it away.
TOMMY :	Oh, let me finish. I'm right at the end.
MRS. GREEN:	No making mysteries at the table either, Phil.
PHILIP :	Mysteries?
MRS. GREEN:	You haven't even mentioned your assignment.
PHILIP :	Oh, he wants me to do a series on anti-Semitism.
MRS. GREEN:	You don't sound very enthusiastic.
PHILIP :	I'm not.
MRS. GREEN:	Will he insist on you doing it?
PHILIP :	Oh, no. He's not that kind of an editor.
:	Ma, what do you do to just eggs to make them taste this way?
MRS. GREEN:	Pray over them.
PHILIP :	Hm, hm.
MRS. GREEN:	Have a good time last night?
PHILIP :	Yeah.
MRS. GREEN:	You know, you need new people as much as you need new places. I mean, everybody does, not just you.
PHILIP :	Well, it was a good bunch to start on. It was a funny thing: it was a girl, Minify's niece, who suggested that series on anti-Semitism. It's funny.
MRS. GREEN:	You don't say! Why, women'll be thinking next, Phil. Hm?
TOMMY :	What's anti-Semitism?
PHILIP :	Hm?

屋内－フィリップのアパート－朝－台所で、グリーン夫人がフィリップにコヒーを注いでいる。食卓では、フィリップが新聞を読み、トミーはマンガを読んでいる。

グリーン夫人: 食事中はマンガを読んではだめよ、トミー。しまいなさい。

トミー: そんな、最後まで読ませてよ。今終わるところだから。

グリーン夫人: 食事中の秘密もだめよ、フィル。

フィリップ: 秘密？

グリーン夫人: まだ仕事の話もしていないじゃないの。

フィリップ: ああ、彼は僕に反ユダヤ主義の連載をしてほしいんだ。

グリーン夫人: あまり乗り気ではないようね。

フィリップ: そうなんだ。

グリーン夫人: あなたにどうしてもそれをやれって？

フィリップ: いいや。彼はそういった編集者じゃない。

: 母さん、卵をこんなにおいしくするなんて、どうやってるの？

グリーン夫人: 卵に祈ってるのよ。

フィリップ: なるほどね。

グリーン夫人: 昨夜は楽しかった？

フィリップ: ああ。

グリーン夫人: ほら、新しい場所が必要なように新しい人が必要だわね。つまり、あなたにだけ、じゃなく、誰にでもよ。

フィリップ: ああ、手初めにはいい集まりだったよ。おもしろいことがあってね。反ユダヤ主義についての連載を提案したのは女性で、ミニフィの姪なんだ。おもしろいよ。

グリーン夫人: まさか！　ねえ、思いつくのは女性が後ってこと、フィル。そうなの？

トミー: 反ユダヤ主義って、なに？

フィリップ: え？

■ comic
4コマ以上の続き漫画 (comic strips) のこと。funnies ともいう。類似した語 cartoon は、通例、1コマの政治漫画。

■ put away
この表現は I told her to put away such stupid ideas. (私は彼女にそんなばかな考えは捨てるようにと言った) のように、偏見、考え、悪習などを「捨てる、やめる」の意でも使われる。

■ assignment
特別な任務、仕事などで課せられたもの、割り当てられたもの。

■ sound
His plan sounds interesting. (彼の計画は面白そうだ) のように、「S + sound + C」で「SはCに聞こえる」の意を表す。Cは形容詞、通例、形容詞を伴う名詞。なお、sound という語からも分かる通り、この構文の主語には声や音を出すもの、口頭で述べられた考え、意見、計画、約束などが来る。

■ insist on...
insist の「主張する」の意から insist on something で to demand something を表す。

■ have a good time
文頭の Did you が省略されたもの。なお、ここでの time は特定の経験を伴った時間のこと。a good に代わって a nice, a lovely, quite a, a wonderful なども使われる。

■ I mean
聞き手の注意を引いたり、話し手が直前に言ったことをより明確にしたり、説明する際に使われる。

■ You don't say
相手の言ったことに対して軽い驚き、興味、穏やかな疑問などを表す表現。

■ Why
当然の承認、意外、驚き、抗議、焦慮などを表す間投詞。

■ women will be thinking next
「女性が次に考えるだろう」とは、考えつくのはまず男性が先で、その後に女性が考える、という過去の、女性を軽視した発想から来た表現。

TOMMY : What's anti-Semitism?

PHILIP : Oh, that's where ah... some people don't like other people just because they're Jews.

TOMMY : Oh. Why? Are they bad?

PHILIP : Oh, some are. Sure. Some aren't. It's like everybody else.

TOMMY : What are Jews, anyway? I mean exactly.

PHILIP : Well, you remember last week when you asked me about that big church...

TOMMY : Sure.

PHILIP : ...and I told you there were lots of different churches?

TOMMY : Yeah.

PHILIP : Well, the people who go to that particular church are called Catholics, see? And then there are people who go to other churches and they're called Protestants. Then there are others who go to still different ones, and they're called Jews, only they call their kind of churches synagogues or temples.

TOMMY : And why don't some people like those?

PHILIP : Well, that's kind of a tough one to explain, Tom. Some people hate Catholics, and some, some hate Jews.

TOMMY : And no one hates us cos we're Americans.

PHILIP : Well, no, no, That's ah...that's another thing again. You see you can be an American and a Catholic or an American and a Protestant or an American and a Jew. Look, look, Tom. It's like this.

Jew ユダヤ人, イスラエル人

Sure 確かに, もちろん, そうとも

exactly 正確に, 厳密には

last week 先週

particular 特定の, 特有の
Catholic カトリック教会, ローマカトリック教徒

Protestant プロテスタント, 信教徒

synagogue シナゴーグ
temple 寺院, 聖堂, 神殿

kind of... 一種の〜, 〜のようなもの, いわば
tough 難しい, 厄介な, 骨の折れる
explain 説明する
hate 憎む, 嫌う

cos というのも, なぜなら

you see あのね, ほら, ねえ

look ほら, あのね, おい

38

トミー	：反ユダヤ主義って、なんなの？
フィリップ	：ああ、それは、その…ユダヤ人だからという理由だけでその人たちを嫌う人たちがいるんだ。
トミー	：ふ〜ん。どうして？　その人たちって悪い人なの？
フィリップ	：ああ、中にはね。もちろん。悪くない人たちもいる。他の皆と同じだよ。
トミー	：とにかく、ユダヤ人ってどういう人？　ちゃんと教えて。
フィリップ	：そうだな、先週、おまえがパパに例の大きな教会について尋ねたことを覚えているよね…
トミー	：もちろん。
フィリップ	：…で、他の種類の教会もたくさんあるって教えただろう？
トミー	：うん。
フィリップ	：そうだな、あの教会に通っている人たちはカトリック教徒って言うんだ、わかるか？　それから、他の教会に通う人たちもいる。その人たちはプロテスタントと呼ばれている。それから、さらに違う教会に通う人たちもいる。で、その人たちはユダヤ教徒と呼ばれるが、ただし彼らは自分たちの教会をシナゴーグとか、寺院とか呼んでいるんだ。
トミー	：それで、どうして、その人たちを嫌っている人たちがいるわけ？
フィリップ	：そうだね、それはちょっと説明が難しい問題だな、トム。カトリック教徒が嫌いな人もいる、それにユダヤ教徒を嫌う人、そういう人もいるんだ。
トミー	：じゃあ僕たちはアメリカ人だから誰も僕たちのことは嫌わないんだね。
フィリップ	：え〜と。いや、違う。それはね、あの…それはまた、別の問題だ。いいか、アメリカ人でカトリック教徒もいるし、アメリカ人でプロテスタント教徒もいる。あるいは、アメリカ人でユダヤ教徒もいる。ほら、いいかい、トム。こんな感じだよ。

■ Jew
ユダヤ人で Jew という言葉を好まない人々は代わりに Jewish とか Hebrew を用いる。

■ Sure
surely, certainly, undoubtedly ほどの意で、強意、強い肯定を表す。

■ last week
「今週」は this week、「来週」は next week、「来来週」は the week after next、「来週の今日」は a week ago today、「来来週の日曜日」は two weeks from Sunday、「先々週」は the week before last、「先々週の日曜日」は a week ago last Sunday。

■ particular
あるものを同種の他のものと区別して使われたもの。なお、この語は I'm very particular about my food.（私は自分の食べるものにはとてもうるさい）のように「好みがうるさい」「口やかましい」などの意でも頻繁に用いられる。

■ Catholic
ローマ教皇を最高統治者とする全世界の信徒7億強を擁する世界最大のキリスト教会。

■ Protestant
16世紀の宗教改革のときにローマ教会から分離したキリスト教団の信者で、ローマカトリック教会にも東方教会にも属さないキリスト教徒。

■ synagogue
ユダヤ教の礼拝堂でバビロン捕囚期に神殿を失ったユダヤ人が集まって聖書を読み、祈祷する場所として建てた会堂が起源とされる。なお、シナゴーグとは「集会」を意味するギリシャ語。

■ temple
ここでは、通例、改革派または保守派ユダヤ教会堂、すなわちシナゴーグのこと。

■ cos
because のことで、口語ではしばしば使われる。'cause, cuz ともする。

■ you see
相手の注意を促して使われる表現。

■ look
相手の注意を引く際の表現で look here ともするが、これは look よりもややじれったい感じが込められている。

PHILIP : One thing's your country, you see, like America or France or Germany or Russia - all the countries. The flag is different, and the uniform is different and the language is different.

TOMMY : And the airplanes are marked different?

PHILIP : Differently. That's right. But the other thing is religion, like the Jewish, or the Catholic or the Protestant religion. You see. That hasn't anything to do with the flag or the uniform or the airplanes. You got it?

TOMMY : Yup.

PHILIP : Well, don't ever get mixed up on that.

TOMMY : I got it.

PHILIP : Well, some people are mixed up.

TOMMY : Why?

MRS. GREEN: It's 8:30, Tommy. You better get going.

PHILIP : Yeah, yeah, you'll be late.

MRS. GREEN: Finish your milk.

TOMMY : Thanks, Grandma. Bye.

PHILIP : Phew.

MRS. GREEN: That's all right, Phil. You're always good with him.

PHILIP : That kid is gonna wreck me yet.

: Did you and Dad have to go through this sort of stuff with me?

MRS. GREEN: Course we did.

: Are you very disappointed, Phil?

PHILIP : Yes, I am. I was almost sure he'd hand me the Stassen story. Or Washington. I wasn't looking for an easy one, Ma. But I did want something that I, I could really make good on. I'd so like the first one here to be a natural, something that I'd know they'd read.

フィリップ ：一つは国、ほら、アメリカとか、フランス、あるいはドイツとか、ロシアみたいな—さまざまな国。国旗が違うし、軍服も違う、それに言葉も違っている。

トミー ：それに、飛行機のマークも違うよね？

フィリップ ：違っている。その通りだ。でも、もう一つは、宗教なんだ。ユダヤ教とか、カトリックとか、プロテスタントのように。いいね。宗教は国旗とも軍服とも飛行機とも関係ないのさ。わかったか？

トミー ：うん。

フィリップ ：じゃあ、そこを混同しないように。

トミー ：わかった。

フィリップ ：実は、混同している人もいるんだ。

トミー ：なんで？

グリーン夫人：8時半だよ、トミー。もう行かなくちゃ。

フィリップ ：そうだ、そうだ、遅刻するぞ。

グリーン夫人：ミルクを終えなさい。

トミー ：ありがとう、おばあちゃん。じゃあ。

フィリップ ：フー。

グリーン夫人：大丈夫よ、フィル。あなたはいつもあの子に良くしてやっているもの。

フィリップ ：そのうちあの子にはやられそうだな。

： 母さんと父さんも僕とこんなことをやってたのかな？

グリーン夫人：もちろんそうだったわ。

： ひどくがっかりしてるの、フィル？

フィリップ ：ああ、そうさ。僕は、彼がスタッセンの記事を持ちかけてくるものとばかり思っていた。あるいはワシントンとか。易しいものを期待していたわけじゃないんだよ、母さん。でも、僕が本当にいい記事を書けそうなものが欲しかったんだ。ここでの最初の記事は必ず成功するもの、皆が読むだろうと思えるものがね。

■ flag
国、組織、所属団体などを表す旗のこと。ここでは national flag。なお、「旗を揚げる」は fly a flag。ただし fly に代わって hoist, hang out, put out も使われる。また「旗を降ろす」は put down a flag, take down a flag。

■ differently
ここでは Tommy の different を言い換えたもの。なお、different は形容詞だが、口語では副詞としても使われる。

■ hasn't anything to do with…
have ～ to do with… で「～と関係がある」の意を表す。関係の度合いによって～に little, a little, a lot, a great deal, something, much などがくる。

■ You got it?
ここでの got は意味などが「分かる、理解する」ということ。

■ yup
yes のことで、単独にまたは強調して発言したときの yeah のこと。yep ともする。

■ phew
驚き、不快、嫌悪、安堵などを表す呼気または吸気による短い口笛のような音。

■ gonna
going to の発音綴り。

■ wreck
ここでの一文は、日本語らしくすれば「これから先が思いやられる。これからが恐ろしいよ」といったところ。

■ yet
ここでは「まだ」ではなく、未来を予測して「やがて」、すなわち eventually とか someday を意味する副詞。

■ course
相手への返答として yes の意味で使われたもの。of course のことだが、口語では course, 'course となることが多い。

■ Stassen
アメリカの共和党の政治家 Harold Edward Stassen (1907 - 2001)。ミネソタ州第25代知事 (1939 - 1943)、また1948年から1953年にはペンシルバニア大学の学長を務めた。

■ Washington
アメリカの独立戦争時における大陸軍総司令官 (1774 - 1781)、初代大統領 (1789 - 1797) を歴任した George Washington (1732 - 1799)。ワシントン一家はバージニア州で黒人奴隷プランテーションを経営していた。

MRS. GREEN: Oh, you mean there's enough anti-Semitism in real life without people reading about it?

PHILIP : No. But this one's doomed before I've started. What could I possibly say that hasn't been said before?

MRS. GREEN: I don't know. Maybe it hasn't been said well enough. If it had, you wouldn't have had to explain it to Tommy just now, your father and I to you. It would be nice sometime not to have to explain it to someone like Tommy. Kids are so decent to start with. Home for lunch?

PHILIP : No. Think I'll take a walk. You're quite a girl, Ma.

EXT. PEDESTRIAN OVERPASS - DAY - Philip pauses for a moment on the overpass, on his way to see Minify.

INT. MINIFY'S OFFICE - DAY - Philip and Minify discuss the assignment.

PHILIP : You seem surprised.
MINIFY : Yes.
PHILIP : Why?
MINIFY : Well, I didn't think you were going to do it. You've a bad poker face, Phil. I saw you were disappointed in the assignment the minute I mentioned it. That's why I didn't push it. What changed your mind?
PHILIP : Oh, a couple of things.
MINIFY : Ah, huh. I may put my niece under contract. Inspiration department.
PHILIP : No, it wasn't that. It was my kid. I had to explain it to him this morning. It was kind of tough. It's really each house, each family, that decides it. Anyway, I wanna do it very much.

グリーン夫人:	じゃあ、あなたは世の中に反ユダヤ主義がはびこっているのに、誰もそれを読まないっていうの?
フィリップ:	そうじゃない。でも僕が書き始める前からこの結果は分かっている。今まで誰も語っていない事柄について、一体どう言えばいい?
グリーン夫人:	わからないけど。もしかしたら、まだ十分に語られていないのかも。もし、皆が話題にしていたら、さっきのようにトミーに説明する必要もなかっただろうし、あなたの父さんや私があなたに説明する必要もなかった。いつかトミーのような子に説明しなくてもよくなる日が来るといいわね。最初は、子どもたちが一番。昼は家で食べる?
フィリップ:	いや。散歩すると思う。母さんは大した女性だ。

屋外 – 歩道橋 – 昼 – フィリップはミニフィに会いに行く途中、歩道橋で少し立ち止まる。

屋内 – ミニフィのオフィス – 昼 – フィリップとミニフィは例の仕事について話し合っている。

フィリップ:	驚いているみたいですね。
ミニフィ:	そうだ。
フィリップ:	どうして?
ミニフィ:	いや、君がこれを引き受けるとは思わなかったよ。たちの悪いポーカーフェイスだ、フィル。わしがそいつを口にした瞬間、課題に、君ががっかりしたのが分かった。だから強くは言わなかったんだ。何が君の気持ちを変えたのかな?
フィリップ:	まあ、いくつかありましてね。
ミニフィ:	そうか、なるほど。わしの姪を雇おうか。着想部でね。
フィリップ:	いえ、そうじゃない。僕の子供ですよ。今朝、子供にこのことを説明しなければいけなかったんです。少々大変でした。これは確かにそれぞれの家庭、家族の問題ですよ、それについて判断を下すのはね。ともあれ、是非ともこれはやってみたいんです。

■ doom
ここでは「失敗する運命になる」ということ。なお、この語は、通例、She is doomed to failure.(彼女は失敗する運命にある)のように受身で用いられる。

■ possibly
通例、can と共に用いて当惑、驚きなどを強調する。

■ sometime
未来のいつか、ということ。

■ decent
ここでは行動、言葉などが「適正な」ということ。

■ Home
文頭に Will you be あるいは Are you coming back を補って考える。

■ Think
文頭の I が省略されたもの。

■ take a walk
a walk とは運動や娯楽のための散歩のこと。

■ quite a girl
quite a [an] +名詞で「本当に、実に、並はずれた、大した」を意味する。

■ seem surprised
「S + seem (to be) + C」の型で「SはCのように見える、思われる」を意味する。ここでのCは過去分詞。なお、to be が省略される場合はCが直接的に観察された状態、性質であることが含意される。

■ push
ここでは「押す」ではなく、考えとか要求を強く主張すること。

■ change one's mind
one's mind は「考え、意見、気持ち」のこと。

■ Ah-huh
同意、肯定、満足などを表す間投詞。

MINIFY : I couldn't be more pleased.

PHILIP : I'll have to get some facts and figures from your research department.

MINIFY : What?

PHILIP : I said I'll have to get facts, figures from your research people.

MINIFY : Now wait a minute. Hold on. I've got 18 hacks on this magazine who can do this series with their left hands chock-full of facts, figures and research. I don't need you for that. What do you think I brought you here for, facts and figures? Use your head. Go right to the source. I want some angle, some compelling lead. Some dramatic device to humanize it so that it gets read.

PHILIP : Well, you don't want much. You just want the moon.

MINIFY : With parsley. Suggestion: there's a bigger thing to do than to go after the crackpot story. It's been done plenty. It's the wider spread of it that I wanna get at. The people that'd never go near an anti-Semitic meeting or send a dime to Gerald L.K. Smith.

PHILIP : All right. I'll knock it around. Give my best to the research department. So long.

MINIFY : You don't happen to want my niece's phone number, do ya?

PHILIP : Regent seven oh four nine three. We're having dinner together. I always like to go right to the source.

I couldn't be more pleased それは何より嬉しい、これ以上嬉しいことはない
facts and figures 正確な資料, 正しい情報
fact 事実, 真相
figure 数字
research department 調査部
research 調査, 研究
wait a minute ちょっと待て
hold on ちょっと待て
hack 売文家, 物書き, 通俗的な芸術家
on this magazine この雑誌に関わっている
chock-full 一杯の, すし詰めの

source 根源, 原因, 情報源, 出所, 筋
angle 角度, 見地, 観点, 視点
compelling 抵抗し難い, 説得力のある
lead 手掛かり, 問題解決のきっかけ, 冒頭の一節
dramatic ドラマチック, 劇的な, 効果的な, 感動的な
device 工夫, 趣向
get read 読まれる, 読んでもらえる
want the moon できないことを望む, 得られないものを欲する
With parsley
suggestion 提案, 提言, 忠告
go after... ～を求める, を目指す, を追跡する
crackpot 途方もない, 気違いじみた, 常軌を逸した
plenty 十分に, とっても, たっぷり
spread 広がり, 幅, 大見出し記事, 特集記事
get at 近づく, 手に入れる, 知る, 分かる, 意図する
dime ダイム, 10セント
Gerald K. Smith
knock around こづき回す, ざっと検討する
give my best to.... ～によろしく
the research department
So long さようなら, じゃあまた
happen to... たまたま～する, ひょっとして～する

Regent ニューヨークの場所

Gentleman's Agreement

ミニフィ	:	嬉しいことこの上ないね。
フィリップ	:	調査部から正確な資料をいただく必要があると思います。
ミニフィ	:	何だって？
フィリップ	:	調査部の方々から事例や統計などをもらわなければならないと言ったんですが。
ミニフィ	:	おい、ちょっと待て。待つんだ。この連載記事が書ける、左手に事例とか、数字とか、調査結果を一杯に携えた物書きはこの雑誌社には18人もいる。そういうことだったら君は必要ない。わしが何のために君をここに引っ張ってきたと思っている。事例や数字だと？ 頭を使うんだ。情報に直接当たれ。視点、思わず目を引かれる書き出しが欲しいんだよ。記事が読んでもらえるように、人間味を持たせる趣向がな。
フィリップ	:	でも、あまり多くを望まないでください。月を注文しようとするようなものですよ。
ミニフィ	:	パセリも添えてもらおう。提案だ。奇抜なストーリーを追い求めるより、もっとなすべき大切なことがある。そんなことはもう十分だ。わしがやりたいのは、そいつをもっと広く知らしめたいということだ。反ユダヤ集会に決して近寄らないような人々にも、あるいは、ジェラルド・L・K・スミスに小銭を寄付したりするような人々にもだよ。
フィリップ	:	わかりました。考えてみましょう。調査部によろしく。じゃあまた。
ミニフィ	:	姪の電話番号が必要なんてことはないかね？
フィリップ	:	リージェントの70493です。これから一緒に食事をします。僕はいつも情報には直接当たるのが好きなんでね。

■ wait a minute
相手の発言に対して異論やコメントを挟む際の表現で I wish to make a comment or objection ほどの意。

■ hold on
please wait a moment の意。なお、電話で「切らないでお待ち下さい」の意でも頻繁に使われる。

■ on this magazine
ここでの on は関与、従事を表して「〜に関与して、〜に従事して」の意で使われる。

■ angle
この語は a right angle (直角)、an acute angle (鋭角)、an obtuse angle (鈍角)、an internal angle、an interior angle (内角)、an external angle、an exterior angle (外角) のように「角度」を表すが、ここでは原稿や物を見る「視点、観点」のこと。

■ lead
ここではこの語の持つ「先頭」の意から、新聞や雑誌で使われる the main or opening part of a piece of writing、すなわち「冒頭の一節、出だしの文」。

■ device
文学表現上の考えついた方法、工夫のこと。

■ want the moon
「手に入らないものを求める」を意味する cry for the moon から。

■ With parsley
parsley とは料理のつまにつかわれるセリ科の植物。ここでは the moon を料理に見立てて言ったダジャレ。

■ dime
アメリカ、カナダの10セント白銅貨。ここから「わずかの金、小額の金」を意味する。

■ Gerald K. Smith
(1898 - 1976)。アメリカの牧師、政治家。大恐慌時代に Share Our Wealth 運動のリーダーになる。1944年に American First Party を設立。後に過激派 William Dudley Pelley (1890 - 1965) のナチに共感する Silver Legion Organization のメンバーになる。

■ give my best to…
通例、one's best で「くれぐれもよろしく」の挨拶を表すアメリカの口語。one's best wishes のこと。

■ the research department
ここでは Kathy のことをこのように表現したもの。

■ So long
Good-bye の意で、また直ぐ会う親しい人に対して使われる。

45

INT. RESTAURANT - NIGHT - Philip lights Kathy a cigarette as a WAITER arrives at their table.

WAITER : Fresh coffee, sir?
PHILIP : Oh, thank you.

KATHY : You're a very flattering listener.
PHILIP : Well, I've been interested.
KATHY : No, it's more than that. Your face takes sides, as if you were voting for and against. When I told you about my longing to have a nice home like other children, you looked happy. When I told you about Uncle John offering to send me to Vassar, you looked bleak.
PHILIP : How'd your parents take it about Mr. Minify giving you an allowance and pretty clothes and all the rest?
KATHY : Oh, they said they wanted Jane, my sister, and me to have the things that would make us happy.
PHILIP : And did they?
KATHY : Yes, I think so. I quit being envious. And... snobbish. I felt right and easy. Now you're looking all dubious again.
PHILIP : Oh, please, don't think that I'm just sitting here approving and disapproving.

: It's not that. It's just that... Well, I...

: We've certainly covered a lot of ground. Are you engaged to anybody now? Or in love or anything?
KATHY : Not especially. Are you?
PHILIP : Not anything. Dance?

屋内－レストラン－夜－フィリップがキャシーの煙草に火を点けると同時にウェイターが二人のテーブルにやってくる。

ウェイター ： いれたてのコーヒーはいかがですか？
フィリップ ： ああ、ありがとう。

キャシー ： あなたはとても聞き上手ね。
フィリップ ： いや、興味があったから。
キャシー ： 違うわ、それ以上よ。あなたの顔が賛否を表してるわ、まるで賛成に投票したり、反対に投票しているみたいに。私があなたに、他の子供みたいに幸せな家庭がほしかったという話をした時、あなたは楽しそうだった。ジョン伯父さんが私をバサー女子大に行かせてくださるという話をした時は、暗い表情だったわよ。
フィリップ ： 君のご両親はミニフィー氏が君に小遣いや、素敵な服やらなにやらを与えることをどう思っているのかな？
キャシー ： そうね、両親は、姉のジェーンと私が、私たちを幸せにするようなものを持っていてほしいと言っていたわ。
フィリップ ： それで、幸せになれた？
キャシー ： ええ、そう思う。人を羨むことはやめたもの。それに … 俗物ぶることもね。これでいいのだと感じたし、何の心配も無かった。ほら、またすっかり疑わしそうな表情になる。
フィリップ ： ねえ、頼むから、僕が賛成したり反対したりしながら、ただここに座っているなんて思わないでほしいな。
 ： そんなんじゃないんだ。ただその … えっと、僕は …
 ： 僕たちは確かに多くの問題について話してきた。君は今、誰かと婚約中だとか、あるいは好きな人がいるとか、そういうことは？
キャシー ： 特には。あなたは？
フィリップ ： 全くなし。踊る？

■ flattering
この意味から、ここでは pleasing ほどの意で使われたもの。
■ vote
「～に賛成の投票をする」は vote for…、「～に反対の投票をする」は vote against。
■ for
賛成、支持、味方を表す。
■ against
人や意見などに対する反対を表す。
■ Vassar
New York 州 Poughkeepsie にある私立の名門女子大学 Vassar College。ただし、1969 年に共学となる。酒造り商人 Matthew Vassar (1792 - 1868) により 1861 年、ニューヨーク市の北部 Hudson Valley に創設された。
■ take it about…
ここでの take は「受け止める、理解する」の意。
■ allowance
この語は特定の目的のための「支給額」、定期的に出る「小遣い」のこと。なお、「小遣い」については pocket money ともいう。
■ And did they
次に make you happy を補って考える。
■ snobbish
紳士、淑女ぶったり、上にへつらい、下に対して威張ること。
■ look all dubious
ここでの all は She was all upset.（彼女はすっかり取り乱していた）のように、強調したり、一時的状態について「すっかり、全面的に、全く」を意味する副詞。
■ disapprove
ここでの dis- は形容詞に付いてその形容詞の意味する性質を「失わせる、逆にする、不～にする」の形容詞を造る接頭辞。
■ cover
ここでは「覆う」ではなく、This book covers American culture very well.（この本はアメリカ文化を実にうまく扱っている）のように include とか take care of ほどの意を表す。
■ be engaged to…
engage は「婚約させる」の意で、通例、She is engaged to Tom.（彼女はトムと婚約している）のように受身で使われる。
■ or anything
断言を避けて使われる表現。
■ Not especially
Are you tired?（疲れていますか）といった質問に対して「特に～ということはない」のように否定する表現。

PHILIP	:	Oh, ah, by the way, what, what was the point of your ex-husband being asked up to the Minify's when you were there? They're trying to bring you together?
KATHY	:	Could be. Aunt Jessie does it every once in a while. Did you ask me to dance?

by the way ところで、それはそうと、話の途中だが、時に ⊃
point 目的, 意向, 要点
ex-husband 元夫 ⊃
be asked up to... ～へ招待される, に招かれる, へ呼ばれる ⊃
bring together 結びつける, 和解させる, 近づける
Could be もしかしたらそうかも、かもね
every once in a while 時たま、時折, しばしば ⊃

紳士協定ってなに？

　紳士協定とは暗黙の了解の一つで、個人、団体、国家における非公式の、法的拘束力を持たない取り決めをいう。この協定の精神は、約束の履行に際して、相手に強制するものではなく、互いに相手を信用することにある。そのため、この協定はビジネス、スポーツ、政治などさまざまな分野で存在してきたし、今日もどこかで存在しているだろう。ただし、公式の文書があるわけではないことから、その実態は一般には見えてこない。

　たとえば、かつて黒人に対する人種差別が横行していたアメリカの大リーグにおいて、ジャッキー・ロビンソン (Jackie Robinson, 1919 - 72) がブルックリン・ドジャーズへの入団を許可されるまで、黒人選手は採用しないという協定が存在していた。また、こうした

フィリップ :	ああ、その、ところで、君が来ている時に、ミニフィ家へ君の前のご主人が呼ばれていたのはどう、どういうことだったんだ？　彼らは君たちをまた一緒にさせようとしているのかな？
キャシー :	かも知れないわね。ジェシー伯母さんが時々そういうことをするの。踊ろうっておっしゃったかしら？

■ by the way
incidentally の意で、話し手が話の途中でふと思いついたことを持ち出す際の表現。by the bye ともする。

■ ex-husband
ex- は自由に官職名や地位などに付けて「以前の、元〜」、すなわち former の意を表す接頭辞。

■ be asked up to...
ここでの ask は人を場所に「招待する、誘う」を意味する。

■ bring together
ここでは「よりを戻させる」ほどの意で使われたもの。

■ every once in a while
once in a while ともする。

協定は日米間においても存在する。1894 年の両国の正式な協定により、日本からの移民を認めていたアメリカだったが、カリフォルニア州での移民労働者が増えるにつれ、反日感情が高まっていく。それに伴い、1906 年 10 月 11 日、サンフランシスコ教育委員会はアジア系の子供たちと白人の子供たちを分離する決定を下す。アメリカへの移民制限実施検討の最中であった日本政府はこれに対して大いに不快感を示した。日本を極東アジアにおけるソ連の勢力拡大阻止の要と考えていたルーズベルト (Theodore Roosevelt, 1858 – 1919) は 1907 年 2 月、サンフランシスコ市長をホワイトハウスに呼び、隔離政策の無効を要請。そして 2 月 24 日、アメリカへの移民のパスポートは発給しないという紳士協定が結ばれ、1924 年、アメリカでの移民法が成立するまで日本はこの協定を順守した。

曽根田　憲三（相模女子大学名誉教授）

Angle for the Series

INT. PHILIP'S APARTMENT / KATHY'S APARTMENT - NIGHT - *Philip sits at his typewriter working on his assignment. Having trouble, he pushes the platen to one side and gets up from the desk. He steps back to the typewriter to look at what he wrote. He takes out some nuts as his mother calls out.*

MRS. GREEN: Oh, Phil! Miss Lacey.
PHILIP : OK.

MRS. GREEN: He'll be right here. Hm, hm, hm. He's still at it.
PHILIP : Hi. Hi. How's the big outside world? Still there? Everybody having fun? No, no, I'm fine. Just wish I were dead, that's all. Oh, thanks, Kathy. I'm in my stubborn streak now. If it won't budge, I won't.

KATHY : Well, that's great. At the rate it's going now, do you think you'd like me with white hair?

PHILIP : Yeah, I'd think you'd look dandy with white hair. I'll be right here still trying. No, please do. If you don't call, I'll just keep wondering why you don't. So it works out as an interruption either way.

KATHY : Well, I... I'm a working girl myself. How many interruptions a day do you want?

PHILIP : Oh, I'll thank you to call me five or six times a day. It's your fault I'm in this jam, anyway. OK. Bye.

MRS. GREEN: Why don't you take some time off, Phil?

連載物の視点

Gentleman's Agreement

DVD　00:18:56
□□□□□□

屋内－フィリップのアパート／キャシーのアパート－夜－フィリップがタイプライターの前に座って仕事に取り組んでいる。行き詰まり、彼はプラテンを片側にぐいと押して、机から立ち上がる。彼はタイプライターの方へ踵を返して、書いたものを見る。彼がナッツをいくつか手に取ると同時に母親が呼びかける。

グリーン夫人：ねえ、フィル！レイシーさんよ。

フィリップ：わかった。

グリーン夫人：すぐ来ますから。ええ、そう、そう。まだそれをやっていますわ。

フィリップ：やあ、どうも。広大な外の世界はどう？　まだそこにいるの？　みんな楽しんでる？　いや、いや、僕は元気だ。ただ死んでいれば良かったと思っている、それだけさ。ああ、ありがとう、キャシー。今は負けないぞって感じなんだ。状況が変わらなければ、僕もこのままさ。

キャシー：まあ、それはすごいわね。今の進み具合からすると、あなたは白髪の私も好きかしら？

フィリップ：ああ、白髪の君は素敵だと思うだろうね。僕はここにいて、まだ頑張っているだろう。いや、そうしてもらいたい。もし電話してくれなかったら、どうして電話してくれないのかずっと気になるから。いずれにしても、それは休憩になる。

キャシー：でも、私…私も働いてる女性。1日に何回お邪魔がほしいかしら？

フィリップ：そうだな、1日5回か6回電話してくれるとありがたい。ともかく、僕がこんな窮地に陥っているのは君のせいなんだから。わかった。じゃあね。

グリーン夫人：少し休んだらどう、フィル？

■ be at it
ここでの at は He is at work.（彼は仕事をしている）のように従事、活動について「〜に従事して、に熱中して」を意味する。

■ the big outside world
彼が部屋にこもって執筆に没頭していることからくるセリフ。

■ Still
文頭の Are you が省略されたもの。

■ Everybody
文頭の Is が省略されたもの。

■ Just
文頭の I が省略されたもの。

■ that's all
No more need to be said とか There is no alternative の意で、That's all there is to it ともする。

■ budge
意見、立場、決心などを変えること。通例、否定、疑問、条件文で使われる。

■ at any rate
in any case とか at least ほどの意を表す。

■ interruption
ここでは「仕事の中断」、すなわち日本人風に言えば「休憩、気晴らし」といったところ。

■ either way
in either case とか in either event のこと。Either は肯定文の場合は「どちらの〜でも」。疑問文、条件文では使われると「どちら一方の、どちらかの」、否定文の場合は「どちらの〜もない」となる。

■ fault
ここでは「欠点」ではなく、It's all your fault that she cried.（彼女が泣いたのはみんな君のせいだ）のように、通例、one's fault として過失、非行などに対する「責任」を意味する。

■ Why don't you…
この表現は文字通り質問する際の「なぜ〜しないのですか」と、提案あるいは軽い命令を表して「〜したらどうだい、〜しなさい」の意を表す。ここでは後者。

■ take some time off
ここでの take off は I'm going to take a couple of weeks off in summer.（私は夏に2週間休みを取るつもりです）のように、仕事から「離れて休む」の意。

MRS. GREEN: You've been at it day and night now for almost a week.

PHILIP: Oh, you know me, Ma. When I'm like this, I wouldn't be any fun for Kathy or anybody else. I'm certainly no fun for myself.

MRS. GREEN: No ideas at all yet?

PHILIP: Sure, plenty of ideas, but they all explode in my face after an hour or so. They just don't stand up. When you get the right one there's a kinda click happens inside of you. Well, it hasn't happened yet, and it doesn't look like it's going to, either. I'm bored with the whole thing. Bored with myself, as a matter of fact. Hey, Ma, do you think I'm losing my grip? You know, writers do. Maybe it's my turn.

MRS. GREEN: You'd better not. You wouldn't be able to make a nickel at anything else.

PHILIP: Oh, ho, thanks, you can go now. That's a big help.

MRS. GREEN: Bring those things in with you, will you?

: Isn't it always tough at the start, Phil?

PHILIP: Never like this. Never. I've tried everything. Anti-Semitism in business, labor, professions. It's all there, all right, but I can't make it give. I've tried everything, separately and together. Every time I think I'm getting on the edge of something good, I go into it a little deeper, and it turns into the same old drool of statistics and protest. It's like beating your head against a concrete wall.

: Gee, I wish Dave were here.

Gentleman's Agreement

グリーン夫人：もう一週間近く、昼も夜もその仕事をしているじゃないの。

フィリップ：だって、僕を知ってるだろう、母さん。こんな時の僕は、キャシーにとっても誰にとってもちっとも面白い男じゃない。僕自身にとっても間違いなくつまらない。

グリーン夫人：まだ全然アイデアは浮かばないの？

フィリップ：もちろん、アイデアは沢山ある。だけど目の前で、1時間かそこらでみんなだめになってしまうんだ。全く立ち上がってくれない。良いアイデアが浮かぶ時というのは、自分の中にひらめきのようなものが生じるものだ。だけどまだそういうものは生まれていないし、それに生まれそうにもない。何もかもにうんざりだ。実のところ、自分自身にも飽き飽きしてる。ねえ、母さん。僕、才能が枯渇してきていると思う？ ほら、物書きにはそういうことがあるし。僕の番が来たということかも知れないな。

グリーン夫人：枯渇したら困るわね。あなたは他のことじゃ小銭も稼げないんだから。

フィリップ：ほう、これはまた、ありがとう。もう行っていいよ。とっても助かった。

グリーン夫人：これを持ってきてくれる？

：最初はいつだって大変じゃないの、フィル？

フィリップ：全然これほどじゃなかったよ。一度としてね。あらゆる点にあたってみた。ビジネス、労働、職業における反ユダヤ主義。確かに、そこにはみな存在していた。だが、それを記事にすることができない。ありとあらゆる問題を、個別に、またまとめて検討もした。これはと思ったものの側面に近づいたと思う度に、少し深く掘り下げてみるものの、いつもの統計だの、抗議だのといった戯言になってしまうんだよ。頭をコンクリートの壁に打ち付けてるみたいだ。

：やれやれ、デイヴがここにいてくれたらな。

■ day and night
night and day ともする。

■ plenty
I have plenty of dictionaries. (私は辞書をたくさん持っている)のように、通例、「たくさん」の意を表して肯定文で使われる。疑問文では enough、否定文では much または many を用いるのが普通。

■ in someone's face
ここでの「鼻先で爆発する」とは「目の前で吹っ飛んでしまう、ダメになってしまう」ということ。

■ click
カチッという音のこと。ここでは「カチッとスイッチが入る」ほどの意。

■ the whole thing
ここでの whole は I love you with my whole heart. (心から君を愛している)のように集合普通名詞、単数普通名詞を修飾して「全部の、全体の」を意味する。

■ lose one's grip
ここでの grip は「理解力」、すなわち the ability to understand or deal with something のこと。そこから、ここでは「ものごとをつかむ、すなわち理解する能力が無くなる」「才能が枯渇する」ほどの意味合い。

■ make a nickel
nickel とはアメリカ、カナダの「5セント白銅貨」。ここから「小額の金」を意味して使われる。なお、ここでの make は He makes more money than I do. (彼は私よりお金を稼ぐ)のように金を「稼ぐ、儲ける」の意。

■ big help
a help で人などにとって「助けになる人、役に立つもの」を意味する。

■ labor
義務的な骨の折れる肉体的仕事をいう。

■ profession
聖職者、弁護士、医師、教師、著作家、芸術家などの知的職業をいう。

■ something good
「これはと思ったもの」ほどの意。

■ the same old drool...
drool とは「たわごと、ばか話し」のこと。ここでは「いつものばかげた～」ほどの意。

■ gee
驚き、落胆、熱意、また単なる強調を示す間投詞。

MRS. GREEN: Dave Goldman?

PHILIP : Yeah. He'd be the guy to talk it over with, wouldn't he?

MRS. GREEN: Yes, I guess he would. Still overseas?

PHILIP : Yeah. Looks like he's stuck there too. He'd be just the one, though. Hey, hey Ma. Maybe that's a new tack. So far I've been digging into facts and evidence. I've sort of ignored feelings. How must a fellow like, like Dave feel about this thing?

MRS. GREEN: That's good, Phil.

PHILIP : Over and above what we feel about it, what must a Jew feel about this thing? Dave! Can I think my way into Dave's mind? He's the kind of fellow I'd be if I were a Jew, isn't he? We, we grew up together, we lived in the same kind of homes. We were the gang. We did everything together. Whatever Dave feels now: indifference, outrage, contempt, would be the feelings of Dave not only as a Jew, but the way I feel as a man, as an American, as a citizen. Is that right, Ma?

MRS. GREEN: Sit down and write him a letter now.

PHILIP : Hey, maybe I've broken this logjam, Ma. Maybe this is it.

MRS. GREEN: Put it down to him just like you said it to me.

PHILIP : Now what do I say? What do I say? "Dear Dave, give me the lowdown on your guts when you hear about Rankin calling people kikes." "How do you feel when you hear about Jewish kids getting their teeth kicked out by Jew-haters in New York City?"

グリーン夫人：デイヴ・ゴールドマン？

フィリップ：そう。彼こそ、このことが話し合える人物じゃないだろうか？

グリーン夫人：そうね。私も彼ならと思うけど。まだ外国にいるの？

フィリップ：ああ。彼もあっちで身動きが取れないらしい。だけど、彼なら適任なんだがなあ。あっ、そうか、母さん。それが新しい切り口かも知れない。これまで僕は事実や証拠を掘り下げてきた。いわば感情を無視してきたわけだ。デイヴのような立場の人間は、このことについて、どう感じるのか？

グリーン夫人：それはいいわね、フィル。

フィリップ：それについて、我々がどう感じるかに加え、この件についてユダヤ人ならどう感じるのか？デイヴだ！僕がデイヴの心に入り込めるだろうか？ もし僕がユダヤ人だとしたら、デイヴは僕がなるような人物ではないのか？ 僕たち、僕らは一緒に育った。同じような家庭で生活していたし、遊び友達だ。何もかも一緒にやった。今デイヴが感じることは何であれ、つまり無関心、憤り、軽蔑、それはユダヤ人としてのデイヴの気持ちだけではなく、一人の人間として、アメリカ人として、市民としての僕の感じ方でもあるんだ。そうだろう、母さん？

グリーン夫人：座って、彼に今から手紙を書いたらどう。

フィリップ：ねえ、この壁を打ち破ったかも、母さん。多分、これだ。

グリーン夫人：私に話した通り彼に書くのよ。

フィリップ：さて、何て言おう？何て言おうか？「親愛なるデイヴへ、ランキンが人をユダ公と呼ぶのを耳にした時の君の本心を教えてくれ」。「ユダヤ人の子供が、ニューヨーク市のユダヤ人嫌いどもに酷い目に遭わされたと聞いたらどんな気持ちだ？」。

■ overseas
across the sea のことで abroad に同じ。

■ stick
この意味では、通例、Our car got stuck in the snow.（我々の車は雪で動けなくなった）のように受身で用いられる。

■ tack
特に従来とは異なるやり方のことをいう。ここでは「切り口」ほどの意味合い。

■ dig into
資料などを丹念に調べたり、探究すること。すなわち to go to work on something ほどの意。

■ sort of
表現をぼかして使われる。

■ think my way into Dave's mind
one's way は I felt my way in the dark.（私は暗闇を手探りで進んだ）のように「進路、行く手」の意。

■ contempt
思いやりを示す価値がないと考えられるものに対しては scorn（あからさまな軽蔑）。

■ logjam
この語が河の一か所に集まって動かなくなった「丸太のつかえ」の意であることから、比ゆ的に用いられて、それに似た blockage を表す。ここでは「壁」といった意味合い。

■ this is it
この表現は「さあお待ちかねの人、物です」のように紹介するとき、「いよいよ来るべき時が来た、いよいよだぞ」、相手の言葉に同意して「全くその通り、確かに」ほどの意でも頻繁に用いられる。

■ lowdown
この意味の場合は、通例、the lowdown とする。なお、the lowdown on your guts は「君の本心」といったところ。

■ Rankin
アメリカの政治家、婦人参政権運動の指導者 Jeanette Rankin (1880 - 1973) のこと。

■ kike
ユダヤ人に対する侮蔑的な呼称。一説にはユダヤ系人名の語尾に -ki が多いことから生まれたといわれる。

■ get their teeth kicked out
「歯を蹴りとばされる」とは「ひどい仕打ちを受ける、ひどい目にあう、ひどいことを言われる」との意。

PHILIP	: Could you write that kind of a letter, Ma? No, that's no good, all of it. Wouldn't be any good if I could write it. There isn't any way you can tear open the secret heart of another human being, Ma. You know that.
MRS. GREEN	: Yes, I guess you're right, but there must be some way. There must!
PHILIP	: Hey, don't you get started. I don't wanna depress the whole family.
	: You look tired, Ma. Why don't you go to bed? One good thing came out of this, anyway. It reminded me I owe Dave a letter. I'll write him anyway. And I'd like a little more sympathy around here now that you see how tough it is.
MRS. GREEN	: Sympathy? Oh, no. But I think it's worth it, Phil, if that's any consolation.
PHILIP	: Oh, ho. It's mighty small, Ma, mighty small, but I'm in no position to dicker.
	: Good night, baby.
MRS. GREEN	: Oh. Oh.
PHILIP	: Tommy?
MRS. GREEN	: Oh, ha!
PHILIP	: Ma! Is it your heart? Does it seem like your heart?
MRS. GREEN	: Wait.
PHILIP	: You all right? Seem any easier?
MRS. GREEN	: Oh. Passing.
PHILIP	: Well, I'll get a doctor. I'll phone Kathy.
MRS. GREEN	: No.

no good 価値のない, 無用の, 役立たずの

tear open 引き裂いて開く

human being 人間

don't you get started 始めないでくれ, また始まったか ⟳
get started 始める, 取り掛かる
depress 落胆させる, 悲しませる, 意気消沈させる

look tired 疲れて見える, 疲れた表情をしている, 疲れた感じだ ⟳
go to bed 床に就く, 寝る ⟳
remind 思い出させる, 思い起させる, 気付かせる
owe 負っている, 借りがある

sympathy 同情, 思いやり ⟳
around here この辺りでは ⟳
now that... ～だから, ～なので

worth 値する, 価値がある ⟳
consolation 慰め, 慰安

mighty とても, 非常に, すごく ⟳
in no position to... ～できる立場にない, ～できる筋合いではない ⟳
dicker 掛け合う, 駆け引きをする, 取引をする

pass 去る, 終わる ⟳

フィリップ ： そんな手紙が書けるかい、母さん？ いや、こんなのはだめだ、どれもこれもね。そんなのが書けたとしても少しも役には立たない。他の人間の心の奥底を切り開く方法なんてないさ、母さん。わかるだろう。

グリーン夫人： そうね。あなたの言う通りだと思うわ、でもね、きっと何か方法があるはず。きっとある！

フィリップ ： ちょっと、また始まった。家族のみんなを憂鬱な気持ちにさせたくない。

： 疲れてるようだね、母さん。ベッドに入ったらどう？ いずれにしても、このことから一ついいことが生まれた。デイヴに手紙を書かなきゃいけなかったことを思い出させてくれたよ。とにかく、彼に手紙を書こう。それから、母さんはこの仕事がいかに大変かわかったんだから、家ではもうちょっと思いやりが欲しいところだね。

グリーン夫人： 思いやり？ とんでもない。でも、その価値はあると思うわよ、フィル、もしこう言って慰めになるのならね。

フィリップ ： おや、まいったね。ほんの少し、ほんの少しばかりの思いやりだが、母さん、でも僕は文句を言えた立場じゃないからさ。

： おやすみ、母さん。

グリーン夫人： ああ、ああ。

フィリップ ： トミー？

グリーン夫人： ああ、はっ！

フィリップ ： 母さん！ 心臓なの？ 心臓みたいだね？

グリーン夫人： 待って。

フィリップ ： 大丈夫？ 少しはましになった？

グリーン夫人： ああ。治まった。

フィリップ ： でも、医者を呼ぼう。キャシーに電話してみる。

グリーン夫人： いいのよ。

■ **don't you get started**
「例のものが始まった、聞きたくない」「興奮しないで」といったニュアンス。

■ **look tired**
You look younger than your age.（君は年より若く見える）のように「S + look + C」の型で、顔つき、様子などについて「S は C に見える」の意を表す。C は名詞、形容詞など。

■ **go to bed**
「寝入る」は go to sleep, fall to sleep、「寝付く」は get to sleep。
cf. I couldn't get to sleep because of the noise.（騒音のせいで眠れなかった）

■ **owe**
義務などを「人に負うている」、金銭上の「借りがある、支払う義務がある」などの意味で頻繁に使われる。ここでは「手紙を書く」こと。
ex. How much do I owe you?（いくらお支払いすればいいですか）

■ **sympathy**
人の悲しみ、苦しみなどに対する憐憫の情や思いやり、すなわち feeling or expression of understanding, pity, or sadness for the condition of another person の意。

■ **around here**
ここでは「我が家において」ということ。

■ **worth**
努力、時間、金を表す名詞または動名詞を伴って、物、事が手間、時間、金などをかけるに「値する」ということ。

■ **mighty**
主にアメリカ、カナダの口語で very を意味して使われる。
ex. I'm mighty pleased to see you.（お会いできてとても光栄です）

■ **in no position to...**
断る際の婉曲的表現。

■ **pass**
The serious crisis soon passed.（深刻な危機はすぐに去った）のように苦痛、出来事、嵐などが過ぎ去ること。

PHILIP : She'll know the right one.

MRS. GREEN: Wait. Oh. I never realized pain could be so sharp.

PHILIP : You let me phone Kathy. She'll know a heart man.

MRS. GREEN: What time is it?

PHILIP : Oh, it doesn't matter. It doesn't matter. Come on.

MRS. GREEN: Come back and hold my hand.

PHILIP : Sure, sure.

5 *INT. PHILIP'S APARTMENT - MORNING - In the kitchen, Philip makes some juice as Tommy sets the table.*

TOMMY : Will she die, Pop? Will she?

PHILIP : Well, she'll die someday, Tom. Just like you or me or anybody. The doctor said she might be fine for years if she's careful. Your grandma's not young, Tom, and all that packing and unpacking tired her out too much. I'll bet we can run this place between us.

TOMMY : Sure. Say, Pop. What are we going…

PHILIP : It's scary, Tom, I know. I was scared last night myself, plenty. But we'll take good care of her and she might be fine until you're grown up and married and have kids.

: Well, that's the doctor. Will you make your own breakfast and get off to school?

TOMMY : Sure.

PHILIP : We'll run this place just fine. You get going now.

---

realize 悟る, 認識する, 分かる, 理解する
sharp 鋭い, 激しい

heart man 心臓医師

it doesn't matter そんなことは構わない

set the table 食事を用意する, 食卓に食事の用意をする

for years 何年もの間, 長い間

tire out 疲れさせる, くたびれさせる
I'll bet きっと
run 管理する, 運営する, 経営する, 動かす
between us 私たちが協力して

scary おっかない, 怖い, 恐ろしい
plenty たくさん, 非常に, 全く
take good care of… ~を十分に世話する, の面倒をしっかりみる
grow up 大人になる, 成長する, 生育する

get off 立ち去る, 出かける, 出発する

get going 出発する, 取り掛かる

フィリップ	：彼女なら良い医者を知ってるだろうから。
グリーン夫人	：待って。ああ。痛みがこんなに激しいものとは思ってもみなかったわ。
フィリップ	：キャシーに電話させてくれ。彼女なら心臓の医者を知ってるだろうから。
グリーン夫人	：今、何時？
フィリップ	：ああ、そんなことは構わない。構わないさ。さあ。
グリーン夫人	：戻ってきて手を握っていてちょうだい。
フィリップ	：もちろん、もちろんだよ。

屋内－フィリップのアパート－朝－台所でフィリップがジュースを作り、トミーが食卓の支度をしている。

トミー	：パパ、おばあちゃん死んじゃうの？　そうなの？
フィリップ	：そうだな、いつかは死んでしまうさ、トム。お前やパパや他の皆と同じようにね。お医者さんは、もしおばあちゃんが気をつけたら、長く元気でいられるかもしれないと言っていたよ。おまえのおばあちゃんは若くないんだ、トム。だから今までの荷造りや荷解きでおばあちゃん、すっかり疲れちゃったんだ。きっと二人でこのアパートを切り盛りできるよな。
トミー	：もちろん。ねえ、パパ、僕たちどうするの…
フィリップ	：恐ろしいことだよ、トム、わかってる。パパも昨日の夜は、怖かった、とてもね。でも二人でしっかりおばあちゃんの面倒を見たら、おばあちゃんはおまえが大きくなって結婚し、子供を作るまでは元気でいるかも知れないよ。
	：さて、お医者さんだ。自分で朝食を作って学校に行けるね？
トミー	：もちろん。
フィリップ	：二人でこのアパートをちゃんと切り盛りしよう。さあ、取りかかりなさい。

■ realize
この語の持つ意味合いは to understand something completely or correctly。
ex. I realized that the situation was serious. (私は状況が深刻だということをはっきり認識した)

■ heart man
ここでの heart は a heart patient (心臓病患者) のように「心臓」のこと。なお「心臓外科」は heart surgery, cardiac surgery、「心 臓 外 科 医 」は a heart specialist、「心臓病」は a heart disease, a cardiac disease, heart trouble、「心臓まひ」は heart failure、「心臓発作を起こす」は have a heart attack, suffer a heart attack。

■ it doesn't matter
matter は主に it を主語にして、「重要である、問題である」を意味して疑問文、否定文に多く用いられる。

■ set the table
set に代って lay, spread も使われる。なお、ここでの table は「食卓、テーブルに出される料理」ほどの意。
ex. She sets a good table. (彼女はおいしい料理を出す)

■ for years
years として「長年、長い間」を意味する。

■ tire out
本文の表現は tired her to death (彼女をへとへとに疲れさせた) の意。

■ I'll bet
bet は「金を賭ける」の意。そこから、この表現は金を賭けて主張する、つまり「断言する、きっと～だ」を表す。

■ between us
ここでの between は分配、協力、共有を表し、「～の間で、協力して、共同して」の意味で使われる。なお、3者以上の場合に用いてもよい。
ex. Between us, we can finish this in an hour. (私たちが協力すれば、これは1時間で終えられるさ)

■ take good care of…
She takes care of her old mother. (彼女は老いた母の面倒をみる) のように take care of… は「～の世話をする」の意。

■ get off
ここでは to leave for の意だが、I'll get off at the next station. (次の駅で降ります) のように乗り物とか高い所から「降りる」の意味でも頻繁に使われる。

■ get going
to begin to move とか get started ほどの意。

DOCTOR : I told your mother the truth: people with hearts outlive everyone else, if they take care. This may prove to be what we call "false angina," instead of the true angina. You keep her in bed for a few days, and then we'll get her to the office and really see. No use getting too technical until we really know.	**people with hearts** （ジョーク）心臓のある人 **outlive** より長生きする、生き延びる **prove to be...** 〜であることを証明する ↻ **angina** アンギナ、狭心症 **instead of** 〜ではなく、〜の代りに **office** （米）診療所 **no use** ↻ **technical** 専門的な、専門上の
PHILIP : Well, Doctor, are you sure?	
DOCTOR : I never minimize at a time like this, Mr. Green. I don't frighten, but I don't minimize. Right now it's nothing to worry about.	**minimize** 最小限に評価する、軽視する、見くびる **frighten** 怖がらせる、怯えさす、ぞっとさせる
MRS. GREEN: Phil.	
DOCTOR : Go ahead. I know the way out. I'll keep dropping in for the next few days.	**go ahead** どうぞ ↻ **drop in** 立ち寄る ↻
PHILIP : Thank you.	
: Everything OK?	**Everything OK** 全ては大丈夫ですか、何か問題でもありますか ↻
MRS. GREEN: No need to look like Hamlet. I feel wonderful.	**No need** **Hamlet** ハムレット ↻
PHILIP : Well, don't crowd things. Feel like talking?	**crowd** ぎっしり詰め込む、詰め寄る、せきたてる、急がせる **Feel like** ↻
MRS. GREEN: Ever know me when I didn't? Except last night?	
PHILIP : Now I really believe the doctor for the first time.	**for the first time** 初めて
MRS. GREEN: Good. So do I. Tommy get off all right?	**get off** 出発する、出かける、離れる ↻
PHILIP : Sure he did. Fixed his own breakfast. Did a good job of it, too.	**fix** 用意する、支度する、作る **do a good job** うまくやってのける **up** 起きている、床を離れている
MRS. GREEN: I'll be up tomorrow.	
PHILIP : Oh, no, you won't.	
MRS. GREEN: Yes, I will.	
PHILIP : No, you won't.	
MRS. GREEN: Get any sleep?	
PHILIP : Sure.	
MRS. GREEN: Mm. Eyes like poached eggs.	**poached eggs** 落とし卵 ↻

医者	:	お母上に本当のことを言いました。心臓のある人は、気をつければ、誰よりも長生きをします。今回のことは真性の狭心症ではなく、我々が擬似狭心症と呼ぶところのものだろうと思われます。お母上を2、3日寝かせておいてください。で、それからお母上を診療所へお連れして、ちゃんと診てみましょう。ちゃんとわかるまではあまり専門的な話をしても意味がありません。
フィリップ	:	で、先生、本当に大丈夫ですか？
医者	:	グリーンさん、私はこんな時に、決して軽くみすぎたりしません。脅かしたりはしませんが、過小評価もしません。今のところ、心配するようなことではありませんよ。
グリーン夫人	:	フィル。
医者	:	行ってあげてください。出口はわかりますから。これから2、3日の間は立ち寄りますよ。
フィリップ	:	ありがとうございます。
	:	大丈夫かい？
グリーン夫人	:	ハムレットみたいな顔をする必要なんかないわ。すばらしい気分よ。
フィリップ	:	まあ、そう物事を急がないで。話したいかい？
グリーン夫人	:	話したくないなんていう母さんを見たことある？昨夜以外で？
フィリップ	:	今、初めてちゃんと医者を信じるよ。
グリーン夫人	:	そうね。私もよ。トミーはちゃんと学校へ行ったの？
フィリップ	:	ああ、行ったよ。自分の朝食も作ったんだ。しかもうまくできた。
グリーン夫人	:	明日は起きるわ。
フィリップ	:	あ、いや、だめだよ。
グリーン夫人	:	いいえ、起きるわ。
フィリップ	:	いや、だめだ。
グリーン夫人	:	少しは寝たの？
フィリップ	:	もちろん。
グリーン夫人	:	ふん。目が落とし卵みたいになっているけど。

■ prove to be...
prove とは証拠、議論、行動によって「真実であることを示す、立証する」との意。

■ no use
文頭の It is が省略されたもの。なお、ここでの use は It's no use crying over spilt milk.（諺）（こぼれたミルクを嘆いても仕方がない → 覆水盆に返らず）のように、「役に立つこと、有用」の意味で、しばしば疑問文、否定文で使われる。

■ go ahead
命令形で相手に許諾を与える際に使われる表現。強めるときは Go right ahead とする。

■ drop in
to come for a casual visit. すなわち、「ちょっと立ち寄る、予告なしにひょっこり立ち寄る」といった意味合い。
ex. Please drop in when you get a chance.（機会があったらお立ち寄りください）

■ Everything OK
文頭の Is が省略されたもの。この表現はレストランで給仕が食事中の客に対して「何かご不満でもございますか、お楽しみいただいていますか」といった意味合いでよく使う決まり文句でもある。

■ No need
no need は There is no need to worry about me.（私のことを心配する必要はない）のように「〜する必要はない」の意。

■ Hamlet
イギリスの劇作家 William Shakespeare (1564 - 1616) の4大悲劇の1つ Hamlet (1603) の主人公。彼が To be or not to be, that is the question.（生か死か、それが問題だ）と、常に苦悩していたことから。

■ Feel like
feel like は I feel like going out.（外出したい気分だ）のように「〜したい気がする、〜したい」を意味する。

■ get off
ここでは次に to school を補って考える。

■ poached eggs
poach とは卵、魚、果物などを沸騰寸前の湯で煮ることで、poached egg は割った卵を熱湯に落としてゆでること。なお、「ゆで卵」は a boiled egg、「生卵」は a raw egg、「いり卵」は scrambled eggs、「半熟のゆで卵」は a soft-boiled egg、「かたゆで卵」は a hard-boiled egg、「卵焼き」は fried egg、「卵の黄身」は the yellow of an egg、「卵の白身」は the white of an egg。
ex. She fried eggs sunny side up.（彼女は卵を目玉焼きにした）

MRS. GREEN: Get some sleep today, Phil. Don't try to work, please.

PHILIP : Well, you don't need to worry about that, Ma. I've decided. I, I'm going to phone Minify. You know, there's a certain virtue in knowing when you're licked. Well, I'm licked and I might as well accept it gracefully. I decided last night.

MRS. GREEN: When?

PHILIP : When I was sitting here holding your hand, waiting for the doctor.

MRS. GREEN: Why?

PHILIP : Well, I was scared, Ma. Just like I used to be when I, when I'd get to wondering what I'd do if anything ever happened to you. It all came back. I was a kid again, and my ma was sick.

MRS. GREEN: Now, Phil.

PHILIP : I wanted to ask you, "Is it awful? Are you afraid?" But there are some questions nobody can ask, and they can't be answered. I'll know the answer to those two only when I feel it myself, when I'm lying there. And that's the way it is with the series, Ma. I can't really write it.

MRS. GREEN: But you did get the answers before, Phil. Every article you ever wrote, the right answers got in somehow.

PHILIP : Well, yeah, but I didn't ask for them. When I wanted to find out about a scared guy in a jalopy, I didn't stand out on Route 66 and stop him so I could ask a lot of questions. I bought myself some old clothes and a broken-down car and took Route 66 myself. I lived in their camps, ate what they ate. I found the answers in my own guts, not somebody else's.

グリーン夫人：今日は少し寝なさい、フィル。仕事をしようなんてしないで。

フィリップ　：やれやれ、そんなことは心配しなくていいんだよ、母さん。決めたんだ。僕、僕はミニフィに電話する。ほら、負けたと知るのも大事だから。そう、僕は負けた。だから、いさぎよく負けを認めたほうがいい。昨日の夜、決めたんだ。

グリーン夫人：いつ？

フィリップ　：ここに座って母さんの手を握って、医者を待っていた時さ。

グリーン夫人：どうして？

フィリップ　：その、僕は怖かったんだ、母さん。昔そうだった時と同じように、もし母さんに何かあったりでもしたらどうしようって考え始めた時のように。あれがすっかり蘇ってきたんだ。僕は再び子供に戻っていて、母さんが病気だった。

グリーン夫人：まあ、フィル。

フィリップ　：母さんに聞きたかった「ひどい？怖い？」ってね。だけど、誰も聞けないような質問というのはあるし、それらには答えることもできない。僕もこの２つの質問の答えを知る時がくるだろう、自分で痛みを感じて、そこで横になって初めてね。だから、それはこの連載と同じなんだ、母さん。そいつは僕にはとても書けやしない。

グリーン夫人：でも、前は答えを見つけたじゃない、フィル。あなたがこれまで書いた記事にはみな、正しい答えが入っていた、どうにかこうにか。

フィリップ　：まあ、そうだね、でも僕はそれらを求めた訳じゃないんだ。ポンコツ車に乗って怯えていた男について知りたかった時だって、あれこれ質問しようと思って、66号線に突っ立って、男を引き止めたりはしていない。自分で古着とおんぼろ車を買い、自分で66号線を走ったんだ。彼らの野営地で生活して、彼らが食べるものを食べた。僕は自分の肌で感じて答えを見つけたんだ、誰か他の人のじゃなくてね。

■ be licked
ここでの lick は「舐める」ではなく、戦いなどで相手を「打ち負かす、なぐる」の意。We licked their team.（我々は彼らのチームを打ち負かした）のように defeat とか beat の意。

■ just like I used to be
used to... は「～するのが常だった、よく～した、以前は～したものだった」の意で、過去のかなり長い期間に及ぶ常習的あるいは特徴的な習慣を表す。類似した話に would があるが、こちらは、通例、過去の比較的短い期間にわたる反復的な動作を表すときに使われる。

■ get to...
get to doing また get doing で「～し始める」の意を表す。

■ happen to...
happen は What happened to you?（君、どうしたんだ）のように、通例、人や物に余り好ましくないことが「降りかかる」とのニュアンスを持っている。

■ Now
命令、懇願などの意を強めて使われる。ここでは Now, stop that.（これ、やめなさい）といったところ。

■ ask for...
ask for someone or something は to request someone or something の意。ex. He asked for a cup of coffee.（彼女はコーヒーを一杯要求した）

■ find out
注意、調査などによって物、事などの真相を理解したり、人の本性、正体、意図などを明らかにすること。

■ jalopy
jaloppy ともする。ここでは大恐慌の時代に出稼ぎ労働者、農民たちがオクラホマからカリフォルニアを目指して乗っていたオンボロ自動車のこと。

■ stand out
ここでは hang around といったところ。

■ a lot of...
通例、肯定文で数、量ともに用いられる。なお、There's a lot of people.（たくさんの人がいる）のように a lot of の後に複数名詞が続いても、There is... とすることが多い。lots of... ともする。ちなみに、否定文、疑問文では many, much が普通。

■ Route 66
Chicago, Los Angeles 間の国道。route とは道路、路線の意。

■ in my own guts
自分の感覚で、自分の肌で、自分の体験で、といったニュアンス。

PHILIP : I didn't say, "What does... what does it feel like to be an Okie?" I was an Okie. That's the difference, Ma.

: On the coal-mine series, I didn't sit in my bedroom and do a lot of research, did I? I didn't go out and tap some poor, grimy guy on the shoulder and make him talk. I got myself a job. I went down in the dark. I slept in a shack. I didn't try to dig into a coal miner's heart. I was a miner.

: Ma... Maybe... Hey, maybe.

: I got it. The lead, the idea, the angle. This is the way! It's the only way. I'll... I'll be Jewish. I'll... Well, I... all I gotta do is say it. Nobody knows me around here. I can just say it. I can live it myself for six weeks, eight weeks, nine months, no matter how long it takes. Ma, it's right this time.

MRS. GREEN: It must be, Phil. It always is when you're this sure.

PHILIP : Listen, I even got the title: "I Was Jewish For Six Months."

MRS. GREEN: It's right, Phil.

PHILIP : Ma... This is it. That click just happened inside of me. Well, it won't be the same, sure it won't, but it ought to be close. I can just tell them I am and see what happens.

MRS. GREEN: It'll work. It'll work fine, Phil.

PHILIP : Dark hair, dark eyes. Sure, so has Dave. So have a lot of guys who aren't Jewish. No accent, no mannerisms. Neither has Dave. Name: Phil Green. Skip the Schuyler. Might be anything... Phil Green. Ma, it's a cinch.

フィリップ ：「オクラホマの農民になるって、どんな … どんな感じですか？」なんて聞いたりはしなかった。僕がオクラホマの農民だったんだ。そこが違うのさ、母さん。

：炭坑の連載の時は、寝室に座ってあれこれと調べ物なんかしていない、そうでしょ？ 出かけていってすすけた哀れな男の肩をぽんぽんと叩いて話をさせたりしたわけじゃない。僕自身が仕事を見つけ、暗がりに潜り、掘っ立て小屋で眠った。炭坑夫の心を探ろうなんてことはしなかった。僕が抗夫だったんだ。

：母さん … もしかしたら … そうだ、もしかしたら。

：わかったぞ。 書き出し、アイデア、切り口が。これがそのやり方だ！唯一の方法だ。僕 … 僕がユダヤ人になろう。僕 … そう、僕が … やるべきことはただそれを言いさえすればいいんだ。この辺では誰も僕のことを知らない。僕はただそれを言えばいい。僕自身がユダヤ人として6週間、8週間、9ヶ月、生活すればいい。どれだけかかろうとも、母さん、今度は大丈夫だ。

グリーン夫人：きっとそうね、フィル。あなたがこれだけ確信している時は、いつだってそうよ。

フィリップ ：聞いて、タイトルだって浮かんだぞ。「私は6ヶ月ユダヤ人だった」。

グリーン夫人：それはいいわね、フィル。

フィリップ ：母さん … これだ。例のひらめきがたった今僕の中で生まれたよ。そう、以前と同じものではない、そう、同じではないが、しかし近いはずだ。皆に僕はユダヤ人だと言って、どうなるか見てみよう。

グリーン夫人：うまくいくわ。うまくいくわよ、フィル。

フィリップ ：黒い髪、黒い目。そう、デイヴもそうだ。ユダヤ人ではない多くの連中だってそうだ。訛りも、癖もない。デイヴだってそうだ。名前は、フィル・グリーン。スカイラーは省く。何だっていい … フィル・グリーンだ。母さん、簡単なことだよ。

■ Okie
特に大恐慌の時代のOklahoma州出身の移動農業労働者。軽蔑的表現。

■ tap
この語は I tapped him on the back.（私は彼の背中をポンと叩いた）のように、物、人の体の一部を軽く叩くこと。

■ I got it
ここでの get は人のことばや意味などが「分かる、理解する」の意。

■ live it
ここでの it はユダヤ人として生きることを言ったもの。

■ ought to be…
ought to は義務、道徳的責任、至当性、忠告などを表して使われるが、ここでは可能性や当然の結果を示して「〜のはずだ」を意味している。

■ I am
次に Jewish を補って考える。

■ It'll work fine
ここでの work はしばしば様態の副詞（句）を伴って計画、組織などが「うまくいく、働く、機能する」ほどの意を表す。

■ mannerism
言動などの特徴をいう。

■ skip
ここではミドルネームの Schuyler を取ってしまおう、と言っている。

■ cinch
something very easy を表す俗語。

MRS. GREEN:	Ah, Phil, this is the best medicine I could have had.	
PHILIP :	Look, will you keep my secret if I meet any new people? It has to be without exceptions if it works at all.	keep someone's secret 人の秘密を守る ⊙ at all 仮にも, とにかく ⊙ exception 例外, 特例, 除外例 I guess と思う, と信じる, だろうね
MRS. GREEN:	If you're Jewish, I am, too, I guess.	
PHILIP :	Hey, take it easy, don't get excited. I gotta phone right away.	take it easy 気楽にして, あせらないで, 気を落ち着けて, のんびりしなさい ⊙
MRS. GREEN:	Why don't you have Kathy come over here?	have Kathy come over here キャシーをここに来させる, キャシーにここへ来てもらう ⊙
PHILIP :	How'd you know I wasn't going to phone Minify?	
MRS. GREEN:	Dope. Nobody phones a magazine editor with that look on his face.	dope (俗)ばか, とんま phone 電話する, 電話をかける ⊙

INT. PHILIP'S APARTMENT - DAY - Philip returns with Kathy.

KATHY :	Oh, Phil, it's nice. It's attractive.	attractive 魅力的な, 興味をそそる, 面白い
PHILIP :	Well, it's not done yet. Those packages are pictures. The last of our books just came.	
KATHY :	You have a fireplace.	fireplace 暖炉
PHILIP :	It works too.	
KATHY :	Mine's only fake. How's your mother? I spoke to Dr. Craig and he said she'd be fine.	fake 模造品の, まやかしの ⊙ check up on... ～を調べる, を確認する ⊙
PHILIP :	Oh, she's all right.	
KATHY :	What's the angle? Tell me fast.	
PHILIP :	I will. Just a minute. I want to check up on Ma.	Give her my love 彼女によろしく ⊙
KATHY :	Good. Give her my love.	
PHILIP :	She's sleeping like a baby.	sleep like a baby 赤子のように眠る, すやすや眠る
KATHY :	Good. Don't worry about her.	
PHILIP :	Let's have a drink.	
KATHY :	No, thanks.	
PHILIP :	Just some sherry.	sherry シェリー酒 ⊙
KATHY :	All right.	

グリーン夫人：	ああ、フィル、私にはこれが今までで一番の薬だよ。
フィリップ：	ねえ、僕が初めての人に会う時は、この秘密を守ってよ？ とにかく、それがうまくいくには、例外なし、でないといけない。
グリーン夫人：	もしあなたがユダヤ人なら、私もそういうことだわね。
フィリップ：	ほら、楽にして。興奮しないでよ。すぐに電話をしないと。
グリーン夫人：	キャシーにここへ来てもらったらどうなの？
フィリップ：	ミニフィに電話するんじゃないって、どうしてわかったんだい？
グリーン夫人：	馬鹿だねえ。そんな表情をして雑誌の編集者に電話する人はいないわよ。

屋内－フィリップのアパート－昼－フィリップがキャシーと一緒に戻ってくる。

キャシー：	まあ、フィル。素敵。すごくいいじゃない。
フィリップ：	でも、まだ片付けが済んでいない。この荷物は写真。本の最後の荷物が届いたばかりでね。
キャシー：	暖炉があるのね。
フィリップ：	それにちゃんと使えるんだ。
キャシー：	私の家のは単なる偽物。お母様はいかが？ クレイグ先生とお話ししたら、お母様はお元気になられるっておっしゃってたわ。
フィリップ：	ああ、母は大丈夫。
キャシー：	どんな切り口？ 早く教えて。
フィリップ：	そうだな。ちょっと待って。母の様子を見てきたいんだ。
キャシー：	いいわ。お母様によろしくね。
フィリップ：	赤子のように寝ているよ。
キャシー：	良かった。お母様のことは心配いらないわね。
フィリップ：	一杯飲もう。
キャシー：	いいえ、結構よ。
フィリップ：	シェリーを少し。
キャシー：	わかったわ。

■ keep someone's secret
「秘密を漏らす」は break a secret、また break に代わって let out、give away、betray なども使われる。

■ at all
否定文では「少しも、全然」、疑問文では「一体」、肯定文では「ともかく」、条件節では「仮にも」とか「～する以上は」といった意味になる。

■ take it easy
There is no need to worry とか Don't get excited、Don't rush などの意を表す。なお、別れの挨拶として「じゃあね」の意味でもよく使われる。

■ have Kathy come over here
「S + have + O + do」の型で「S は O に～させる、S は O に～してもらう」の意を表す。

■ phone
telephone の略で、to call someone using a telephone の意。なお、この語は You are wanted on the phone.（あなたに電話ですよ）のように名詞で使われることも多い。

■ fake
名詞の場合は He discovered a fake in her art collection.（彼は彼女の美術収蔵品の中に偽作があるのを見つけた）のように「偽物、偽作」の意を表す。

■ check up on…
この表現は確認のために詳しく、慎重に調べることをいう。

■ Give her my love
ここでの love はくだけた挨拶の決まり文句として使われるもの。丁寧には Please give my best regards to your mother。口語は Please say hello to your mother for me また Please remember me to your mother などとする。なお、regards に代わって wishes を使うこともあるが、regards が面識のある人に、wishes は面識のない人に用いられる。

■ sherry
南スペイン産の強い黄褐色のワイン、またこれと同様の他の地方産のワイン。

KATHY	: You're still not telling me.	
PHILIP	: I know. It's funny. I thought I'd spill it out the minute you got inside the door.	spill out 漏らす, こぼす, ばらす, しゃべる the minute... ～する瞬間に, ～するとすぐに
KATHY	: You sounded so excited.	
PHILIP	: I am.	
KATHY	: It must be really something to get you like this.	really something ほんとにすごいこと
PHILIP	: Oh, there will be stumbling blocks and holds, but I don't care.	stumbling つまずかせるような, よろめかせる, 困らせる, 当惑させる block 石塊, 障害 hold 遅れ, 休止, 延期, 停止
	: I'll lick them... I'll lick them when I get to them.	lick 打ち負かす, 殴る, やっつける get to... ～に到着する, に達する
	: Kathy.	
KATHY	: Phil.	
	: Phil, wait, now. You go over there and let me sit here for a minute.	for a minute ほんの少しの間, ちょっと
PHILIP	: What is it, Kathy?	
KATHY	: Nothing. I was just thinking.	
PHILIP	: Marriage can be such a good way to live, Kathy. All these years I, I've kept hoping.	All these years この間
KATHY	: I've kept hoping too. But when you've made a mistake once, you're afraid.	keep hoping 望み続ける, ずっと望む make a mistake 過ちを犯す, 間違いをする
PHILIP	: You're not afraid now?	
KATHY	: No, Phil.	
PHILIP	: Oh, Darling...	darling 最愛の人, いとしい人
	: What are you smiling at?	
KATHY	: Nothing.	
PHILIP	: Come on, no secrets.	no secrets playing that old game
KATHY	: I was just thinking. I was just playing that old game -- all women do it. Trying out the name.	try out 試してみる, 検査する
PHILIP	: Say it out loud.	out loud 大声で, 大声を出して
KATHY	: Mrs. Schuyler Green.	

キャシー	：まだ教えてくれないのね。
フィリップ	：わかってる。変だな。君が家に入ったら直ぐ打ち明けようと思ったのに。
キャシー	：とても興奮しているみたいね。
フィリップ	：そうなんだ。
キャシー	：あなたをこんな風にさせるなんて、それってきっとすごいのね。
フィリップ	：うん、障害とか遅れはあるだろうが、しかし気にするもんか。
	：それらに出くわしたら、僕は打ち勝って・・・打ち勝ってみせるさ。
	：キャシー。
キャシー	：フィル。
	：フィル、ちょっと待って。そちらにいって、で、しばらく私にここへ座らせて欲しいの。
フィリップ	：どうした、キャシー？
キャシー	：なんでもないわ。ちょっと考え事をしてただけよ。
フィリップ	：結婚はいい生活手段だったりする、キャシー。僕、僕はここ何年もずっと願っていた。
キャシー	：私も願い続けたわ。でも一度失敗をしたら、怖くなるの。
フィリップ	：今は怖くないだろう？
キャシー	：ええ、フィル。
フィリップ	：ああ、ダーリン・・・
	：何を笑ってるんだい？
キャシー	：なんでもない。
フィリップ	：さあ、さあ、隠し事はだめだよ。
キャシー	：丁度考えていたの。昔からのゲームをしていたのよ・・・女性はみんなやるわ。名前を当てはめてみるの。
フィリップ	：声に出して言ってみて。
キャシー	：スカイラー・グリーン夫人。

■ the minute...
minute に代わって moment が使われることも多い。

■ really something
ここでの something は You are really something.(君は大したやつだ)のように an important person or thing の意を表す名詞。

■ hold
着手や進行などの延期、停止をいう。

■ for a minute
minute は正確には「1分」を意味するが、漠然とした短い時間を表して使われることが多い。
ex. Wait a minute.(ちょっと待って)

■ All these years
these days (この頃、最近)、these times (この頃、あの頃、当時)、one of these days (近日、近いうちに)

■ keep hoping
keep doing で「~し続ける」の意。継続の意を強調する場合は keep on doing とする。
ex. She kept on crying.(彼女は泣き続けた)

■ make a mistake
mistake とは誤った判断、推定、算定、また不注意やルールなどの無視によって起こす「誤り、失策、手違い」をいう。類似した語 error は正確さとか正しい行動から意図しないで逸脱すること。ちなみに、道徳上の誤りについては error は用いられるが、mistake は用いられない。

■ darling
夫、恋人、妻、子供に対する呼びかけ。

■ no secrets
Let's have no secrets といったところ。

■ playing that old game
女性が好きな人の苗字と自分のファーストネームを組み合わせて楽しげに口にすること。なお、ここでの old は She made the same old excuse.(彼女は例の口実を言った)のように「例の、いつもの、変わり映えのしない」ほどの意。

■ out loud
= in a loud voice

PHILIP	: Well, how does it sound?	
KATHY	: It sounds just fine. How does it look on me?	look on me ♂
PHILIP	: I like it. Kathy...you, y...you're not sorry about...Tom?	
KATHY	: Oh, Phil, I'm glad. It's almost as if my marriage hadn't been wasted... as if I'd had a son growing up for me.	waste 無駄にする

ユダヤ人の姓の特徴

　ドイツや東欧の国々に住んでいたユダヤ人の殆どが１８世紀以前は姓を持っていなかった。文字が読める人が少なかった中世では、人々は家を番地ではなく、看板によって識別し、また自分の住んでいる家にちなんだ名字を付けたりした。看板に Leon (ライオン)、Strauss (ダチョウ) などの絵が描いてあるところでは、それを名字に採用した。最も良く知られているものに、フランクフルトに始まる国際金融資本家の家系ロートシルト家の姓で、「赤い盾」を意味する Rothschild がある。

　その他には Klein (小さい)、Schwarts (黒い) といった個人の特徴を示すもの、Becker (パン屋)、Fleischer (肉屋)、Kramer (商人) といった職業からきたものがある。なかでもドイツ系ユダヤ人の姓の場合は、Bernstein、Epstein、Goldberg、Wiener のように地名に

フィリップ ：で、響き具合はどう？
キャシー ：素敵な響きだわ。私に似合うかしら？
フィリップ ：僕は好きだ。キャシー … 君、き … 君は後悔してないか … トムのこと？
キャシー ：まあ、フィル、私は嬉しいわ。あの結婚がほとんど無駄になっていなかったみたい … まるで私のために息子が育ってくれたかのようだもの。

■ look on me
ここでの on は That dress looks very good on you.（そのドレスはあなたにとてもよくお似合いです）のように、「～に対して、～について、～に」を意味して対象について用いられる前置詞。

由来しているものが多い。その際、本人が直ぐ前に住んでいた都市の名を使うのが普通であった。例えば Pressburg 出身の人が Wien へ移住した場合、その人は Pressburger という名になり、次に Wien から Berlin に移ったとすると Wiener に変更されたのである。なお、地名に由来する姓には Shapiro、Dresner、Horowitz、Frank、Pollack などがある。また son of Abram（アブラムの息子）を意味する Abramsohn や Abramovitch のように、ドイツ語の -sohn（息子）とかスラブ語の -vitch もしばしば使われている。

さらに、聖書の中の名前に由来する者も多く Aaron、Abraham、Alexander、Asher、Benjamin、David、Emanuel、Gabriel、Isaac、Jacob、Joseph、Levi、Moses、Samuel、Simon などは良く知られている。

曽根田　憲三（相模女子大学名誉教授）

Pretend to be Jewish

⑥ *EXT. / INT. MINIFY'S OFFICE - DAY - Minify and Philip step outside from Minify's study.*

MINIFY : I knew you'd get it... but who'd ever think? Can you get away with it?

PHILIP : Yeah, sure, if you and Kathy and Mrs. Minify won't give me away. I haven't told Kathy yet.

MINIFY : I'll take care of Mrs. Minify. When do you start?

PHILIP : Well, what's the matter with right now?

MINIFY : Fine. I'll get you an office and a secretary right away. But what about the secretary? She'd have to know, wouldn't she?

PHILIP : Oh, yeah... Oh, why? Supposing, supposing I were really Jewish and you gave me this assignment? What difference would it make to her or anybody?

MINIFY : You're right, Phil. I'm excited about this. They'll read this, all right.

SECRETARY : Mr. Minify, Mr. Weisman is waiting in the dining room.

MINIFY : Yes. What about lunch? Chance to meet the whole staff in one clip. Irving Weisman is lunching with us. Might be wise for you to know him.

PHILIP : Yeah. He's the big industrialist, isn't he?

MINIFY : Yes. Come on. He's a colorful fellow. Old friend of mine. I know you'll like him.

---

study 研究室, 書斎, 事務室

get away with... 〜をうまくやる, うまくやってのける

give me away 私の正体をばらす

take care of... 〜のことを引き受ける

What's the matter with right now 今すぐはどうだ
secretary 秘書, 書記

Supposing... 〜と仮定してみよう

What difference would it make

dining room 食堂
What about... 〜はどうかね, 〜についてはどう思う
in one clip (俗) 一度に, 一回に
lunch 昼食を食べる
Might
wise 賢明な, 利口な

industrialist 実業家, 経営者

colorful カラフルな, 華やかな, 生彩のある, 派手な, 多彩な
fellow やつ, 人物, 男

Gentleman's Agreement

ユダヤ人のふり

DVD　00：33：54

□□□□□□

屋外/屋内－ミニフィのオフィス－昼－ミニフィとフィリップがミニフィの書斎から外に出る。

ミニフィ　　：君ならやれると思っていた・・・しかし、誰が予想したろう？　うまくやってのけられるか？

フィリップ　：ええ、もちろん。あなたとキャシーとミニフィ夫人がばらさなければ。まだキャシーには伝えていません。

ミニフィ　　：ミニフィ夫人はわしに任せておけ。いつ始める？

フィリップ　：そうですね、今からで問題ないでしょう？

ミニフィ　　：結構だ。君にすぐオフィスと秘書を準備しよう。しかし、秘書はどうする？　彼女は知る必要があるだろう、どうだ？

フィリップ　：そりゃもう・・・えっ、なぜ？　もし、もし、僕が本当にユダヤ人であり、あなたにこの仕事を与えられたとしましょう？　彼女にとって、また他の誰にとっても、それで何か違いがありますか？

ミニフィ　　：君の言う通りだ、フィル。この案に興奮してきたぞ。皆これを読む、絶対に。

秘書　　　　：ミニフィさん、ワイズマン氏が食堂でお待ちになっておられます。

ミニフィ　　：そうだ、昼はどうかな？　一気にスタッフ全員に会ういい機会だ。アービング・ワイズマンが私たちと昼食を取るんだよ。君も彼と知り合いになるといい。

フィリップ　：ええ。彼は有名な実業家ですよね？

ミニフィ　　：そうだ。さあ行こう。彼はカラフルな人物でね。昔からのわし友人だ。君も彼を気に入ると思う。

■ get away with...
get away with something と は to do something and not get punished for it, すなわち、何か悪いことをしても罰せられないで逃げおおせる、といった意味合い。

■ give me away
ここでの give away は「ただで与える」ではなく、人の正体を「暴露する」とか、秘密、真相などを「明かす」との意を表す。

■ take care of...
ここでは She takes care of her sick mother.（彼女は病気の母の面倒をみる）のように「～の面倒をみる」ではなく、物、事を責任をもって「引き受ける」、つまり take charge of の意。

■ What's the matter with right now
Is there something wrong with right now? との意で、with... で表される対象について「何か問題でもあるのか」との意味で使われる。

■ Supposing...
可能性、計画、考えを示唆したり、提案して使われる。Suppose... ともする。

■ What difference would it make
文字通りの訳「それはどんな違いを作るだろう」から反語的に「同じことではないか」となる。ここでの difference は Your advice makes a big difference.（君の忠告はとても重要だ）のように、人や物にとっての「重大な変化、影響」を意味する。

■ in one clip
ここでの clip は「一度、一回」を意味する俗語。

■ lunch
ここでは I lunched on ham sandwiches.（私は昼食にハムサンドを食べた）のように to have lunch を意味する動詞。

■ Might
文頭の It が省略されたもの。

■ fellow
この語は He is a nice fellow.（彼はいいやつだ）のように、通例、修飾語を伴って使われる。

TINGLER	: Said it was a picture of the Empire State Building. Look at it.	the Empire State Building エンパイアステートビル
PAYSON	: I know, but it was over a year.	
TINGLER	: Over here.	
PAYSON	: Yes?	
TINGLER	: Over to the left. That's what I'm talking about.	Over to the left That's what I'm talking about
MINIFY	: Sorry we're late. Very sorry, Irving. Mr. Phil Green, Mr. Irving Weisman.	Mr. Phil Green, Mr. Irving Weisman
PHILIP	: Mr. Weisman.	
WISEMAN	: How do you do?	How do you do? はじめまして
MINIFY	: Lew Jordan, our personnel manager.	personnel manager 人事部長, 人事担当重役
JORDAN	: Hi, Mr. Green.	manager 管理人, 幹事, 支配人, 主任, 部長, 理事, 経営者
MINIFY	: Joe Tingler, demon photographer.	demon photographer 悪魔のような写真家, 非凡な写真家, 写真の名人
TINGLER	: Hiya.	
MINIFY	: Bill Payson, art editor.	
PAYSON	: How do you do?	
MINIFY	: Bert McAnny, the best layout man this side of the Mexican border.	layout レイアウト, 割り付け, 割り付けの技術 the Mexican border メキシコの国境
PHILIP	: How do you do?	
MINIFY	: And last, as a kind of dessert, Phil, Anne Dettrey, our fashion editor. Clever, beautiful, and dangerous. Eats men alive!	dessert デザート clever 利口な, 頭の良い, 才気ばしった Eats eat alive 生きたまま食べる, 食い物にする
ANNE	: Thank you.	
MINIFY	: Sit down beside her.	
ANNE	: Thank you very much.	
	: I thought it was Schuyler Green.	
PHILIP	: Oh, that's my writing name.	writing name 著述業上の名, 著作上の名
MINIFY	: Mr. Green is going to do a series on anti-Semitism for us.	
WISEMAN	: Really? Again?	

ティングラー：	エンパイアステートビルの写真と言ったんだ。見てくれ。
ペイソン：	知っている、だけどもう一年経つ。
ティングラー：	こっちへ。
ペイソン：	はい？
ティングラー：	左側によってくれ。そうだ、その通りだ。
ミニフィ：	遅れてすまん。本当に申し訳ない、アービング。フィル・グリーン氏だ、アービング・ワイズマン氏。
フィリップ：	ワイズマンさん。
ワイズマン：	初めまして。
ミニフィ：	リュウ・ジョーダン、我が社の人事部長。
ジョーダン：	どうも、グリーンさん。
ミニフィ：	ジョー・ティングラー、やり手の写真家。
ティングラー：	やあ。
ミニフィ：	ビル・ペイソン、アートディレクター。
ペイソン：	初めまして。
ミニフィ：	バート・マキャニー、メキシコ国境のこちら側では一番のレイアウト担当者。
フィリップ：	初めまして。
ミニフィ：	そして最後は一種のデザートだ、フィル。アン・デトリー、我々のファッションエディター。利口で、美しく、そして危険。男に手加減なしだ！
アン：	ありがとう。
ミニフィ：	彼女の隣に座ってくれ。
アン：	どうもありがとう。
	スカイラー・グリーンとばかり思っていたけど。
フィリップ：	ああ、あれは僕のペンネームでね。
ミニフィ：	グリーン氏が我が社のために反ユダヤ主義の連載を書いてくれることになった。
ワイズマン：	本当か？ また？

■ the Empire State Building
New York市 Manhattan ３３－３４丁目の５番街にある1931年に完成した高層ビルで、地上102階。その後、屋上にテレビ塔を増設し、全高449メートル。

■ Over to the left
ここでの to は Turn to the right.（右へ曲がって）のように toward の意で、方向や方角について用いられる前置詞。

■ That's what I'm talking about
「それが私の話していることだ」から、ここでは「その通りだ」となる。

■ Mr. Phil Green, Mr. Irving Weisman
第３者が２人を紹介する際の最も簡単な言い方。なお、丁寧な表現としては I'd like you to meet Tom, This is my friend Tom, Mary, have you met Tom?, Mary, do you know Tom?, Mary, shake hands with Tom, Have you two been introduced?, Have you met? など多くある。

■ How do you do?
初対面のときに交わす形式的な挨拶。ただし、How are you? の意味でも使われる。

■ personnel manager
personnel は組織、職場の「職員（の）」のこと。

■ demon photographer
demon の基本的意味「悪魔」から「超人的な精力家、鬼才」の意を表す。

■ layout
新聞、雑誌、広告などのレイアウトのこと。

■ the Mexican border
border とは国境線のことで、the border としてアメリカ合衆国とメキシコの境界をいう。

■ dessert
食事の最後のコースに出る菓子、チーズなど。ここではアンが若いチャーミングな女性であることから使われたもの。

■ clever
表面的な頭の良さ、巧妙さを強調する語。これに対して wise は深い経験からくる賢さを表す。また intelligent は生まれつき理解が早く、的確な判断を下す高い知能を持った頭の良さをいう。

■ Eats
文頭の She が省略されたもの。

■ eat alive
ここでは「手加減しない」ということ。

MINIFY	: Not again. For the first time. We're going to split it wide open.	split it wide open それを大きく引き裂く ↻
WISEMAN	: Do you mind my saying, as an old friend, I think this is a very bad idea, John? The worst, the most harmful thing you could possibly do now.	Do you mind... ～しても構わないかね ↻ harmful 有害な, 危険な
MINIFY	: Not at all. Why is it a harmful idea?	Not at all 少しもそんなことはない, 全然違う
WISEMAN	: Because it'll only stir it up more. That's why. Let it alone. We'll handle it in our own way.	stir up かき回す, 掻き立てる ↻ Let it alone そのままにしておけ, 干渉するな handle 扱う, 解決する, 処理する
MINIFY	: The hush-hush way?	hush-hush 極秘の, ごく内々の ↻
WISEMAN	: Oh, I don't care what you call it. Let it alone. You can't write it out of existence. We've been fighting it for years. And we know from experience... the less talk there is about it, the better.	write it out of existence 書いて消滅させる existence 存在, 現存 the less...the better ～しなければしないほどよい
MINIFY	: Sure. Pretend it doesn't exist and add to the conspiracy of silence. I should say not. Keep silent and let Bilbo and Gerald L.K. Smith do all the talking? No, sir. Irving, you and your let's-be-quiet-about-it committees have got just exactly no place. We're going to call a spade a dirty spade. And I think it's high time and a fine idea.	pretend ふりをする, 見せかける add to... ～を増大させる conspiracy of silence 沈黙の申し合わせ I should say not 私ならごめんだね, お断りだね Bilbo ↻ do all the talking ひたすら話す, ずっと話す ↻ No, sir いいえ, とんでもない let's-be-quiet-about-it committee その件については黙っていよう委員会 have got...no place 全く居場所はない call a spade a dirty spade ありのままに言う ↻ high time 潮時, ころ合い
PHILIP	: So do I. I couldn't agree with Mr. Minify more.	couldn't...more ミニフィー氏に大賛成である
ANNE	: You sound pretty hot about it, Mr. Green.	sound pretty hot すごく熱心な口ぶりだ
PHILIP	: Well, I feel pretty hot about it. And I don't think it has anything to do with the fact that I'm Jewish myself.	has anything to do with... ～と何らかの関係がある ↻

INT. PHILIP'S OFFICE - DAY - Philip enters his new office. His secretary ELAINE WALES is sharpening pencils.

sharpen 尖らす, 鋭利にする ↻

PHILIP	: Right office?	Right office このオフィスでいいのかな ↻
ELAINE	: Mr. Green? Yes, sir, this is your office.	

ミニフィ ： またではない。初めてだよ。わしらはそいつを暴露してやるつもりだ。

ワイズマン ： 長年の友人として言わせてもらうが、これは実に悪い考えだと思うがな、ジョン。最悪だ、恐らく今、やり得る最も有害な事だよ。

ミニフィ ： とんでもない。どうして有害な考えなんだ？

ワイズマン ： なぜなら、更にかき立てるだけだからさ。だからだ。ほっておけ。私たちのやり方で処理する。

ミニフィ ： 見て見ぬふりか？

ワイズマン ： ああ、それを君がどう呼ぼうと私はかまわない。ほっておくんだ。書いたって消えはせん。私たちはもう何年も戦ってきているんだ。だから経験上分かっている ··· そのことについて話さなければ話さないほどいいということがな。

ミニフィ ： 確かに。それが存在しないふりをして、沈黙の申し合わせに力を貸すわけだ。お断りだな。沈黙を保って、ビルボそれにジェラルド L.K. スミスに一方的にしゃべらせるわけか？ とんでもない。アービング、君と君のことなかれ主義委員会に全く居場所はない。わしらは良くないことは良くないと言おうじゃないか。それに、そうする潮時でもあり、いい考えだと思うがね。

フィリップ ： 僕もそう思う。ミニフィ氏に大賛成です。

アン ： これについては相当熱の入れようね、グリーンさん。

フィリップ ： ええ、この件では熱が入っています。それは僕がユダヤ人だという事実とは何の関係もありませんけど。

屋内ーフィリップのオフィスー昼ーフィリップは彼の新しいオフィスに入る。彼の秘書、エレーン・ウェールズが鉛筆を削っている。

フィリップ ： このオフィスでいいのかな？

エレーン ： グリーンさん？ ええ、ここはあなたのオフィスです。

■ split it wide open
ここでは「反ユダヤ主義を暴く、徹底的に解明する」との意味合い。

■ Do you mind...
ここでのmindは、通例、否定文、疑問文、条件文で人、物、事を「気にかける、心配する、構う」を意味する。Do you mind... に代わって Would you mind... とか Mind... とすることも多い。

■ Not at all
この表現は Thank you といった感謝の表現に対して「どういたしまして」の意を表す丁寧な表現としても頻繁に用いられる。

■ stir up
stir は液体などを「かき混ぜる」の意。そこから人、感情、風、火などを「駆り立てる、揺り動かす」などの意を表して使われる。

■ hush-hush
ここでは、日本的に表現すると「見て見ぬふり」といったところ。

■ Bilbo
アメリカ南部の人民党の政治家で、人種差別主義者 Theodore Gilmore Bilbo (1877 - 1947)。

■ do all the talking
ここでの all は行為や状態などを表す名詞を強調して「ただ〜だ、ひたすら〜」などの意を表す。

■ call a spade a dirty spade
「スペードをスペードと呼ぶ」とは物をその本当の名称で呼ぶこと。ここでは「良くないことは良くないと言う、物事をズバリと言う」といったところ。なお、ここでのdirtyは強調。call a spade a spade、call a spade by name、さらには意味を強めて call a spade a bloody shovel などともする。

■ high time
It's high time you got a job.（君は仕事を見つけるべき時だ）のように「遅くなる前に物事に取りかかるころ合いである」ということ。

■ has anything to do with...
have...to do with... で「〜と関係がある」を意味する。関係の度合いに応じて nothing, little, a little, a lot, a great deal などが用いられる。

■ sharpen
刃物や鉛筆などを尖らす。「鉛筆を削る」は sharpen a pencil、「ナイフを研ぐ」は sharpen a knife。

■ Right office
文頭に Is this the を補って考える。なお、ここでの right は「適切な、正しい」の意。ex. He is the right man for the job.（彼はその仕事に相応しい人物だ）

ELAINE	: I'm your secretary, Miss Wales. Elaine Wales is the name.	
PHILIP	: How do you do?	
	: Mind if we get right to work?	Mind ♪ get right to work　さっそく仕事に取り掛かる ♪
ELAINE	: Not at all.	
PHILIP	: You know about the series I'm doing?	
ELAINE	: Yes, sir.	
PHILIP	: Good. And the first thing I wanna start is a file. I want you to write form letters to clubs, resorts, interviews for jobs, apartments for lease, applications for medical schools and so forth. I got a whole list here somewhere.	file　ファイル,綴じ込み,書類綴じ form letter　同文の手紙 ♪ resort　リゾート,行楽地,保養地 interview for jobs　求職の面接,就職の面接 apartment for lease　賃貸アパート ♪ application　願書,申請書,申込書 ♪ medical school　大学の医学部 ♪ and so forth　～など,その他 blank　白紙の,何も書いていない,未使用の,何も印刷されていない stationery　便せん
ELAINE	: Yes, sir.	
PHILIP	: Now, write the letters on blank stationery and send two to each address. One of them I wanna sign "Schuyler Green" and the other "Philip Greenberg." See what I mean?	Greenberg ♪
ELAINE	: Yes, sir.	
PHILIP	: Have the replies sent to my home address. I'll give you that later.	Have the reply sent to… 返事は～に送らせてくれ ♪ reply　返事,返答,回答
ELAINE	: Yes, sir. Course you know that it will be "yes" to the Greens and "no" to the Greenbergs.	
PHILIP	: Sure, but I want it for the record.	for the record　記録してもらうために,記録として,公式にしようとして
ELAINE	: Now, if your name was Saul Green or Irving or something like that, you wouldn't have to go to all this bother. I changed mine. Did you?	go to all this bother　わざわざこんなことをする,こんな大変な苦労をする ♪
PHILIP	: Wales? No, Green's always been my name. What's yours?	
ELAINE	: Walovsky. Estelle Walovsky. And I just couldn't take it. About applications, I mean.	take it　耐える,我慢する application　願書,申込書,応募 ♪

78

Gentleman's Agreement

エレーン	:	私はあなたの秘書、ミス・ウェールズ。名前はエレーン・ウェールズです。
フィリップ	:	初めまして。
	:	さっそく仕事に取りかかってもいいかな？
エレーン	:	全く構いません。
フィリップ	:	僕がやっている連載のことは知ってるね？
エレーン	:	はい。
フィリップ	:	よろしい。まず、最初にしたいのはファイルだ。クラブ、リゾート、就職の面接、アパートの賃貸契約、医学校の願書などに同文の手紙を書いてほしい。どこかこの辺に全部そろったリストがあるんだが。
エレーン	:	はい。
フィリップ	:	さて、無地の便箋に手紙を書いておのおのの住所に二つ送付する。一通は「スカイラー・グリーン」の署名、そしてもう一つは「フィリップ・グリーンバーグ」だ。僕の言いたい事はわかるね？
エレーン	:	はい。
フィリップ	:	返事は僕の自宅の住所に送らせてくれ。後ほどそれを知らせる。
エレーン	:	はい。もちろん、グリーン家には「イエス」で、グリーンバーク家には「ノー」ってこと、おわかりですよね。
フィリップ	:	ああ、しかし、記録としてほしいんだ。
エレーン	:	ところで、もしあなたのお名前がソール・グリーンや、アービング、あるいはそのようなものでしたら、わざわざこんなことをする必要はないでしょう。私、自分の名を変えたんです。あなたは？
フィリップ	:	ウェールズを？　いや、僕の名前は昔からグリーンだ。君のは？
エレーン	:	ワロブスキー。エステル・ワロブスキー。それで、もう散々でした。願書のことですよ。

■ Mind
文頭の Do you が省略されたもの。

■ get right to work
get to は場所に「到着する」とか人に「感銘を与える」「いらいらさせる」などの意でもよく使われるが、ここでは仕事などを「始める」の意。

■ form letter
通例、多数の人に同時に宛てる案内状、挨拶状など。ここでは申し込み書、願書、求職などの同文の手紙のこと。

■ interview for jobs
「就職面接」は job interview、「就職活動」は job hunting、「就職シーズン」は job-hunting season、「就職説明会」は job fair、「就職試験」は employment examination、「就職口」は job, position、「就職率」は employment rate、「就職難」は job shortage。

■ apartment for lease
lease とは土地、建物などの「賃貸契約、賃貸物件」のこと。

■ application
「必要事項を願書に書き込む」は fill out an application。

■ medical school
この時代、ユダヤ人に対する東部の名門私立大学や大学医学部への入学定員制限が行われていた。なお、最初にこの制度を極秘に実施したのはコロンビア大学。

■ Greenberg
-berg はユダヤ系の特徴的な姓の1つ。-burg、-burger といった接尾辞になっていることも多い。なお、-berg は「山」の意。

■ Have the reply sent to...
「have + O + done」の型で「Oを～させる、Oを～してもらう」の意を表す。
ex. I had my car washed.（私は車を洗ってもらった）

■ go to all this bother
bother は Don't go to any bother.（構わないでくれ）のように「骨折り、面倒」の意。

■ take it
この意味の場合は、通例、can、could を伴って苦しみ、罰、攻撃、重圧などに「耐える」の意で使われる。由来はボクシング用語 take it on the chin（顎に一発くらう）から。

ELAINE : So one day I wrote the same firm two letters. Same as you're doing now. I sent the Elaine Wales one after they'd said there were no openings to my first one. I got the job all right. Do you know what firm that was? Smith's Weekly.

PHILIP : No.

ELAINE : Yes, Mr. Green. The great liberal magazine that fights injustice on all sides. It slays me. I love it.

PHILIP : Mr. Minify know about that?

ELAINE : Oh, he can't be bothered thinking about small fry. That's Mr. Jordan's department, hiring and firing. But if anybody snitched, you know there'd be some excuse for throwing them out. So, anyway, I thought maybe you had changed yours sometime. I mean, when I heard you were Jewish.

PHILIP : You heard it?

ELAINE : Why, sure.

: Is this the list?

PHILIP : Yeah. When?

ELAINE : Well, when you finished luncheon and went back to Mr. Minify's office, it kind of got around.

INT. PHILIP'S APARTMENT - The doctor comes out of Mrs. Green's room after checking her.

DOCTOR : She'll be out and about and fit as a fiddle day after tomorrow.

PHILIP : You wouldn't mind if I had her see a good internist? Just to be on the safe side.

DOCTOR : Not at all. Good idea. I'll make an appointment if you wish. I always use Mason Van Dick or James Kent. Or if you've some good man you'd like?

エレーン : つまり、ある日、私、同じ会社に二通の手紙を送りました。今あなたがなさっているように。最初の手紙で空きがないと断られた後にウェールズ・エレーンで送ったんです。見事に職を手に入れましたわ。その会社、どこだったかご存知ですか？「週刊スミス」です。

フィリップ : まさか。

エレーン : そうよ、グリーンさん。あらゆる面で不正と戦う偉大なる自由を尊ぶ雑誌。大笑いね。あきれてものが言えませんわ。

フィリップ : ミニフィ氏はそのことについて知ってるのかな？

エレーン : まあ、あの人はささいな事に煩わされる暇なんてありませんわ。雇用や解雇はジョーダンさんの部署です。でも、もし誰かが告げ口でもしたら、ほら、人を解雇するには何らかの言い訳が必要でしょ。で、とにかく、私、あなたもかつて名前を変えたことがあるのかもと思ったんです。つまり、あなたがユダヤ人と聞いたので。

フィリップ : そのことを聞いた？

エレーン : ええ、もちろん。

: これがリストですか？

フィリップ : ああ。いつかね？

エレーン : それは、あなたが昼食を終えてミニフィ氏のオフィスに戻られてから、すぐに広まったんです。

屋内－フィリップのアパート－医者がグリーン夫人の診察を終え、彼女の部屋から出てくる。

医者 : お母上は明後日には起きられて、お元気になられます。

フィリップ : 良い内科医に診てもらっても構いませんか？大事をとって。

医者 : ちっとも構いません。いい考えです。良ければ、私の方で予約を取りましょう。私はいつもメイソン・バン・ディックかジェームズ・ケントに依頼しています。それともあなたにどなたか良い人がおられますか？

■ opening
ex. There are no openings for engineers.
（技術者の欠員はない）

■ injustice
悪徳、不当行為あるいは権利侵害などの不正、不法をいう。

■ on all sides
on every side ともする。

■ slay
この語の基本的意味「殺害する」から比喩的に用いられて人を面白がらせて「大笑いさせる」といった意を表す。

■ I love it
ここでは反語的に用いられたもので、実際には「あきれて物が言えない」といった意味。

■ small fry
軽蔑的な表現。small fry, lesser fry などともする。なお、fry は群れている「魚の子、雑魚」のこと。

■ Why, sure
ここでの why は当然の承認を表して「もちろん、むろん、そりゃあ」などを意味する間投詞。

■ luncheon
会合や特別行事での正式な昼食、すなわち lunch のことで、招待状やメニューなどによく用いられる。

■ get around
特に噂などが口コミで広まることをいう。get about ともする。

■ be out and about
病人が良くなって起き上がり、動き回ることで、be up and around ともする。

■ fit as a fiddle
= in very good health

■ You wouldn't mind
直訳「あなたは気にしないですか」から。これに対して「気にしません → いいですよ」とする場合は No を、「いいえ、気にします → だめです」としたい場合は Yes で答える。

■ have her see a good internist
ここでの see は You had better see a doctor.（君、医者に診てもらったほうがいいよ）のように、特定の用事で職務や専門上のことで「訪問する、会う、診察する」の意を表す。

■ internist
「外科医」は surgeon,「一般開業医」は general practitioner,「歯科医」は dentist,「獣医」は veterinarian.

PHILIP	: Oh, one of the editors at the magazine recommended someone.
	: Doctor, uh… Dr. Abrahams.
DOCTOR	: Abrahams?
PHILIP	: Yes, J.E. Abrahams, Mount Sinai Hospital. Beth Israel, or both.
DOCTOR	: Yes, yes, of course. Well, if you should decide to have your mother see Van Dick or Kent, I'll arrange it.
PHILIP	: Why? Isn't this Abrahams fellow any good?
DOCTOR	: No, nothing like that. Good man, completely reliable. Not given to overcharging and stringing visits out, the way some do.
PHILIP	: Do you mean the way some doctors do, or do you mean the way some Jewish doctors do?
DOCTOR	: Ho, ho, ho. I suppose you're right. I suppose some of us do it too. Not just the chosen people.
PHILIP	: Well, if Abrahams doesn't impress me, I'll try Van Dick or Kent. I've no special loyalty to Jewish doctors simply because I'm Jewish myself.
DOCTOR	: No, of course not. A good man's a good man. I don't believe in prejudice.
PHILIP	: I see.
DOCTOR	: Well… A good evening.

INT. PHILIP'S APARTMENT - EVENING - Philip goes downstairs to the mailbox at the entrance. MR. OLSEN, the building supervisor, is polishing a nearby door.

MR. OLSEN: Evening, Mr. Green.

PHILIP : Evening, Mr. Olsen.

フィリップ	：ええ、雑誌の編集者の一人がある人物を紹介してくれたんです。
	：ドクター、え … ドクター・エイブラムス。
医者	：エイブラムス？
フィリップ	：ええ、J.E. エイブラムス、マウント・シナイ病院。ベス・イズラエル、両方かもしれない。
医者	：ええ、はい、もちろん。まあ、お母上にバン・ディックかケントに診てもらおうとお決めになられたら、手配しましょう。
フィリップ	：なぜ？ このエイブラムスという人は良くないんですか？
医者	：いいえ、そういう事ではありません。いい人物です、完全に信頼出来る。過剰請求や、往診時間の引き延ばしはしません、一部の連中がやっているようにはね。
フィリップ	：つまり、一部の医者がそうしている、それとも一部のユダヤ人医師がやっているとおっしゃっているんですか？
医者	：ア、ハ、ハ。その通りです。我々の中にもそうする連中がいます。選ばれた民だけではありません。
フィリップ	：じゃあ、エイブラムスの印象が良くなければ、バン・ディックかケントにします。ユダヤ人の医者に特別な忠誠心があるわけではありませんから、単に僕自身がユダヤ人だからという理由で。
医者	：ええ、もちろん。善人は善人です。偏見はいけません。
フィリップ	：なるほど。
医者	：では … えー、ごきげんよう。

屋内－フィリップのアパート－夕方－フィリップは階下の玄関の郵便箱に向かう。アパートの管理人オルセン氏が近くのドアを磨いている。

オルセン氏	：こんばんは、グリーンさん。
フィリップ	：こんばんは、オルセンさん。

■ Abrahams
ドイツ、東欧出身のユダヤ人であるアシュケナジム系ユダヤ人が好んで用いた聖書に由来する姓の1つ。

■ Mount Sinai Hospital
Moses が十戒をはじめ、諸律法を授けられたとされるシナイ半島南部の山 Mount Sinai にちなんだ名。ユダヤ系を暗示する名称でもある。

■ be given to...
ここでの given は habitually inclined. すなわち「～する癖がある」を意味する形容詞。

■ string out
時間的に延長すること。ここでは医者の診察、往診時間を意図的に引き延ばして診察料を請求することを言ったもの。

■ the chosen people
イスラエル人、すなわちユダヤ人のこと。

■ simply because
ここでの simply は「ただ、単に」の意。

■ believe in
この表現は I believe in God. (私は神を信じている) とか I believe in you. (君を信頼している) のように「信仰する、信頼する、存在を信じる」などの意でも頻繁に使われる。なお、I believe you. とした場合は単に「君の言葉を信じる」ということ。

■ I see
I understand your explanation ほどの意で、ここでの see は「分かる、納得する」。

■ go downstairs
ここでの downstairs は「下の階へ」を意味する副詞。

■ Evening
Good evening のこと。くだけた会話では Good morning とか Good afternoon なども同様に Good を省略することが多い。

MR. OLSEN: Say, Mr. Green, why don't you fill out one of them cards at the post office, better or watch for the mailman and tell him?

PHILIP : What's the matter with this way?

MR. OLSEN: It's the rules.

PHILIP : Leave that alone.

MR. OLSEN: It's nothing I can help, Mr. Green. It's the rules. The renting agent should have explained. That is, excuse me, if you are...

PHILIP : Excuse me, nothing. This is my place for two years, and don't touch that card.

Why don't you... ～したらいいでしょう，～したらいかがですか
fill out 書き入れる ⇨
them cards ⇨
post office 郵便局
watch for... ～を待ち構える，を注意して待つ
mailman 郵便配達人

It's nothing I can help ⇨
renting agent 賃貸業者 ⇨
should have explained 説明すべきだった，説明した方が良かった，説明しないのが悪かった ⇨
that is... つまり，すなわち，その
excuse me 失礼ですが ⇨
if you are ⇨

反ユダヤ主義

　反ユダヤ主義とはユダヤ人に対する偏見、嫌悪あるいは差別を意味する。この言葉を最初に用いたのは1881年、ドイツのジャーナリスト、マル (Wilhelm Marr, 1819 – 1904) だが、ユダヤ人に対する迫害は、遙か古い時代から行われていた。理由としては、キリスト

オルセン氏 :	ねえ、グリーンさん、郵便局でカードにちゃんと記入するか、郵便配達の人をつかまえて伝えたらどうです？
フィリップ :	これに何か問題でも？
オルセン氏 :	規則ですから。
フィリップ :	そいつに触るんじゃない。
オルセン氏 :	私にはどうしようもありませんよ、グリーンさん。これは規則です。賃貸業者が説明するべきだったんです。つまり、失礼ですが、もしあなたが …
フィリップ :	全く失礼だ。ここは二年間は僕の住居だ、だからそのカードに触るんじゃない。

■ fill out
Please fill out this form.（この書式にご記入気ください）のように書類に職業、氏名など必要事項を書き込むこと。fill in とすることも多い。

■ them cards
正しくは those cards。those を them とするのは非標準用法。

■ It's nothing I can help
文字通りの意「それは私が手助けできるようなものではない」から「私にはどうしようもない」となる。

■ renting agent
ここでは「不動産屋」

■ should have explained
「should have ＋過去分詞」で過去の行為、状態に対する非難、後悔を表し、「～すべきだった、～しないのは愚かだった」を意味する。

■ excuse me
この表現は何かエチケット違反をした際などに「ごめんなさい」と謝るときなどに使われるが、ここでは相手に言いにくいことを言うときに使われたもの。なお、見知らぬ人に話しかけるときや、言われたことを繰り返してほしいときなどにも頻繁に用いられる。

■ if you are
文末の Jewish が省略されたもの。

教が普及したヨーロッパにあって、彼らがイエス・キリストを救世主と認めなかったこと、キリスト教の一部の神学者たちがイエス・キリストを殺害したのはユダヤ人だとしたこと、そしてキリスト教社会で疎まれていた金貸しなどの職業に就くようになったことなどが挙げられている。

曽根田　憲三（相模女子大学名誉教授）

Kathy's Hesitation

EXT. / INT. KATHY'S APARTMENT - EVENING - Kathy leads Philip to an outdoor dining table.

PHILIP	:	You don't mean that we're going to have dinner here?
KATHY	:	I do, indeed.
	:	So we can talk.
PHILIP	:	Talk?
KATHY	:	You sit there.
	:	I'm not going to let you get going on another thing. You don't even get dinner until you tell me the angle. I've been trying to guess what it is all day long.
PHILIP	:	Have you really?
KATHY	:	Yes, I have. I kept thinking "Suppose I were he and I had to find an angle, what would you do?"
PHILIP	:	Well, what would you do?
KATHY	:	Well, I got just no place. Some of the ideas you told me were excellent, but you threw them out and kept hunting.
PHILIP	:	Well, now you'll see why, just as soon as I tell you.
KATHY	:	Phil, tell me.
PHILIP	:	All right. Here it is. I'm just gonna let everybody know that I'm Jewish, that's all.
KATHY	:	Jewish? But you're not, Phil, are you?

---

outdoor 戸外の, 野外の

let you get going on... あなたに～させる ◑

all day long 1日中ずっと ◑
Have you really ◑

excellent 素晴らしい, 卓越した, 優れた ◑
throw out 捨てる, 放り出す, 考慮しない ◑
hunt 探し求める, 見つけ出す, 物色する ◑
just as soon as... ～するとすぐに

Here it is こうだ, こういうことだ ◑

86

キャシーのためらい

DVD　00:41:52

屋外/屋内－キャシーのアパート－夕方－キャシーは外の食卓にフィリップを案内する。

フィリップ　：ここで食事をするつもりじゃないだろうね？

キャシー　：ええ、そのつもりよ。

　　　　　　：私たちが話せるようにね。

フィリップ　：話？

キャシー　：あなたはそこに座って。

　　　　　　：あなたに他のことはさせないわよ。私に例の切り口を教えてくれるまで食事もさせないわ。どういうものなのか、私、一日ずっと考えていたの。

フィリップ　：君が、本当に？

キャシー　：ええ、そうよ。ずっと考えていたわ、「私が彼だとしたら、そして私が切り口を見つけなければいけないとしたら、どうする？」ってね。

フィリップ　：じゃあ、君ならどうする？

キャシー　：それが、全然ダメなの。あなたが私に教えてくれた幾つかの案はとても良かった、でもあなたはそれを捨てて、探し続けたでしょ。

フィリップ　：じゃあ、僕が説明すれば、その理由がすぐにわかるだろう。

キャシー　：フィル、教えて。

フィリップ　：わかった。実はこうだ。僕がユダヤ人だと皆に教える、それだけ。

キャシー　：ユダヤ人？　でも、あなたは違うわよね、フィル、そうでしょ？

■ **let you get going on...**
I'll let you do this.（あなたにこれをやらせてあげる）のように「S + let + O + do」の型で「SはOが～するのを許す、～させてやる」を意味する。また、get going on... は「～に取り掛かる、～を始める」ということ。

■ **all day long**
ここでのlongはall night long（一晩ずっと）のようにallを前に置き、その時間とか期間を強調して「～中ずっと」を意味する副詞。

■ **Have you really**
文末にbeen trying to guess what it isを補って考える。

■ **excellent**
= superior; wonderful; admirable; attractive; great; fine; magnificent; superb

■ **throw out**
この表現は They threw him out of the room.（彼らは彼を部屋から追い出した）のように「追い出す」の意でも頻繁に使われる。

■ **hunt**
ex. He hunted the whole house for the lost car key.（彼は失くした車の鍵を求めて部屋中を探した）

■ **Here it is**
人に物を差し出したりする際の表現。

KATHY	: Not that it would make any difference to me. But you said "I'm going to let everybody know" as if you hadn't before and would now. So I just wondered. Not that it would matter to me, one way or the other.	Not that... ～だからというわけではない, ということではない ⊃ one way or the other どっちみち ⊃
	: Phil, you're annoyed.	annoy 悩ませる, 苦しめる, いらいらさせる ⊃
PHILIP	: No, I... I was just thinking.	
KATHY	: Well, don't be so serious about it. You must know where I stand.	serious 深刻な, 真剣な where I stand 私が立っている所, 私の立場 ⊃
PHILIP	: Oh, I do.	
KATHY	: It's just that you caught me off guard. You know, not knowing too much about you because you always make me talk about myself all the time, so that for a minute there I wasn't very bright on the uptake.	catch someone off guard 人の不意をつく all the time いつでも, 休みなく, ずっと bright on the uptake 良く理解して, よく分かって ⊃ the uptake 理解, 飲み込み
PHILIP	: Well, anyway, you, you don't think much of my angle?	don't think much of... ～を大して評価しない, をすごいとは思わない ⊃
KATHY	: Oh, I do. It's...	
PHILIP	: It's what?	
KATHY	: It's just that I... I think it'll mix everybody up. People won't know what you are. Of course, after this series is finished they'll know, but even so, it'll keep cropping up. Won't it?	mix up 混乱させる ⊃ crop up 生ずる, ひょっこり現れる ⊃
PHILIP	: All right. Let it.	Let it させておけばいい ⊃
KATHY	: I must be out of my head. "Let it" is right. Who cares? I was just being too practical about things. That's what comes from being a schoolteacher. Now tell me more.	out of one's head 気が狂って ⊃ Who cares? 誰が構うもんか, どうだっていい ⊃ practical 実際的な, 実利的な ⊃
PHILIP	: Well, to begin with, you and the Minifys'll have to promise not to give me away. But really. No exceptions for anything, OK?	to begin with まず第一に, 何はさておき exception 例外, 特例 for anything 何をもらっても, どんなことがあっても, 決して ⊃
KATHY	: OK. What about the people at Smith's? Won't they talk?	
PHILIP	: Oh, they're not in on it. Only Minify.	be in on... ～について知っている, に参加している ⊃

キャシー	:	私にとって何か影響があるというわけじゃないけど。でもあなたが「みんなに教える」と言ったから、まるでこれまでは伝えてなくて、今伝えるといったみたいに。だから疑問に思ったの。どちらにしても、私は構わないけど。
	:	フィル、怒ってるのね。
フィリップ	:	いや、僕 … 僕はちょっと考えていたんだ。
キャシー	:	ほら、そのことで深刻にならないで。私の立場はわかってるはずよ。
フィリップ	:	ああ、わかってる。
キャシー	:	私、ちょっと不意をつかれたから。ほら、あなたはいつも私に、私の事を絶えず話させるから、あなたの事を余り良く知らなくて、それで一瞬、私、何のことだかわからなかったの。
フィリップ	:	じゃあ、とにかく、君、君は僕の切り口が素晴らしいとは思わないんだね?
キャシー	:	あら、思っているわ、だけど …
フィリップ	:	だけどなんだい?
キャシー	:	だけど、私 … それとみんなが混乱すると思うわ。あなたがどういう人なのかみんなわからないと思う。もちろん、この連載が終わったら、わかるでしょうけど、でも、例えそうでも、そのことは言われ続けるわ。そうでしょ?
フィリップ	:	わかった、そうさせておけばいい。
キャシー	:	私、どうかしてるわ。「そうさせておけばいい」が正解ね。どうでもいいこと。私って、ちょっとあれこれと現実的過ぎたわ。それ、学校の先生をしているせいね。さあ、もっと話して。
フィリップ	:	ああ、まずは、君とミニフィ夫妻が僕の秘密をばらさないと約束してくれなければいけない。本当に。何があろうと例外なく、わかった?
キャシー	:	わかったわ。スミス社の人たちはどうなの? あの人たち、しゃべらない?
フィリップ	:	ああ、彼らは知らない。ミニフィだけだ。

■ Not that…
文頭のIt'sが省略されたもの。

■ one way or the other
(in) one way or another もする。
ex. It doesn't matter one way or the other.(どっちみちどうでもいいことだ)

■ annoy
= irritate; upset; displease; harass; perturb; provoke

■ where I stand
ここでのstandはI'm gonna stand outside in the matter.(その件では私は第三者の立場を取るよ)のように、人がある状況、立場に「なる」の意を表す。

■ bright on the uptake
ここでの否定文は「何のことだか良く分からない」といったところ。なお、ここでのbrightは「明るい」ではなく、「利口な、聡明な」の意。また、on the uptake に代わって in the uptake とすることもある。

■ don't think much of…
ここでのmuchは否定文、疑問文で「大した、すごい」の意を表して使われる。なお、much ofの後は単数加算名詞がくる。

■ mix up
mix someone up で to confuse someone の意を表す。

■ crop up
to appear without warning とか to happen suddenly、すなわち問題、困難、機会、事件などが思いがけず生ずること。ここでは、フィルがユダヤ人だと言われ続ける、ということ。

■ Let it
ここではLet it crop upのこと。

■ out of one's head
You must be out of your mind.(君は頭がおかしいに違いない)のように out of one's mind とか out of one's senses, off one's head ともする。

■ Who cares?
ここでのcareは、通例、否定文、疑問文で「〜かどうか気にする」の意を表して使われる。

■ practical
ここでは「現実的な」といった意味合い。

■ for anything
「どんなことがあっても〜ない」の意で、否定文で用いられる。

■ be in on…
ここでは否定文で使われているので「その件について彼らは知らない」ということになる。

KATHY	: They think you're Jewish?	
PHILIP	: Look, Kathy. I don't think you understand. If this thing is going to work, the only chance is to go whole hog at it. It's got to go right through everything.	go whole hog 徹底的にやる、とことんやる ◐ go right through 突き抜ける、切り抜ける、果たす、終える ◐
KATHY	: Of course. I hadn't really seen it before.	hadn't really seen it before ◐
PHILIP	: I didn't mean to be so sharp, I'm just... I'm sorry.	mean to... ～するつもりである sharp きつい、厳しい、痛烈な、とげとげしい
KATHY	: Dinner?	
PHILIP	: Fine.	
KATHY	: You sit there. I'm doing the serving myself.	do the serving 食事を出す、食事を用意する ◐
	: More coffee? Only take a minute to heat it.	More coffee ◐ Only ◐
PHILIP	: No, thanks.	
	: Well, I, I think I'd better be getting along.	I'd better be getting along もうおいとましよう ◐
KATHY	: So soon?	
PHILIP	: I should look in at Ma before she gets to sleep.	look in 覗く、ちょっと訪れる ◐
KATHY	: Of course.	
PHILIP	: You have to get to the school pretty early, don't you?	get to... ～に到着する、にたどり着く a pretty full day とても忙しい一日 ◐
KATHY	: Yes.	
PHILIP	: I had a pretty full day at the magazine too.	
KATHY	: Yes.	
PHILIP	: That was a mighty fine dinner.	mighty とても、非常に、すごく ◐
KATHY	: I'm glad you liked it. My car's downstairs. Let me run you home.	run you home あなたを車で家に送り届ける ◐
PHILIP	: No, thanks. I think I'll walk. It's a lovely night.	
KATHY	: Yes, it is. It's lovely.	
PHILIP	: I'd better be getting off.	I'd better be getting off 行ったほうがよさそうだ、おいとましよう
	: Oh, don't bother. I know where my hat is.	don't bother 結構だ、おかまいなく ◐ it's no bother いや、何でもない ◐
KATHY	: Oh, it's no bother.	

キャシー	:	あの人たちはあなたがユダヤ人だと思ってるの?
フィリップ	:	いいかい、キャシー。わかっていないようだね。これが成功する為には、徹底的にやるしかない。全てをやり通さなければだめなんだよ。
キャシー	:	もちろん。そこまでは考えていなかった。
フィリップ	:	こんなにきつく言うつもりじゃなかった、僕はただ…ごめんね。
キャシー	:	食事は?
フィリップ	:	いいね。
キャシー	:	あなたはそこに座って。私、用意するわ。
	:	コーヒーをもう少しどう? 暖めるのにほとんど時間はかからないわ。
フィリップ	:	いや、結構。
	:	さて、僕、僕は失礼するとしよう。
キャシー	:	もう?
フィリップ	:	母が寝る前に様子を確認しないと。
キャシー	:	もちろん。
フィリップ	:	学校にはかなり早く着かないといけないだろう?
キャシー	:	ええ。
フィリップ	:	僕も雑誌社でずいぶん忙しい一日を過ごした。
キャシー	:	ええ。
フィリップ	:	食事はとてもおいしかったよ。
キャシー	:	気に入っていただいてよかった。車が階下にあるの。自宅まで送るわ。
フィリップ	:	いや、結構。歩こうと思う。素敵な夜だし。
キャシー	:	ええ、そうね。きれいだわ。
フィリップ	:	では、失礼しよう。
	:	いや、お構いなく。自分の帽子がどこにあるかはわかっている。
キャシー	:	あら、何でもないわ。

■ go whole hog
go the whole hog ともする。なお、whole hog とは「全体、完全」を意味する俗語。

■ go right through
ここでは「全てをやり通す、徹底してやる」、すなわち「中途半端ではだめ」ということ。

■ hadn't really seen it before
「今までそれをちゃんと見たことはなかった」とは「それをしっかり認識していなかった、そこまで考えていなかった」ということ。ここでの see は「認識する、理解する」の意。

■ do the serving
serve とは 人とか食卓に飲食物を「供する、出す」の意。

■ More coffee
文頭に Would you like を補って考える。Some more coffee? (コーヒーをもう少しどう)などともする。

■ Only
文頭に It will が省略されたもの。

■ I'd better be getting along
客がいとまごいする際の表現の一つ。同様のものに I'd better be getting off/ I'd better be off/ I better get moving/ I must be off/ Better be going/ Better get moving/ I've got to be going/ I'm afraid I must be going など多くある。

■ look in
様子を見るなどのために「少し立ち寄る」との意を表して使われる。ここでは彼女の様子を見るために部屋をのぞくこと。

■ a pretty full day
full が「ぎっしり詰まった、一杯の」から、このような意味を表す。

■ mighty
ここでの mighty は「強力な」ではなく、very を意味する副詞。

■ run you home
ここでの run は I'll run you to the station. (君を駅まで乗せて行こう)のように、車などで「運ぶ、載せて行く」の意。run に代わって drive が使われることも多い。

■ don't bother
bother は、「わざわざ～する」の意を表して通例、否定文で使われる。

■ it's no bother
相手のお礼、申し出などに対して「何でもありません」の意で使われる。ここでの bother は「面倒なこと」を意味する名詞。

PHILIP	: Call you sometime tomorrow.	Call ⊙ sometime いつか ⊙
KATHY	: All right.	
PHILIP	: Good night.	
KATHY	: Good night, Phil.	
WOMAN	: Mary said to come right over. And it'd be perfectly all right to bring you. She's cooked a big dinner, so there's plenty…	come right over やってくる, 訪れる big dinner ディナーをたっぷり ⊙ plenty 十分, たくさん
PHILIP	: I forgot something.	
KATHY	: Darling!	
PHILIP	: Kathy.	
KATHY	: I'm so glad you came back.	
PHILIP	: What am I doing? What am I doing? It's my fault. I'm always weighing and judging. I'm such a solemn fool.	It's my fault 私が悪い ⊙ weigh and judge 比較して判断する ⊙ weigh 熟考する, 慎重に考える, 評価する ⊙ judge 判断する, 判定する, 評価する solemn 重々しい, 真面目くさった, 陰気な, すました
KATHY	: No, I should have said the angle was fine right away. And it is, darling. It is. It's wonderful.	And it is 実際そうだ ⊙
PHILIP	: I don't know what happened. It started the minute you spoke. I felt insulted. If I were Jewish, that's the way I would've felt and I couldn't let you off. I couldn't make it any easier for you.	insult 侮辱する, 辱める let someone off 人を免除する ⊙ I couldn't make it any easier for you ⊙
KATHY	: All through dinner I tried to reach you, tell you I was sorry and I couldn't. I don't know what happened to me when you told me, except that a whole beautiful evening was spoiled. I wanted you to come back.	reach 手を差し伸べる, 接触を持つ ⊙ spoil 台無しにする, だめにする
PHILIP	: Darling.	

フィリップ	：	明日、いつか電話するよ。
キャシー	：	わかったわ。
フィリップ	：	おやすみ。
キャシー	：	おやすみなさい、フィル。
女	：	メアリが直ぐ来るようにって言ったの。それに、あなたを連れてきても全く問題ないって。食事をたっぷり作ったから、十分あるって・・・
フィリップ	：	忘れ物をした。
キャシー	：	ダーリン！
フィリップ	：	キャシー。
キャシー	：	戻って来てくれてとても嬉しいわ。
フィリップ	：	僕は何をしてるんだ？　何をしてるんだ？　僕が悪かった。僕はいつも比較しては、決めつける。真面目くさった愚か者だ。
キャシー	：	いいえ、私がすぐにその切り口は素晴らしいと言うべきだったんだわ。実際、素晴らしいもの、ダーリン。そうよ。素晴らしいわ。
フィリップ	：	自分でも何が起こったかわからない。君が口を開いた瞬間に始まったんだ。僕は侮辱されたと感じた。もし僕がユダヤ人なら、そのように感じただろう、だから君が許せなかった。君に厳しい態度を取らざるを得なかったんだ。
キャシー	：	食事の間中ずっと、私、あなたに伝えようとした、あなたに謝ろうとしたけど、でも出来なかった。あなたが私に話した時、素敵な夜全体が台無しになった以外、私になにが起きたのかわからない。あなたに戻ってきて欲しかったのよ。
フィリップ	：	ダーリン。

■ Call
文頭の I'll が省略されたもの。ここでの call は to telephone の意。

■ sometime
= at an indefinite time in the future; at a time not known or stated
ex. I saw that movie sometime last year.（その映画は昨年のいつだったか見たよ）

■ big dinner
big は I had a big breakfast.（朝食をたっぷりとった）のように数量などが「大きい」ということ。

■ It's my fault
fault は「欠点」だが、It's my fault, not yours.（それは私の責任だ、君じゃない）のように one's fault として過失、非行などに対する「責任、落ち度、原因」の意を表す。

■ weigh and judge
ここでは「品定めする」といったニュアンス。

■ weigh
この話は特に比較しながら「評価する」、また評価や決定するために「慎重に考慮する」ということ。

■ And it is
次に fine を補って考える。

■ let someone off
刑罰、仕事などから免除すること。

■ I couldn't make it any easier for you
I had to be strict with you といった意味合い。

■ reach
この話の「手を伸ばして触れる」との意から「人の心に達する、人の心を得る」などの意を表して使われる。
ex. He is easily reached by flattery.（彼は簡単にお世辞に心を動かされる）

Words Can Hurt

INT. MINIFY'S OFFICE - DAY - Jordan is discussing a matter with Minify. Philip and Miss Miller stand in the corner.

JORDAN : But, really Mr. Minify, I never make it a policy just to hire... It...well, it's a question of personality. Please understand, Mr. Minify. If a girl's personality is the type that fits in, I never…

MINIFY : It's just by chance, you mean, that we haven't one secretary named Finkelstein or Cohen? In the city of New York? Come off it, Jordan. Miss Miller, take a "help wanted" ad.

: "Expert secretary for editorial department, national magazine." "Exacting work, good pay. Religion is a matter of indifference to this office." Got that?

MISS MILLER: Yes, Mr. Minify.

MINIFY : In any ad you run, be sure to use that last line. That's all, Miss Miller. Good afternoon, Jordan.

: By the way, if you should have to fire Miss Wales for any reason whatever, at any time, remember I'd like to review the case myself first.

JORDAN : Good afternoon, Mr. Minify.

MINIFY : I'm ashamed of myself and this magazine, too. The sloppy, slovenly notion that everybody's busy doing bigger things.

---

make it a policy to... ～する方針を立てる、～することにしている
a question of... ～の問題
personality 性格、人格、人柄、人間的魅力、人物
fit in... に適合する、調和する、合致する、なじむ

by chance 偶然、たまたま

Come off it いい加減なことを言うのはやめろ
help wanted ad 従業員募集広告

expert 熟練した、技術を身に付けた
editorial department 編集部
exacting 厳格な、骨の折れる、厳密さを要する
a matter of... ～の問題
indifference 無関心
Got that? わかったかね
ad you run 出す広告
be sure to use 確実に使う、ちゃんと使う
that last line

by the way ところで、それはそうと
whatever いかなる～、どんな～でも、なんらの～
remember いいかね
review 再調査する、調べなおす、検討する、吟味する

I'm ashamed of myself 自分が恥ずかしい
sloppy ずさんな、雑な、いい加減な、だらしない
slovenly ぞんざいな、ずさんな、いい加減な
notion 概念、考え、認識、意見
doing bigger things もっと大きなことをする

Gentleman's Agreement

言葉は傷つける

DVD　00:48:06
□□□□□□

屋内－ミニフィのオフィス－昼－ジョーダンがミニフィと何か相談している。フィリップとミラー嬢は隅に立っている。

ジョーダン : しかし、本当です、ミニフィさん、単に雇用するということではないんです … それは … ですから、人柄の問題です。お願いですから、わかってください、ミニフィさん。女性の人柄が要望に合えば、私は決して …

ミニフィ : ただの偶然かな、つまり、フィンケルスタインやコーエンと言う名の秘書が一人もいないのは？ニューヨーク市内でだぞ？　いい加減なことを言うんじゃない、ジョーダン。ミス・ミラー、求人広告を出せ。

: 「国内雑誌、編集部、経験のある秘書を求む。厳密さを要する仕事、高給。社では宗教は問わない」。分かったか？

ミラー : はい、ミニフィさん。

ミニフィ : どんな広告を出しても、必ずその最後の一行を加えるように。以上だ、ミス・ミラー。ごきげんよう、ジョーダン。

: ところで、この先、何らかの理由でミス・ウェールズを解雇せざるを得ない時は、いいかね、それについてはまずわしが最初に検討したい。

ジョーダン : 失礼します、ミニフィーさん。

ミニフィ : わしは自分も、この雑誌社も恥ずかしいよ。皆もっと大きな問題を扱うのに忙しいといった、このだらしない、ずさんな考えがね。

■ make it a policy to…
ex. I make it a policy to work ten hours a day.（私は1日に10時間働くことにしている）。make it a rule to ともする。

■ Come off it
通例、命令文で生意気なこと、バカなこと、冗談を言うのはやめろ、といった意味合いで用いられる。Stop trying to deceive people か Stop acting that way といったところ。

■ help wanted ad
ここでの help は「従業員、使用人」のこと。また ad は advertisement(広告) の短縮形。
ex. Let's put a big ad in the paper.（新聞に大きな広告を出そう）

■ a matter of…
ex. It's a matter of life and death to us.（それは我々にとって死活問題だ）

■ indifference
感情や関心の欠如をいう。類似した語 unconcern は気遣い、懸念のないこと。

■ ad you run
「広告を出す」は put an ad, place an ad, run an ad.

■ be sure to use
この表現は「必ず〜する」の意で、通例、命令文で使われる。be sure and do ともする。

■ that last line
Religion is a matter of indifference to this office のこと。

■ by the way
incidentally の意で、by the by ともする。

■ remember
「思い出す、覚えている」から、このような場合は「いいかね」となる。

■ I'm ashamed of myself
be ashamed of は You ought to be ashamed of yourself.（君は恥を知るべきだ）のように、行為、状態などの対象「を恥じている」の意を表す。

■ doing bigger things
ここで言う bigger things とは「社会的にもっと大きな問題」、すなわち「こんなことより社会的に更に大きな問題、世の中の悪に取り組んでいる」ということ。

MINIFY : Well, there just isn't anything bigger than beating down the complacence of essentially decent people about prejudice. Yes, I'm ashamed of myself. Go on back to work.

INT. PHILIP'S OFFICE - DAY - Philip dictates a letter for Elaine to write down.

PHILIP : I believe that I've given a clear and accurate picture of my qualifications and I would very much appreciate your immediate consideration and reply. Sincerely yours. Better ask for an immediate reply on all of them. Don't bother to do it today, though. It's too late. Tomorrow will be all right.

ELAINE : Mr. Green, have you any idea when will you start dictating the series itself? I would like to get the decks cleared.

PHILIP : Well, I think I'll type it out myself to start with. I'm not much good on dictating actual copy. Well, that'll be all, Miss Wales. You'd better get along home.

ELAINE : All right.

: Mr. Green... Is it true about Mr. Jordan?

PHILIP : Is what true about Mr. Jordan?

ELAINE : Well, he's telling everybody about Mr. Minify's ad. He thinks it's a wonderful thing. He says.

PHILIP : He does, huh?

ELAINE : And I thought I'd ask you if it's really true that the ad says right out that...

PHILIP : Right straight out, Miss Wales. It's gonna to be in all the papers tomorrow.

---

beat down 打ち負かす
complacence 自己満足、独りよがり ⊙
essentially 本質的に
decent people 立派な人々 ⊙

accurate 正確な、間違いのない
picture 説明、叙述 ⊙
qualification 資質、適性、能力、技能
appreciate 感謝する、有り難く思う ⊙
immediate 即刻の、即座の
consideration 考慮、実行、配慮
reply 返事、答え
Sincerely yours 敬具 ⊙
Better ⊙
ask for... 〜を求める、を要求する
have you any idea... 〜の見当がおつきですか、〜はお分かりですか ⊙
dictate 口述する、書き取らせる
get the decks cleared 行動準備にとりかかる、準備しておく ⊙
to start with そもそも、まず第一に
that'll be all それで終わりだ
get along home 帰宅する

ad 広告 ⊙

right out 包み隠さず、率直に ⊙

paper 新聞 ⊙

ミニフィ ： だが、本質的には偏見に関する慎みのある人々の独りよがりを打ち砕くことより大きなものは何もないんだよ。まったく、わしは自分自身が恥ずかしい。さあ仕事に戻ってくれ。

屋内 ‒ フィリップのオフィス ‒ 昼 ‒ フィリップはエレーンに書き取らせるために手紙を口述している。

フィリップ ： 私は自分の適性について明瞭かつ正確な説明をしたと信じていますので、早急にご検討の上、返信いただければ、とてもありがたく思います。敬具。それらすべてについて迅速なご返信を、とお願いしたほうがいいな。だが、わざわざ今日それをしなくてもいい。もう時間が遅い。明日でいいだろう。

エレーン ： グリーンさん、連載そのものを口述されるのがいつになるかおわかりになりますか？私、その準備をしておきたいのですが。

フィリップ ： そうだな、そもそもそれは僕自身がタイプすると思う。僕は実際の原稿を口述するのはあまり得意じゃないのね。さて、それだけだ、ミス・ウェールズ。君はもう家に帰ったほうがいい。

エレーン ： わかりました。

： グリーンさん … ジョーダン氏についてですが、本当ですか？

フィリップ ： ジョーダン氏についての何が本当かって？

エレーン ： ええ、彼はミニフィ氏が出す広告についてみんなに話しています。素晴らしいことだと思うと、彼は言ってますけど。

フィリップ ： そう言っているんだね、え？

エレーン ： それで私、広告にはっきり書かれていることが実際のところ本当なのか、あなたに聞いてみようと思ったわけです …

フィリップ ： はっきりとね、ミス・ウェールズ。明日、すべての新聞に掲載される。

■ complacence
自分の現状に満足しきっていることをいい、通例、否定的な意味合いで使われる。complacency ともする。

■ decent people
decent とは行動、言葉などが「礼儀作法にかなった、たしなみのよい」とか、家柄などが「かなり立派な」といった意味を表す。

■ picture
ここでの picture は He gave me a clear picture of his life in New York. (彼は私にニューヨークでの彼の生活を生き生きと描写した) のように描写して説明すること。

■ appreciate
ここでは I appreciate your kindness. (あなたのご親切に感謝します) のように to be thankful for something の意を表す。なお、目的語に人は取らないので注意。

■ Sincerely yours
手紙の結辞。同様のものに Yours sincerely, Yours very sincerely, Very sincerely yours, Yours affectionately, Yours very affectionately, Yours very truly, Yours truly, Yours ever, Yours as ever, With love, Lovingly など、多くある。

■ Better
文頭の We had が省略されたもの。

■ have you any idea…
ここでの idea は I have no idea what you mean. (何を言っているのかさっぱり分からない) のように「認識、理解、見当」を意味する。

■ get the decks cleared
文字通りの訳「甲板を掃除しておく」から「邪魔ものを取り除いて態勢を整える」を意味する。

■ ad
advertisement の短縮形。

■ right out
plainly とか without waiting or keeping back anything ほどの意。straight out ともする。

■ paper
「日刊新聞」は a daily paper, 「朝刊新聞」は a morning paper, 「夕刊新聞」は an evening paper。

ELAINE	: Practically inviting any type at all to apply?	practically 事実上, 実際に, 実質的に invite 招く, 促す, 求める, 勧める ❍ apply 申し込む, 志願する, 出願する
PHILIP	: Any type? What do you mean?	
ELAINE	: Mr. Green, you don't want things changed around here, do you? Even though you are a writer. And it's different for writers.	you don't want...here ❍
PHILIP	: Different for writers? How?	
ELAINE	: Well, I mean, just let them get one wrong one in here and it'll come out of us. It's no fun being the fall guy for the kikey ones.	get one wrong one in here ここに1人変な人物を入れる come out of... ～から出てくる, から出る, から生じる ❍ being the fall guy カモになる, スケープゴートになる fall guy (俗)だまされやすい人, 簡単にのせられる人, カモ, バカ kikey one (俗)ユダヤ人たち ❍
PHILIP	: Now, look, Miss Wales, we've gotta be frank with each other. You have a right to know right now that words like yid and kike and kikey and nigger and coon make me kind of sick, no matter who says them.	be frank with each other 互いにざっくばらんに言う have a right to... ～する権利がある yid (俗)ユダヤ人 ❍ nigger (俗) 黒ん坊, 黒人 ❍ coon (俗) 黒人, ぬけ作 make me kind of sick 私の気分を悪くさせる, 私の気分が悪くなる ❍
ELAINE	: But I only said it for a type.	
PHILIP	: Yeah, but we're talking about a word first.	
ELAINE	: But, Mr. Green, that, that doesn't mean a thing. Why, sometimes I even say to myself - about me, I mean. Like if I'm about to do something and I know I shouldn't, I say, "Don't be such a little kike." That's all. But just let one objectionable one get in here and...	like ほら, まあ, その, ～とか ❍ be about to... まさに～しようとしている objectionable 不埒な, 嫌な
PHILIP	: Now, just a minute. What do you mean by objectionable?	
ELAINE	: Loud and too much rouge...	loud やかましい, 騒々しい, ひどく下品な rouge ルージュ, 頬紅, 口紅 ❍ vulgar 低俗な, 下品な, 粗野な, 卑猥な
PHILIP	: They don't hire any loud, vulgar girls here. What makes you think they're gonna suddenly start?	
ELAINE	: It's not only that. Mr. Green, you're sort of heckling me. You know as well as I do the sort that starts trouble in a place like this and the sort that doesn't, like you or me.	heckle 困らせる, 詰問する, やじり倒す as well as I do 私同様に ❍ sort 種類, 部類, タイプ start trouble トラブルを起こす, いざこざを起こす

エレーン	:	実際に、まったくどんなタイプの人たちにも応募させようと？
フィリップ	:	どんなタイプ？　どういう意味だ？
エレーン	:	グリーンさん、あなたはここで、物事が変わって欲しいとは思っておられませんよね？　たとえあなたがライターであっても。それにライターにとっても変わりますわ。
フィリップ	:	ライターにとっても変わる？　どういうふうに？
エレーン	:	ええ、つまりですね、彼らにここに一人でも不適切な人を入れさせてしまったら、しかも、それが私たちから採用されたら。ユダヤ人たちのスケープゴートになるのは面白くありませんわ。
フィリップ	:	なあ、いいかね、ミス・ウェールズ、お互いにはっきりしておこう。君は今すぐ知る権利がある、ユダ公やユダ助、ユダヤ野郎、それに黒ん坊や黒野郎といった言葉は、たとえ誰がそれらを使おうと、僕をムカつかせる。
エレーン	:	でも、私は一つのタイプとして言っただけです。
フィリップ	:	そうだ、でも、僕たちはそもそも言葉について話している。
エレーン	:	でも、グリーンさん、そんなことは、それは具体的な何かを意味してなんかいません。だって、時々、私だって、つまり、自分への独り言で自分自身について使います。ほら、例えば何かをやろうとして、しかもそうすべきじゃないとわかっているとき「どじなユダヤちゃんみたいなことしないで」ってね。それだけです。でもとんでもない人物をここに入れてしまったら…
フィリップ	:	おい、ちょっと待ってくれ。とんでもないとはどういう意味だ？
エレーン	:	派手で厚化粧で…
フィリップ	:	派手で下品な女の子をここでは雇わない。なぜ君は突然、彼らがそんなことをし始めると思ったのかな？
エレーン	:	それだけではありません。グリーンさん、あなたは私を質問攻めにして困らせています。あなたは私同様、このような場所でトラブルを起こしそうな人と、私やあなたのように、そうでない人がいることを知っていますわ。

■ invite
ここでの invite は He invited her to state her views.（彼は彼女に自分の見解を述べるよう求めた）のように「S + invite + O + to do」の型で「SはOに〜するよう促す、勧める」の意を表す。

■ you don't want...here
「あなたはこの辺りで物事が変わるのを望まないでしょ」とは「職場の雰囲気が変わることを望まないでしょ」ということ。

■ get one wrong one in here
get a wrong person in here のこと。

■ come out of...
ここでは「私たちユダヤ人から採用される」ということを言ったもの。

■ being the fall guy
ここでは「〜のために私たちがとばっちりを受ける」との意。

■ kikey one
kike とは「ユダヤ人」に対する蔑称で、kikey は kike の形容詞。

■ yid
ユダヤ人に対する軽蔑用語。

■ nigger
黒人に対する軽蔑用語で、彼らの前では決して使ってはいけない語とされる。ちなみに、アメリカ黒人は African American と言う。

■ make me kind of sick
ここでは「〜を聞くとなんとなく気分が悪くなる」との意。ここでの sick は「病気の」ではなく「吐き気をもよおして、むかついて」ということ。また kind of は「ちょっと、幾分」ほどの意で、表現を和らげたりぼかしたりするために用いられる。

■ like
特にくだけた会話で、会話の始め、つなぎなどの余り意味がない、無意識にあるいは習慣的に使われる。

■ loud
衣服、色、模様などについて用いた場合は「派手な、けばけばしい、目立つ」の意になる。

■ rouge
化粧用の紅のことで、口紅、頬紅をいう。なお、「化粧をする」としたい場合は wear makeup、「厚化粧をする」は wear heavy makeup、「薄化粧をする」は wear light makeup、「化粧を直す」は adjust one's makeup, fix one's makeup、「化粧を落とす」は remove one's makeup.
ex. She put on some rouge.（彼女は頬紅を少し付けた）

■ as well I as do
as well as... は「〜と同じように、と同様に、と同じく」の意。

ELAINE	: So what's the sense of pinning me down?	sense 意味, 要点 pin down 釘づけにする, 身動きできなくさせる, 厳しく問いただす
PHILIP	: You mean because we don't look especially Jewish? Because we're OK Jews? Because with us it can be kept nice and comfortable and quiet?	OK Jews 問題のないユダヤ人, 善良なユダヤ人 with us 我々については, 我々はというと it can be kept...quiet 何の問題もない
ELAINE	: I didn't say any...	
PHILIP	: Now, listen Miss Wales, I hate anti-Semitism. And I hate it when it comes from you or anybody who's Jewish, just as much as I hate it when it comes from a Gentile.	just as much as... ～と同じくらいに, と同じだけ Gentile 異教徒, キリスト教徒, 異邦人
ELAINE	: Me? Why, Mr. Green...	
PHILIP	: See you tomorrow, Miss Wales.	See you tomorrow また明日ね
ELAINE	: Good night.	

INT. SMITH'S WEEKLY OFFICE - EVENING - Philip walks past a MAN as he walks along the corridor.

PHILIP	: Why don't you go home?	
MAN	: I'm slowly going crazy.	go crazy 気が狂う, おかしくなる
ANNE	: Hi there!	Hi there やあ, こんにちは, ねえちょっと
PHILIP	: Hello, Miss Dettrey.	
ANNE	: How can you stride down the hall with such energy and vitality at the end of the day? I'm bushed. Getting the book to bed gets worse every issue.	How can... どういうわけで～, よくもまあ～ stride 大股に歩く, 闊歩する hall 廊下, 通路 vitality バイタリティー, 活力, 精力 I'm bushed 私はすっかり疲れている
PHILIP	: I didn't know you called it the book around here.	get the book to bed to bed issue 発行物, 出版物, ～号
ANNE	: Oh, we do, we do. We're sophisticated New Yorkers, Mr. Green.	sophisticated 洗練された, 垢ぬけた, 都会的な
	: By the way, do you happen to be thirsty?	by the way ところで, それはそうと thirsty 喉が渇いた
PHILIP	: I do, and I'm just in the mood to hear the story of your life.	be in the mood to... ～したい気分である
ANNE	: Why, Mr. Green!	

100

エレーン	：	ですから、私を問い正すことに何の意味があります？
フィリップ	：	君の言っていることは、僕たちが特にユダヤ人に見えないから？僕たちは問題ないユダヤ人だから？僕たちだとうまくいって快適で静かな状態でいられる、ということかね？
エレーン	：	私は何もそんなつもりで言ったのでは …
フィリップ	：	いいか、聞くんだ、ミス・ウェールズ、僕は反ユダヤ主義が大嫌いだ。しかも、それがユダヤ人以外からのものであっても、ユダヤ人である君や他の誰からのものであっても、僕はそれを憎む。
エレーン	：	私？ まあ、グリーンさん！
フィリップ	：	また明日、ミス・ウェールズ。
エレーン	：	おやすみなさい。

屋内 – 週刊スミスのオフィス – 夕方 – フィリップは廊下を歩きながら、男性の前を通り過ぎる。

フィリップ	：	家に帰ったら？
男	：	俺、徐々に頭がおかしくなってきてるよ。
アン	：	ねえ、ちょっと！
フィリップ	：	やあ、ミス・デットリー。
アン	：	一日の終わりに、よくもまあそんなにエネルギッシュで元気よく廊下を大股に歩くことができるわね？ 私はくたくたよ。本を仕上げるのが号を追うごとに大変になるわ。
フィリップ	：	この辺では君たちがそれを本と呼んでいたとは知らなかった。
アン	：	ええ、そう、そうなの。私たちは洗練されたニューヨーカーですもの、グリーンさん。
		ところで、あなた、のどが渇いていたりしない？
フィリップ	：	するね、しかもちょうど君の人生物語を聞きたい気分なんだ。
アン	：	まあ、グリーンさん！

■ sense
ここでは話し手が言わんとした意味、発言、行動などの真意のこと。
ex. I could not grasp the sense of what she was saying. (私は彼女が言っていた意味がつかめなかった)

■ it can be kept…quiet
騒ぎを起こさない、あるいは波風が立たない、といったニュアンス。他の英語で言い換えると no one cares といったところ。

■ Gentile
ユダヤ人から見た異教徒ということ。

■ See you tomorrow
別れの挨拶の一つで、Goodbye ほどの意。

■ Hi there
hello の意の挨拶とか相手の注意を引く際に使われる表現。

■ How can…
How is it that… といったところ。
ex. How can you say such a thing? (よくもまあそんなことが言えるね)

■ I'm bushed
bushed は extremely tired とか exhausted、すなわち「疲れ果てた」を意味する俗語。

■ get the book to bed
「本を床に就かせる」とは「本を仕上げる」ということ。

■ to bed
I go to bed early. (私は早く床に就きます) とか I get out of bed at 6 o'clock. (私は6時に起きます) のように bed が無冠詞の場合は、ベッド本来の目的である「寝るためのベッド」を表す。
cf. He walked to the bed. (彼はそのベッドへと歩いた)

■ thirsty
ex. I'm thirsty as the devil. (私は喉がからからだ)

■ be in the mood to…
ここでの mood は「雰囲気」ではなく、I'm in no mood to sing. (歌を歌う気分ではない) のように、そのときの「気分、気持ち」のこと。

101

ANNE	: I think this can be arranged. If you play your cards right.	arrange 用意する, 手配する, 整える, 解決する play one's cards right 手際がよい, うまく事を処理する, うまく立ち回る
PHILIP	: You know a nice bar we can go to?	
ANNE	: This couldn't happen to a nicer girl.	This couldn't happen to a nicer girl happen to... たまたま〜である, ひょっとして〜である

INT. BAR - NIGHT - Philip sits with Anne at a table in the bar.

ANNE	: And he liked it, and that's how I got to be fashion editor in the first place.	in the first place まず, 第一, そもそも
McANNY	: Hello, Jim. How are you?	
JIM	: Oh, fine. Good to see you.	
ANNE	: Don't look now, but I think we've got visitors. Just when I was getting to the really tender part of my life too.	tender 繊細な, 感じやすい, 微妙な, 触れると痛い
McANNY	: Mind if I sit with you charming people?	Mind if... 〜を気にしますか, 〜してもいいですか
ANNE	: No. Sit down, Bert. Sit down.	
McANNY	: Only got a minute.	
	: May I?	
MAN	: Certainly.	Certainly もちろん, その通り
McANNY	: You two seem to be having such fun over here, I couldn't resist it.	I couldn't resist it 我慢できなかった spread まき散らす, ばらまく, 振りまく, 広める
ANNE	: Oh, we just love to spread merriment. Our hearts are God's little garden, just an occasional weed here and there.	merriment 陽気な騒ぎ, 浮かれ騒ぎ, 笑い楽しむこと God's little garden 神の小さな庭園, 神のいとしい庭 occasional 時折の, ところどころの weed 雑草
McANNY	: Well, Anne, another issue gone to press. I swear, I don't see how we do it every week.	here and there あちこちで, 所々で I swear 断じて, 断言する, 本当だ I don't see...every week
ANNE	: Why, we're just brilliant, Bert. Every morning, I get up and I say to the mirror, "Mirror, mirror on the wall, tell me who is the most brilliant of them all."	brilliant 素晴らしい, 異彩を放つ, 才能がすばぬけている Mirror, mirror on the wall... 壁にかかった鏡よ, 鏡
PHILIP	: What does the mirror say?	ain't
ANNE	: That mirror ain't no gentleman, Mr. Green.	no gentleman
McANNY	: Well, Green, how's the series coming?	

アン	: この件は準備できると思うわ。あなたが手際良くやればね。
フィリップ	: 僕たちが行ける、しゃれたバーを知ってる？
アン	: あなたの話し相手にピッタリの女の娘は私の他にいないわ。

屋内－バー－夜－バーのテーブルでフィリップはアンと座っている。

アン	: で、彼がそれを気に入ってくれて、そもそもそれがきっかけで私はファンション担当の編集者になったってわけ。
マッカニー	: やあ、ジム。元気かい？
ジム	: ああ、元気さ。会えて嬉しいよ。
アン	: 今、見ないで、でも、お客さんが来たようよ。ちょうど私の人生の特に微妙な時期に話が入りかけていたのに。
マッカニー	: 魅力的な君たちと、一緒に座ってもいいかな？
アン	: ええ。座って、バート。お座りなさい。
マッカニー	: 少しの間だけ。
	: いいかね？
男	: どうぞ。
マッカニー	: 君たち二人がここでとても楽しんでいるようなので、我慢できなかったのさ。
アン	: ええ、私たち、陽気をまき散らすのがすごく好きなの。私たちの心は神様のいとしい庭のよう、時折あちらこちらに雑草が生えているけど。
マッカニー	: ところで、アン。次の号、印刷に回せたよ。まったく、僕たち、どうやって毎週こなしているのかわからないね。
アン	: あら、ただ私たちが素晴らしいからよ、バート。毎朝、私は起きたら鏡に向かって話しかけるの、「鏡よ、壁の鏡さん、みんなの中で誰が一番素晴らしいのか教えて」って。
フィリップ	: 鏡はなんて言うんだい？
アン	: その鏡は全然紳士じゃないのよ、グリーンさん。
マッカニー	: ああ、グリーン、例の連載はどうなっている？

■ play one's cards right
right に代わって well とか properly を使ってもよい。なお、反対に「手際が悪い」とする場合は play one's cards badly とする。

■ This couldn't happen to a nicer girl
= You couldn't ask a nicer girl; You picked the best girl

■ happen to...
Do you happen to know her? (ひょっとして彼女をご存じですか) のように「S + happen to do」の型で「Sはたまたま～である」の意味を表す。

■ Mind if...
Do you mind if... のこと。Do you mind if I smoke? (タバコを吸っても構いませんか) のように Do you mind if...? で尋ねられた際に「構わない」と答える場合は No で、「構います→ダメです」とする場合は Yes で答える。

■ Certainly
この語は返答に用いて yes の意を表す。なお、「もちろんだめ、とんでもない」とする場合は Certainly not。

■ I couldn't resist it
ここでの resist は 通例、「耐える、我慢する」の意で否定文で使われる。

■ God's little garden
ここでの little は「かわいらしい、いとしい」という意味合いで使われたもの。

■ weed
ここでは比喩的に用いられたもので、「邪魔」の意味合い。

■ I don't see...every week
毎週雑誌を出しているからすごいもんだ、と自画自賛した表現。

■ Mirror, mirror on the wall...
ディズニーの漫画映画『白雪姫』(Snow White) の冒頭の部分で白雪姫の継母が自分の美貌にうっとりしながら、壁にかかった鏡に向かって言うセリフから。

■ ain't
ここでは isn't のこと。なお、この表現は am [are, is, have, has, do, does, did] not の短縮形で非標準用法。

■ no gentleman
「紳士ではない」ということだが、no... とした場合は not... より意味合いが強く「全然～ではない」となる。

103

PHILIP : Well, I'm still just getting stuff together. There's plenty of it around.

McANNY : You know, when I was stationed at Guam our CO used to talked to us about it. Quite a liberal, that fellow. You were in public relations, weren't you?

PHILIP : What makes you say that?

McANNY : I don't know. You just seem like a clever sort of a guy.

PHILIP : What makes you think I wasn't a GI?

McANNY : Huh? Now, for goodness sake, Green, don't get me wrong. Why, some of my best friends...

ANNE : I know, dear, and some of your other best friends are Methodist, but you never bother to say it.

McANNY : Now, look, Anne...

ANNE : Skip it. Flag the waiter, Phil, and be a dear?

McANNY : Well, if you'll excuse me, I've got to run. I'll be seeing you.

ANNE : Little drip. "Now, for goodness sake, Green, don't get me wrong!" Really believes it too. Disapproves of the poll tax and Bilbo. Comes right out and says so brave as anything. He's just a drip, let's face it.

PHILIP : That imitation was wonderful.

ANNE : Got a million of 'em. Well, we're back to laughs, anyway. Say, I'm having a flock of people up tomorrow night. What about pressing your black tie and coming up?

PHILIP : Sure, I'd like it fine. Can I bring my girl?

ANNE : Of course.

WAITER : What'll you have, sir?

PHILIP : Ah, more of the same.

WAITER : Thank you, sir.

フィリップ	: それが、まだ材料を集めているところなんだ。あちこちに材料はドッサリある。
マッカニー	: そうそう、僕がグアムに駐留していた時、僕らの部隊長がそのことについてよく僕たちに話をしていたな。とてもリベラルな奴だったよ、そいつは。君は広報部隊にいたんだろ、え？
フィリップ	: なぜそんなことを言うんだね？
マッカニー	: わからないけど。君はとても頭が切れる男に見えるから。
フィリップ	: なぜ君は僕が兵士じゃなかったと思うんだね？
マッカニー	: え？ なあ、お願いだから、グリーン、僕のことを誤解しないでくれ。いいかい、僕の親友の何人かは …
アン	: わかってるわよ。そして、あなたの他の親友の何人かはメソジスト教徒、でもわざわざそんなこと、決して言ったりしないわ。
マッカニー	: なあ、ちょっと、アン …
アン	: やめて。ウェイターを呼んで頂戴、フィル、お願いだから？
マッカニー	: さて、失礼する、もう行かなくては。それじゃあまた。
アン	: バカな男。「なあ、お願いだから、グリーン、僕のことを誤解しないでくれ！」だって。実際、そう信じてもいる。人頭税やビルボーには反対。すぐに出てきて、そう言うの、何よりも勇敢に。ただ彼はバカな男ってこと、正直に認めましょう。
フィリップ	: あの物まねは最高だった。
アン	: いくらでもできるわ。まあ、とにかく、また笑いに戻ったわね。ねえ、私、明日の夜、皆を集めるんだけど。あなた、黒い蝶ネクタイをしめて、来ないかしら？
フィリップ	: もちろん、それはいいね。彼女を連れて行ってもいいかい？
アン	: もちろんよ。
ウェイター	: 何を召し上がりますか？
フィリップ	: ああ、同じものをもう少し。
ウィイター	: かしこまりました。

■ Guam
西太平洋マリアナ諸島最大の島で、アメリカ海・空・陸軍基地として重要な場所。

■ CO
Commanding Officer の略。

■ public relations
会社、政府などの広報活動のことで、略して PR。なお、ここではユダヤ人はずる賢いから危険のない部署に巧みにもぐり込む、といった意味合いで受け取ったもの。

■ GI
米軍の兵士で、女性の兵士も含める。

■ Methodist
プロテスタントの一派。1729 年にウエスレーがオックスフォードで起こした経験主義的運動に由来する。その名は断食など厳格な禁欲的生活方法、すなわち method を要求したことから、オックスフォードの学生らが戯れに命名したもの。

■ skip it
「その話はやめろ」の意を表す俗語表現で、通例、命令形。Let's skip it ともする。

■ flag the waiter
flag の「旗を振って合図する」から「手を振ってウエイターに合図する」、すなわち「ウエイターを呼ぶ」の意を表す。

■ if you'll excuse me
中座するときなどに使われる。

■ I've got to run
立ち去る際の表現の一つ。

■ I'll be seeing you
別れの挨拶の一つ。

■ drip
oaf とか nerd を意味する俗語。

■ poll tax
納税能力の差にかかわりなく、国民各人に一律に同額を課す租税。

■ as anything
She is as cute as anything. (彼女はすごくかわいらしい) のように as...as anything のこと。

■ let's face it
Let us accept a fact honestly ほどの意で、文頭や挿入句で用いられることが多い。

■ we're back to laughs
先ほどの重苦しい雰囲気から再び笑いに戻った、ということ。

■ press
ここでの press は「アイロンをかける、しわを伸ばす」の意。すなわち、ネクタイにアイロンをかけ、しめて、ということ。

■ black tie
男子の夜会用準正装。なお、white tie は正式の夜会服と共に着用する男子用の「白い蝶ネクタイ」。

Professor's Wisdom

EXT. / INT. KATHY'S APARTMENT - EVENING - Philip arrives in a taxi. He steps out and talks to the driver.

PHILIP : Wait here, will you? I'll be right back.
KATHY : Surprise.
PHILIP : Now, that's what I call timing.
KATHY : I saw your cab drive up. I just couldn't wait.
PHILIP : Oh, brother.
KATHY : Oh, it's nothing. A little lady comes in twice a week and whips them up for me. Been with the family for generations. Look at you! First time I've seen you in dinner clothes. Good enough to eat with a spoon.
PHILIP : Come on, dear, let's go. Oh. I told Ma today all about us.
KATHY : Phil, was she pleased? Was she?
PHILIP : She was delighted. She got very emotional for Ma, anyway. She dropped one of her best dishes and broke it and blamed it all on Tommy.
KATHY : I called my sister Jane this morning. I sort of blurted it out on the telephone and she squealed "Kathy!" As if she'd given up all hope that anyone would ever ask me again. Oh, Darling, she's aching to meet you. In fact, they're giving a big party for us next Saturday. Won't we have to let Jane in on it?
PHILIP : I don't know. I hadn't thought.
KATHY : I hadn't, either, until now. But won't we?

I'll be right back　すぐ戻ってくる
Surprise　驚いたでしょ、びっくりするぞ
timing　タイミング
cab　タクシー
drive up　車で着く、乗り付ける

Oh, brother　おやおや、おやまあ、これはこれは、ちくしょう
whip up　素早く集める、計画する、用意する
for generations　何世代も、何世代にもわたって
Look at you　恰好いいね、決まってるね
First time
dinner clothes　晩餐用の服
Good enough to eat with a spoon　スプーンで食べてしまいたいほどステキだ

delighted　喜んでいる
emotional　感情的な、情緒の、感動しやすい、涙もろい
for ma　母にしては
blame　〜のせいにする、に責任を負わせる

blurt out　うっかりしゃべる、口をすべらせる
squeal　悲鳴を上げる、ギャーギャー言う、金切り声を出す
give up　諦める、やめる、断念する
ask　誘う
ache to do　〜したくてたまらない
in fact　実際
give a party　パーティを催す
let someone in on...　人に〜を打ち明ける、人を〜の仲間に入れる

Gentleman's Agreement

教授の知恵

DVD　00:54:44
□□□□□□

屋外／屋内－キャシーのアパート－夕方－フィリップがタクシーで到着する。彼は車を降りて運転手に話しかける。

フィリップ　：ここで待ってくれないか？　すぐに戻る。
キャシー　：驚いたでしょ。
フィリップ　：ああ、それこそタイミングというものだ。
キャシー　：あなたの車がやってくるのが見えたの。私、もう待ちきれなくて。
フィリップ　：これはこれは。
キャシー　：あら、なんてことないわ。週に2度来てくれる女性がいてね、彼女が私のために用意してくれるの。うちとは何世代ものお付き合いなのよ。あなたこそ！　正装のあなたを見るのは初めて。スプーンで食べてしまいたいほどステキだわ。
フィリップ　：さあ、おいで、行こう。そうそう、今日、僕は母に僕らのことを話したよ。
キャシー　：フィル、お母様はお喜びになった？　どう？
フィリップ　：喜んでいたよ。とにかく、母にしてはとても感情的になっていた。一番いい皿を一枚落として壊してしまって、それを全部トミーのせいにしたほどさ。
キャシー　：私は今朝、姉のジェーンに電話したの。私が電話でちょっと口を滑らせたら、姉さんったら「キャシー！」って悲鳴を上げたわ。まるで誰かがまた私に結婚を申し込んでくれるという望みをすっかり捨てていたみたいにね。ああ、あなた、姉さん、あなたにとても会いたがってるわ。実は、次の土曜日、姉たちが私たちのために大きなパーティーを開いてくれるの。私たち、ジェーンにはあのことを教えちゃダメかしら？
フィリップ　：どうかな。僕は考えていなかった。
キャシー　：私もそうだったわ、今まではね。でもダメ。

■ timing
演出効果を上げるための種々の要素を同時に組み込むこと。

■ Oh, brother
当惑、驚き、落胆などを表す間投詞。男女共に使う。

■ whip up
食事や計画などを手早く作ることをいう。

■ Look at you
文字通りには「あなたを見てみなさい」だが、相手の服装、スタイルなどがキマっているときとか、みっともない格好をしているときに使われる。みっともない姿の人に対して使われた場合は「なんて恰好なんだ、ひどい姿だね」ほどの意を表す。

■ First time
文頭の It's the が省略されたもの。

■ dinner clothes
dinner とは「聖餐」、昼または夜に取る1日のうちの重要な食事をいう。かつては、この時に正装したことから。

■ Good enough to eat with a spoon
格好いい彼をアイスクリームなどのデザートに例えた表現で、「食べてしまいたい」は一般的に男性が好む表現。

■ blame
She blamed the mistake on him.（彼女は間違いを彼のせいにした）のように blame A on B で「AをBのせいにする」となる。なお、blame は過失、間違い、怠慢などについて人や物などに責任を負わせたり、非難すること。

■ ache to do
want to do something very much の意。なお、He aches for a cigarette.（彼はタバコが欲しくてたまらない）のように ache for... とすると「～を切望する」の意。

■ in fact
in point of fact のことで、really とか truthfully ほどの意。しばしば強調のために使われる。

■ give a party
throw a party, have a party, hold a party ともする。なお、「パーティーに出席する」は attend a party、「パーティーに押しかける」は crash a party、「パーティーに人を招く」は ask someone to a party。

107

KATHY	: My own sister. Your mother knows.
PHILIP	: Well, I know dear. She had to. But Jane and her husband don't. You know, if you wanna keep a secret, you...
KATHY	: But wouldn't it be sort of exaggerated with my own sister? Your sister-in-law almost. Darling, I do think it would be inflexible of you.
PHILIP	: Oh, I suppose it would. Inside the family. They won't tell anybody else, will they?
KATHY	: Oh, they'd never breathe it. They wanna fight this awful thing as much as you and I do. Darling, I'm going to be the proudest girl on the block.
PHILIP	: I don't have to kiss you in public. I've got a nice dark taxi outside.
KATHY	: Well, what are we waiting for? Come on. Don't just stand there.

INT. ANNE'S HOUSE - NIGHT - Many people have gathered at Anne's house for the party. Philip smiles across the room to Anne.

KATHY	: She is awfully attractive, isn't she?
PHILIP	: Yes, she looks really beautiful.
KATHY	: She certainly does. And she likes you a lot.
	: I'll scratch her eyes out if she makes a play for you.
PHILIP	: That's the way to talk. Relax. You haven't got a thing to worry about.
	: Hello, Anne.
KATHY	: Hello, Anne.
ANNE	: Can I get you something? Food, drinks, some certified checks, spending money, an emerald?

Gentleman's Agreement

キャシー	:	私の実の姉よ。あなたのお母さまは知ってるじゃない。
フィリップ	:	そうだね、わかってるよ。母は仕方なかった。しかしジェーンと彼女の旦那さんは違う。ほら、もし君が秘密を守りたいなら、君は …
キャシー	:	でも、私自身の姉までなんてちょっとおおげさじゃないかしら？　ほとんど、あなたの義理の姉。ねえあなた、それって頑固すぎるんじゃない。
フィリップ	:	ああ、そうだな。家族のうちだから。彼らは他の誰にもしゃべらないだろうか？
キャシー	:	ええ、絶対口にしたりはしないわ。彼らは、あなたや私と同じくこの恐ろしいものと闘いたがっているもの。ねえあなた、私、あの界隈で一番誇らしい女性になるつもりよ。
フィリップ	:	公衆の面前で君にキスする必要はないんだ。外に素敵な暗いタクシーを待たせているから。
キャシー	:	じゃあ、私たち、何をぐずぐずしてるの？　さあ、行きましょう。そんなところにつっ立っていないで。

屋内－アンの家－夜－多くの人々がパーティーのためにアンの家に集まっている。フィリップは部屋の向こうからアンに笑いかける。

キャシー	:	あの人、とても魅力的ね？
フィリップ	:	そう、彼女は本当にきれいだ。
キャシー	:	たしかにそうだわ。それにあの人、あなたのことが大好きみたい。
	:	彼女があなたを誘惑してきたら、痛い目にあわしてやるわ。
フィリップ	:	いいぞ、その調子だ。心配無用。何も心配することはないさ。
	:	やあ、アン。
キャシー	:	どうも、アン。
アン	:	なにかお持ちしましょうか？　食べ物、飲み物、支払い保証小切手、小遣い、エメラルド？

■ sister-in-law
in-law は「婚姻関係の」の意で、通例、複合語として使われる。ちなみに「義父」は father-in-law、「義母」は mother-in-law、「義理の兄（弟）」は brother-in-law。

■ inflexible
人、考え、意志などが頑固で、所定の計画や目的などを固守し、譲らないこと。類似した語 adamant は強い信念や固い決心に基づく非妥協的な態度を表す。

■ breathe
この語の基本的意味「呼吸する」から、to utter, especially quietly とか to whisper の意を表す。

■ what are we waiting for?
文字通りの訳「私たちは何を待っているのか」から「何をぐずぐずしているのか、急ごう」ほどの意になる。

■ scratch her eyes out
嫉妬した女性が対象の人物をやっつける、ということ。しばしば、嫉妬による脅し文句として用いられる。なお、scratch が「引っかく」の意であることから、文字通りには「彼女の目をくり抜く」。

■ make a play for…
手練手管を用いて異性を誘惑して手に入れようとすること。

■ That's the way to talk
文字通りの訳「それが話し方」から「その調子だ、いいぞ」となる。

■ certified check
銀行が支払いの責任を持つ小切手。ここでは次の spending money や emerald と同様ジョーク。

■ spending money
「小遣い」の場合は pocket money。ただし、pocket money は特に子供の小遣いを指して使われる。定期的に与えられる小遣いは allowance。

■ emerald
緑色透明の光沢のある宝石。古代エジプトやメソポタミア時代から宝石として珍重された。5月の誕生石。

KATHY	: It's a lovely party, Anne.	
ANNE	: It'll be better when it thins out a bit. I think I can get Sascha to play and Ethel to sing. Stick around. Say, Phil. Professor Lieberman just came in. Would you and Kathy like to meet him?	thin out 薄くなる、まばらになる a bit 少し、ちょっと stick around 近くをぶらぶらする、その辺にいてくれ、側を離れないでいる professor 教授 Lieberman
PHILIP	: Lieberman? I should say so.	I should say so 当然そうだ、当然でしょ
KATHY	: Hey, I'm scared. What does one say to a world-renowned physicist?	world-renowned 世界的に有名な renowned 有名な、名高い、名声のある、誉れ高い physicist 物理学者
ANNE	: Just "Hello, toots."	toots (俗)娘さん、ねえさん、彼女、あんた
	: Come on. He's a wonderful guy.	
LIEBERMAN	: I'm not happy till I'm out in my boat.	
FRED	: I'd love one.	
LIEBERMAN	: I bought myself a new one. You ought to join me one day. You look tired and drawn.	ought to... ～すべきである、～するのが望ましい join 加わる、参加する one day いつか drawn 引きつった、やつれた
FRED	: Say when.	Say when 頃合を言ってくれ
LIEBERMAN	: It'll do you good.	It'll do you good それは君にいいだろう、そうすれば元気でますよ
	: Well, let's say Sat...	let's say... ～だとしてみよう、～とすれば、そうだな Sat...
ANNE	: Professor, two people want to meet you, but are scared.	
LIEBERMAN	: Oh.	
ANNE	: They'll introduce themselves. That'll make them open their mouths, anyway.	
KATHY	: Anne.	
ANNE	: You're on your own, kids.	You're on your own 自分でやってみて、ではどうぞ
PHILIP	: Fine friend!	Fine friend ひどい友達だ
ANNE	: Come on, Fred. I want them to be alone.	I want them to be alone 彼らだけにしてあげたいの
FRED	: Oh, ho.	
PHILIP	: Professor, this is my fiancée Kathy Lacey.	fiancée フィアンセ、婚約者
KATHY	: How do you do, Professor?	
PHILIP	: I'm Phil Green.	

Gentleman's Agreement

キャシー	:	すてきなパーティーね、アン。
アン	:	終わりかけが、もっと良くなるわ。サーシャに演奏させて、エセルに歌わせられると思うの。帰らないでいてね。ねえ、フィル。リーバーマン教授がちょうどいらっしゃったの。あなたとキャシー、彼に会いたいでしょ？
フィリップ	:	リーバーマン？ぜひそうしたいね。
キャシー	:	ねえ、私は怖いわ。一般人が世界的に有名な物理学者にどんなことを言えばいいの？
アン	:	「よう、かわい子ちゃん」とでも。
	:	いらっしゃい。彼は素晴らしい人よ。
リーバーマン	:	私は自分の船に乗って出かけて初めて幸せだと感じる。
フレッド	:	欲しいですね。
リーバーマン	:	私は新しいのを買いましてね。いつか、ぜひとも私にお付き合いください。君は疲れて、やつれた顔をしている。
フレッド	:	いつにしましょう。
リーバーマン	:	元気が出ますよ。
	:	そうですね、例えば土 …
アン	:	教授、お二人があなたに会いたがっていますが、でも怖がっています。
リーバーマン	:	おや。
アン	:	彼らは自己紹介しますわ。とにかくそれで口を開くでしょうから。
キャシー	:	アン。
アン	:	あなたたちでどうぞ、お子さんたち。
フィリップ	:	ひどい友達だ！
アン	:	さあいらっしゃい、フレッド。彼らだけにしたいの。
フレッド	:	あいよ。
フィリップ	:	教授、こちらは私の婚約者。キャシー・レイシーです。
キャシー	:	はじめまして、教授。
フィリップ	:	私はフィル・グリーンです。

■ thin out
ここでは、パーティが終わりに近づき、客がまばらになること。

■ stick around
ここでは「帰らないで、その辺で楽しんで下さい」ほどの意で使われたもの。stick about ともする。

■ Lieberman
典型的なユダヤ人の名前。名前に込められた意味は「自由な人間」。ユダヤ系ドイツ人アインシュタイン (Albert Einstein, 1879 - 1955) がモデル。

■ toots
女性に対する親しみ、愛情を込めた呼びかけ。この語を使った映画に S. Pollack 監督、D. Hoffman 主演の *Tootsie* (1982) がある。

■ join
Would you join us for lunch?（私たちと昼食に付き合いますか）のように行為、活動、遊戯などに「加わる」との意。

■ drawn
draw が「引く」を意味することから「引きつった」、ふえんされて haggard を意味して使われる。

■ Say when
ビールなどを注ぐときなどに良く使われる表現で、Please tell me when to stop or start something ほどの意。

■ It'll do you good
ここでの good は Let's do that for the good of mankind.（人類のためにそれをしよう）のように「役に立つこと、利益、ためになること」などの意を表す名詞。

■ Sat
Saturday と言おうとしたもの。

■ You're on your own
on one's own は Her daughter is on her own now.（彼女の娘は今は独立している）のように「自分の責任で、独力で、自分で思う通りに」を意味する表現。

■ Fine friend
ここでの fine は反語的に使われたもの。

■ I want them to be alone
alone は I want to be alone.（独りになりたい）のように「独りで」の意味だが、I want to be alone with you.（君と二人きりになりたい）のように、2人以上の場合にも用いられる。

■ fiancée
婚約中の女性をいう最も標準的な語。婚約中の男性については fiancé。

PHILIP : As a matter of fact, John Minify has been wanting to get us together.
LIEBERMAN: Oh, yes, yes. Yes, he told me he did.

PHILIP : How do you do? I'm doing a series for him on anti-Semitism.
LIEBERMAN: For or against?
PHILIP : Well, wh… he thought we might hash over some ideas.
LIEBERMAN: What sort of ideas?
PHILIP : Palestine. For instance, Zionism.
LIEBERMAN: Which? Palestine as a refuge or Zionism as a movement for a Jewish state?

PHILIP : The confusion between the two, more than anything.
LIEBERMAN: Good. If we agree there's confusion, we can talk. We scientists love confusion. But right now I'm starting on a new crusade of my own. You see, my young friends, I have no religion, so I'm not Jewish by religion. Further, I'm a scientist, so I must rely on science which shows me I'm not Jewish by race, since there's no such thing as a distinct Jewish race. There's not even such a thing as a Jewish type. Well, my crusade will have a certain charm. I will simply go forth and state flatly I'm not a Jew. Oh, with my face, that becomes not an evasion, but a new principle. A scientific principle.
PHILIP : For a scientific age.
LIEBERMAN: Precisely. There must be millions of people nowadays who are religious only in the vaguest sense. I've often wondered why the Jewish ones among them still go on calling themselves Jews. Can you guess why, Mr. Green?

フィリップ　：実のところ、ジョン・ミニフィが我々を会わせたがっていたようです。

リーバーマン：ああ、そう、そう。そうだ、彼は私にそうしたいと言っていたよ。

フィリップ　：はじめまして。私は彼のために反ユダヤ主義に関する連載の仕事をしています。

リーバーマン：賛成、それとも反対？

フィリップ　：ええ、その … 彼はいくつかの考えについて私たちが議論するかもしれないと思ったようです。

リーバーマン：どんな種類の考えかね？

フィリップ　：パレスチナ。例えば、シオニズム。

リーバーマン：どちらかね？　避難所としてのパレスチナ、それともユダヤ国家建設の運動としてのシオニズム？

フィリップ　：何にもましてこの二つの混乱について。

リーバーマン：よろしい。もし我々がそこに混乱があるということに合意できれば、話は可能だ。我々科学者は混乱が大好きなんだ。しかし、たった今、私は自分だけの新しい運動をはじめていてね。いいかね、お若い友人たち、私には宗教はない、だから私は宗教的にはユダヤ人ではない。さらに、私は科学者、そこで私が人種的にユダヤ人ではないと証明する科学に頼らざるを得ない、というのも、明確なユダヤ民族なるものは存在しないからだ。ユダヤ人タイプといったものさえ存在しない。さて、私の運動にはある種の魅力があるだろう。私はただ出て行って、自分はユダヤ人ではないときっぱりと言うだけだからな。ああ、私の顔についてだが、それは言い訳ではなく新しい原則。科学的な原則だよ。

フィリップ　：科学の時代の、ですね。

リーバーマン：その通り。最近は曖昧模糊とした意味においてのみ宗教的な人間がごまんといるに違いない。私は、そんな人々の中で、なぜユダヤ人たちはいまだ自分たちをユダヤ人と呼び続けるのかしばしば不思議に思っていた。なぜだかわかるかね、グリーン君？

■ For or against?
Are you for or against my opinion?（君は私の意見に賛成ですか、それとも反対ですか）のように for は賛成、支持、味方を示して「〜に賛成して、〜を支持して」の意を表す前置詞。against は「〜に反対して」の意。

■ hash over
hash の「細かく切る」から、事柄などについて「吟味する、徹底的に論じる」の意を表して使われる。

■ Palestine
アジア南西部、地中海東岸にあった古代王国。現在のパレスチナは、もとイギリスの委任統治領（1923 - 1948）で、1948年にイスラエル、ヨルダン、エジプトに分割されたが、1967年にヨルダン、エジプト西地区はイスラエルに占領された。

■ Zionism
古代、パレスチナにユダヤ人国家を建設しようとしたユダヤ人の運動。→ p.184

■ crusade
イスラム教徒から Jerusalem を奪還するために11世紀から13世紀にヨーロッパのキリスト教徒が送った遠征軍、すなわち「十字軍」から。

■ Jewish by race
ここでの race は「人種、民族」のことで、彼は生物学的特徴に基づいて分類された人類集団ではない、と言っている。

■ go forth
ここでは state を強調したもの。

■ with my face…principle
人を顔の特徴で判断することは科学的ではない、ということ。

■ evasion
口実などを使って議論、非難、質問などをはぐらかす、逃げることをいう。

■ precisely
同意の返事で、exactly のこと。

■ nowadays
この意味からも推測される通り、現在形と共に用いられ、現在完了形と一緒には使われない。

■ in the vaguest sense
vaguest は vague の最上級。なお、vague は言説などが「明確でない」とか、言葉などの「意味がはっきりしない」などの意。また、sense はある文脈における語句の「意味」。ちなみに、「あらゆる意味において」は in all senses、「普通の意味において」は in the usual sense、「文字通りの意味で」は in the literal sense、「厳密な意味で」は in the strict sense。

■ among them
ここでの them は millions of people のこと。

PHILIP	:	No, but I'd like to know.
LIEBERMAN	:	Because the world still makes it an advantage not to be one. Thus, for many of us, it becomes a matter of pride to go on calling ourselves Jews. So, you see, I will have to abandon my crusade before it begins. Only if there were no anti-Semites could I go on with it. And now I would like to try another little scientific experiment. I wonder whether you would leave me alone with your very beautiful fiancée, while you went and got me a plate of food?
PHILIP	:	Well...
LIEBERMAN	:	Both in the interest of science.
PHILIP	:	Oh, anything for science, Professor.
KATHY	:	I'm John Minify's niece, Kathy Lacey.
ANNE	:	And a little onion. There. Now go play with that, Fred.
FRED	:	Thank you.
PHILIP	:	This is not my third trip around, Miss Dettrey, it's for Professor Lieberman.
ANNE	:	Who's counting? Shall I fix him some caviar?
PHILIP	:	Oh, yeah.
ANNE	:	It's all deductible from my income tax, dear. I have to give parties to see what the women are wearing. Get it?
PHILIP	:	You old crook.
ANNE	:	Young crook, please.
PHILIP	:	OK. How do you like my girl, Anne?
ANNE	:	She's lovely. Is it serious or just the first fine careless rapture?
PHILIP	:	Oh, serious all right. We're going to be married any minute.
ANNE	:	Why, congratulations, you willful, headstrong fellow, you.

フィリップ ： いいえ、でも知りたいです。
リーバーマン： なぜなら、まだ世界ではそうでないことが有利になるからだ。したがって、我々多くの者にとって、自分たちをユダヤ人と呼び続けることはプライドの問題となる。だからわかるだろう、私は運動を始める前からそれを諦めざるを得なくなるんだよ。反ユダヤ主義さえなかったら、私はそれを進められるのに。さて、ここでもう一つちょっとした科学的実験をやってみよう。君の実に美しい婚約者を私と二人だけしてくれるかな、君が行って私に食べ物の皿を持ってきてくれる間だが？

フィリップ ： そうですね・・・
リーバーマン： どちらも科学のためだ。
フィリップ ： ええ、科学のためならどんなことでも、教授。
キャシー   ： 私はジョン・ミニフィーの姪、キャシー・レイシーです。
アン   ： それに玉ねぎを少し。ほら。さあ、それを食べて、フレッド。
フレッド   ： ありがとう。
フィリップ ： これは僕の3回目の料理じゃないよ、ミス・デットリー。リーバーマン教授のさ。
アン   ： 誰も数えてないわよ。彼に少しキャビアをあげましょうか？
フィリップ ： ああ、そうだな。
アン   ： すべて私の所得税から税控除してもらえるのよ、あなた。私は女の人たちがどんな服を着ているか見るためにパーティーをしなければならないっていうわけ。わかった？
フィリップ ： この悪党め。
アン   ： 若い悪党、にして。
フィリップ ： 了解。僕の恋人はどう、アン？
アン   ： 彼女、綺麗ね。真剣なの、それとも初めてのデリケートで、軽率な、ただののぼせ上り？
フィリップ ： ああ、真剣だよ、本当に。僕たち直ぐにも結婚する。
アン   ： あら、おめでとう、頑固で向こう見ずな人、あなた。

■ abandon
嫌気、疲労、落胆などから物事をやめたり、それ以上関心を持たなくなること。

■ in the interests of…
in the interest of…ともする。ここでのinterestはbenefitとかadvantage、すなわち「利益、ため」の意をあらわす。

■ go play with…
ここでは「食べてくれ」をこのように表現したもの。ここでのplayはHe played with the food on his plate.（彼は皿の食物をいじくり回した）のように「いじる、もて遊ぶ」こと。

■ third trip round
食べ物を何度も取りに来ていると思われたくないことからくるセリフ。

■ fix
ここでは「キャビアを少し取りましょうか」との意味合いで使われたもの。

■ caviar
チョウザメ、特にシロチョウザメの腹子の塩漬け。caviareともする。

■ income tax
incomeは「所得、収入」の意。

■ tax
「地方税」はlocal tax、「国税」はnational taxes、state taxes、general taxes、「直接税」はdirect taxes、「間接税」はindirect taxes、「消費税」はthe consumption tax、「所得税」はincome tax、「物品税」はthe commodity tax、the property tax、「減税」はa tax cut、「脱税」はa tax dodge、「相続税」はthe inheritance tax、the estate tax、「無税で」はfree of tax。

■ You old crook
ここでのoldは「年取った」ではなく、親愛などの意を込めた呼びかけに用いられる形容詞。ただし、彼女はoldに「老齢の」という意味があることからyoungと言い換えた。単なる言葉の遊び。

■ rapture
恋愛中は、相手に夢中になり狂喜でのぼせあがることから、このように表現したもの。

■ all right
It was hot, all right.（本当に熱かったよ）のように強調として使われたもの。

■ any minute
at any minute, any moment, at any momentなどともする。

■ willful
人の忠告や命令に耳も貸さず、頑固に自分の意志を押し通すことをいう。類似した語headstrong（自分勝手な、頑固な）は、しばしば愚かに、また時に激しく我意を通す、ということ。

ANNE	:	When did all this happen?
PHILIP	:	First time we looked at each other I guess. Third day I came to New York.
ANNE	:	Tall buildings and subways and traffic didn't scare you at all?
PHILIP	:	Not a bit. Brushed the hay and straw out of my hair and fell right in love with a city girl.
ANNE	:	You could crawl right into The Saturday Evening Post, couldn't you? Have you met her family yet? Her sister and the rest?
PHILIP	:	No, not yet. Do you know them?
ANNE	:	Slightly. You gonna meet them soon?
PHILIP	:	Next week, I think. Why?
ANNE	:	Oh, I'd just like the newsreel rights, that's all.
PHILIP	:	Well, what do you mean? What's the matter with them?
ANNE	:	Nothing. I just think it's a fine idea to meet the family first. Don't you? It saves wear and tear afterwards.

INT. KATHY'S APARTMENT - NIGHT - Kathy and Philip return from the party.

PHILIP	:	Nice party.
KATHY	:	It's even nicer here.
PHILIP	:	Now, I've been thinking maybe it would be better... if, if, if you didn't tell your sister after all, huh?
KATHY	:	Not tell her? Why?
PHILIP	:	Well, the whole business depends on my not making loopholes whenever it's convenient.
KATHY	:	I've already told her.
PHILIP	:	You did?
KATHY	:	Hm, hm.
PHILIP	:	When?

---

tall building 高いビル
subway 地下鉄
traffic 交通, 往来, 通行
Not a bit ちっとも, 全然 (そんなことはない)
brushed the hay and straw out of my hair 髪の毛から干し草や藁を払いのけた
fall in love with... ～に恋をする, に惚れる
crawl into... ～に入り込む, に取り入る
the Saturday Evening Post サタデーイヴニングポスト
yet もう
slightly 少し, わずかに

You gonna

newsreel rights ニュース映画の権利

what do you mean どういう意味だ

save 省く, 除く, 不要にする, 免れる
wear and tear 擦り切れ, 傷み, 磨滅
afterwards 後で, 後に, その後

after all 結局は, やはり

depend on... ～にかかっている, ～次第である
loophole 空き, 逃げ道, 抜け穴, 抜け道
whenever it's convenient
convenient 便利な, 都合のよい

Gentleman's Agreement

アン	：	この一切合財はいつ起こったの？
フィリップ	：	初めてお互い顔を見合わせた時かなぁ。僕がニューヨークに来て3日目。
アン	：	高層ビル、地下鉄、人や車の往来は少しも怖くなかったかしら？
フィリップ	：	全くね。干し草とわらをブラシで髪の毛から落としたら、都会の女性にまともに恋に落ちてしまった。
アン	：	あなたはサタデー・イブニング・ポスト社にも入り込めたんじゃない？　彼女の家族にはもう会った？　彼女のお姉さんやその他の親戚は？
フィリップ	：	いや、まだだ。彼らのことを知っているのか？
アン	：	少しね。もうすぐ彼らに会うんでしょ？
フィリップ	：	来週だと思う。なぜ？
アン	：	ええ、ニュース映画の権利が欲しいだけ、それだけよ。
フィリップ	：	さて、どういう意味だい？　彼らには何か問題でも？
アン	：	何もないわ。私はまず最初に家族に会うのはいい考えだと思ってるだけよ。そう思わない？　後でボロボロの状態になるのが省けるから。

屋内－キャシーのアパート－夜－キャシーとフィリップがパーティーから戻ってくる。

フィリップ	：	素敵なパーティーだった。
キャシー	：	ここのほうがもっと素敵よ。
フィリップ	：	ねえ、僕はずっと考えているんだけど…もし、もし、もしできれば君はお姉さんに、結局のところ、話さない方がいいだろうと、どうかな？
キャシー	：	姉に言わない？　どうして？
フィリップ	：	つまり、この件は全て、都合がいいからということで例外を作ったりしないことにかかっているんだ。
キャシー	：	私、もう姉に話したわ。
フィリップ	：	話した？
キャシー	：	ええ、そう。
フィリップ	：	いつ？

■ subway
イギリスではunderground、会話ではtube。

■ brushed the hay and straw out of my hair
彼女が彼を田舎者扱いしたことからくるセリフ。言葉の遊び。

■ fall in love with…
「恋をしている」はI'm in love with her.（私は彼女に恋している）のように be in love with。

■ the Saturday Evening Post
アメリカの年9回刊行の総合雑誌。1821年創刊。

■ yet
否定文では「まだ」だが、Have you seen the movie yet?（その映画はもう見ましたか）のように、疑問文では「もう、すでに」の意を表して使われる。

■ You gonna
文頭の Are が省略されたもの。

■ newsreel rights
大ニュースになるだろうから、そのニュース映画の権利を手に入れたい、といったユーモラスな表現。

■ what do you mean
相手の発言の意味が明確でない際の説明を求める表現。「それ、どういう意味ですか」とする場合は What do you mean by that? とする。

■ save
ここでの save は、出費、時間、災い、不快、難儀などを人から「省いてくれる、免れさせる」の意。

■ after all
as a change in plans とか anyway の意で、通例、文尾、時に文頭で用いられる。

■ depend on…
ここでは Our success depends on our effort.（我々の成功は努力にかかっている）のように「～によって決まる」の意。なお、この表現は He depends on his parents.（彼は両親に依存している）のように、生活、扶養、援助などを「頼る、依存する」の意でも頻繁に使われる。

■ loophole
a tax loophole（税金の逃げ道）のように、特に規則や法則などの抜け道、逃げ道をいう。

■ whenever it's convenient
ここでは、この人は都合がいいから秘密を明かしておこうなどといった具合に「都合によって抜け穴、すなわち例外を作ったりしてはいけない」と言ったもの。

117

KATHY	: Tonight. I called her from Anne's. Jane made me promise to let her know the minute you said you'd be free for Saturday. You know it takes time to make arrangements for a big party.	free 暇な, 空いて make arrangements 手配する, 用意する, 準備する, 手筈を整える
PHILIP	: Well, what'd she say when you told her?	
KATHY	: Oh, she thought it was the cleverest way in the world to do research. You'll love her. And Harry, too. They're grand people.	cleverest way in the world この上なく賢いやり方, 最高に頭のいいやり方 research 研究, 調査 grand 素晴らしい, 申し分ない, 気品のある, 崇高な
PHILIP	: But she promised?	
KATHY	: Well, I wouldn't tell her until she had. And Harry. She just asked that you skip the whole thing for the party. She didn't mean to deny it, just not to bring it up. And I said…	skip the whole thing deny 否定する, 打ち消す, 否認する bring up 持ち出す
PHILIP	: You said no.	
KATHY	: What?	
PHILIP	: You said "No, he won't skip the whole thing for the party."	
KATHY	: No, I didn't. : I said I'd ask you. I'd never say yes without asking you.	
PHILIP	: You mean you think I should?	I should
KATHY	: Oh, darling, why do you always lose your sense of proportion whenever the subject comes up? That was what was so wonderful about Professor Lieberman tonight. He certainly feels the problem as deeply as anyone else, yet he did have a sense of humor about it. And besides, you know those suburban groups - Connecticut, Darien, up there. It would just start a whole mess for Jane and Harry for nothing.	sense of proportion 均衡感覚, 調和感, 釣り合いの感覚 come up 出る, 話題に上がる he did have a sense of humor about it suburban 郊外の, 郊外に住む Connecticut コネチカット Darien ダリエン up there あちら, 向こうでは mess 混乱, 窮境, 窮地 for nothing 理由なしに, 何の動機もなしに, いたずらに

118

キャシー	： 今夜よ。私、アンの家から姉に電話したの。ジェーンは私に約束させたわ、あなたが土曜日は大丈夫だって言ったらすぐ知らせるようにって。大きなパーティーを準備するのに時間がかかるのはわかるでしょ。
フィリップ	： それで、君が姉さんに話したとき、姉さんはなんて言った？
キャシー	： ええ、リサーチするのには最も賢い方法だと思ってた。姉のこと大好きになるわ。それにハリーも。彼らは素晴らしい人たちよ。
フィリップ	： でも姉さん、約束してくれた？
キャシー	： まあ、私は、姉が約束してくれるまで言わないつもりだったの。それにハリーも。パーティーではあなたがそれらのことを持ち出さないようにって頼まれたわ。姉はそれを否定するつもりはなかったの、ただ、そのことを持ち出したくないだけ。だから、私は言った …
フィリップ	： 君はいやだと言った。
キャシー	： 何？
フィリップ	： 君は、「いいえ、彼はパーティーでそうした問題を飛ばしたりはしない」と言ったわけだ。
キャシー	： いいえ、言わなかったわ。
	： あなたに聞いてみるって言ったの。私、あなたに確かめずにイエスなんて絶対に言わないわ。
フィリップ	： 僕がそうすべきだと、君は思っているということかい？
キャシー	： ねえ、あなた、なぜあなたはこの話題になるといつもバランス感覚を失ってしまうのかしら？今夜のリーバーマン教授のとても素晴らしかったところはそこよ。あの人は確かに他の誰にも劣らずこの問題を深くとらえているけど、でも、彼にはそれについて笑い飛ばすユーモアのセンスがあった。で、加えて、あなたは、あちらのコネチカット州ダリエン － 郊外の人々のことを知っているでしょ。そんなことをすれば、何の理由もなしに、ジェーンとハリーに大変な迷惑をかけることになってしまうわ。

■ free
Are you free tomorrow?（明日は暇ですか）のように、人とか時間が仕事から「解放されて、暇になって」との意味合い。

■ make arrangements
「手配」の意味の場合は、通例、arrangements。
ex. I have to make arrangements for the trip.（旅の支度をしなければならない）

■ cleverest way in the world
ここでの in the world は文字通りの意味ではなく、最上級や everything, all などを強めて使われる表現。

■ research
「〜を調査する」は do research on…、carry out research on…、conduct research on…

■ skip the whole thing
「それらのこと全てを省く」とは「ユダヤ人問題を省く」すなわち「ユダヤ人問題を持ち出さない」ということ。

■ bring up
問題、提案、話題などを持ち出すこと。なお、この表現は He brought up three children.（彼は3人の子供を育てた）のように「育てる」の意味でも頻繁に使われる。
ex. Who brought this matter up?（誰がこの問題を持ち出したんだ）

■ I should
次に skip the whole thing を補って考える。

■ sense of proportion
You lose your sense of proportion で「あなたはムキになる」ということを間接的に表現したもの。ここでの sense は 知覚、判断、理解などの「感覚」をいう。なお、proportion は 調和、すなわち harmony のこと。

■ come up
ここでは 会議や会話などで「話題に上がる」との意。

■ he did have a sense of humor about it
文字通りの訳「彼はそれについてユーモアを持っていた」とは「彼はそれをユーモアで片付けた」との意。なお、did have は had を強調した言い方。

■ Connecticut
アメリカ北東部の州で、州都は Hartford。

■ Darien
Connecticut 州南 Fairfield County の町で New York などのベッドタウン。

■ mess
事態、立場などの混乱した状態。

PHILIP	: And if it were a mess for something?	for something 何かの理由で
KATHY	: But, Phil, you're not Jewish. It'd just ruin the party for Jane if she had problems with it. Why can't I make you see that? I know I promised. No exceptions. And you were being reasonable to stretch it to Jane. But it just seems so silly to start a thing for her up there when it's not true.	ruin 台無しにする、損なう have problems with... ～のことで困っている、を受け入れられない you were being reasonable reasonable 思慮分別のある、聞き分けのよい、理性的な、賢明な stretch 広げる、伸ばす、差し出す start up a thing ことを引き起こす
PHILIP	: Why not tell Jane just to call off the party?	call off 中止する、取り消す
KATHY	: Well, it would seem so queer, her only sister getting married. And if you were, I'd manage.	queer 奇妙な、おかしな manage なんとかする、どうにかやってのける、どうにか切り抜ける
PHILIP	: Thanks!	
KATHY	: Now, Phil. I'm not asking you to make loopholes where it counts - at the office, meeting people like at Anne's tonight. But to go up to Connecticut to a party, and if we were to use my house next summer... And besides Jane and Harry…	count 重要である、価値がある
PHILIP	: I thought you said they were so grand.	
KATHY	: They are. But they can't help it if some of their friends are… And besides, it would just make a…a…	can't help it それは仕方がない、それはどうしようもない、そうせざるを得ない make a thing 騒ぎ立てる、問題にする
PHILIP	: A thing, a mess, an inconvenience.	a thing, a mess, an inconvenience inconvenience 不便、不自由、迷惑
KATHY	: Well, it would.	
PHILIP	: Just for Jane and Harry, or for you, too?	
KATHY	: I'd be so tensed up all the time, I wouldn't have any fun, either. Oh, Phil. If everything's going to be so tensed up and solemn, I…	tensed up はりつめた、緊張状態にある、緊張した all the time いつも、ずっと、休みなく、四六時中 solemn 厳粛な、重々しい
PHILIP	: I think I'd better go now.	had better ～するのがよい、～するべきである

フィリップ	: で、何かの理由で迷惑がかかる？
キャシー	: でも、フィル、あなたはユダヤ人じゃないわ。もしそのことでジェーンに問題が起きたら、ジェーンのパーティーは台無しになる。どうしてあなたにそのことがわかってもらえないの？　自分が約束したことはわかっている。例外なし。それに、あなたはそれをジェーンにまで広げることが理にかなっていると考えていた。だけど、本当のことじゃないのに、そのことであちらにいる彼女に迷惑をかけるなんて、それってあまりにも馬鹿げてるわ。
フィリップ	: なぜジェーンにパーティーをただ中止してと言わない？
キャシー	: だって、そんなの、あまりにも変よ、姉のたった一人の妹が結婚するのよ。だからもしあなたがそうだったら、私はなんとかするわ。
フィリップ	: ありがたいね！
キャシー	: ねえ、フィル。私は、オフィスや今夜のアンの家のように、人に会うのが重要なところに例外を作ってとお願いしてるんじゃないわ。ただ、コネチカットへ行ってパーティーに出てほしいとあなたにお願いしてるの、そして、もし私たちが来年の夏、私の家を使うことになれば … しかも、ジェーンやハリーだけじゃなくて …
フィリップ	: 君は、彼らはとても素晴らしい人たちと言ったと僕は思ったが。
キャシー	: そうよ。でも彼らにはどうしようもないことだわ、もし彼らの友達の何人かが … しかも、それに加えて、起きるでしょう …
フィリップ	: 大ごと、面倒、迷惑ごとが。
キャシー	: ええ、そうよ。
フィリップ	: ジェーンとハリーにとってだけかい、それとも君にとってもそうなのか？
キャシー	: 私はずっとハラハラしっぱなしだろうし、楽しい思いをこれっぽっちもすることはないでしょう。ねえ、フィル。もし何もかもが緊迫してものものしくなってしまうのなら、私 …
フィリップ	: そろそろおいとました方がいいな。

■ for something
ここでは「私がユダヤ人だというこで」の意を間接的に表現したもの。

■ you were being reasonable
you were being understanding enough と考える。

■ stretch
ここでは「話す、巻き込む」ということ。

■ start up a thing
ここでは「問題を引き起こす」、すなわち「彼女に迷惑をかける」といった意味合い。

■ call off
予定を中止したり、約束などを取り消す、すなわち to cancel something の意。

■ count
この語の「数える、合計する」から、That counts.（それは重要である）のように比喩的に用いられて to have importance の意を表す。

■ can't help it
ここでの help は「やめる、避ける、控える」の意で、can とか cannot と共に用いて「～は避けることができない、しかたがない」となる。

■ a thing, a mess, an inconvienience
文頭に It would make を補って考える。なお、make a thing は「騒ぎ立てる、事を起こす」、make a mess は「めちゃめちゃにする、台無しにする、混乱させる」の意を表す。

■ inconvenience
ex. It might cause great inconvenience to him.（それは彼に大変な迷惑をかけるかも知れない）

■ tensed up
tense とは精神的に「緊張状態にある、張り詰めた」の意。

Advice from Dave

> INT. PHILIP'S APARTMENT / AIRPORT - MORNING - Mrs. Green calls out to Tommy to wake up his father.

MRS. GREEN:	Wake him up no matter what he says. Tell him to hurry.	
TOMMY	: Don't worry. I'll get him.	
	: Pop! Pop, get up. It's for you.	
	: Grandma said to wake you.	
PHILIP	: Oh, hello.	
TOMMY	: Hello. It's for you.	
PHILIP	: What for?	
TOMMY	: Telephone.	
PHILIP	: OK.	
TOMMY	: Get up!	
PHILIP	: It's late, isn't it?	
TOMMY	: Mm-hmm.	
	: Here's your bathrobe.	
PHILIP	: I don't want it.	
TOMMY	: I said put it on.	
	: Hey, Pop. Here are your slippers.	
MRS. GREEN:	Finally roused him.	
PHILIP	: Hello. Dave? Dave! Where are you? When'd you get in? It's Dave! Hey, hey. This is wonderful. Where are you?	
DAVE	: La Guardia. Just now.	

call out 大声で呼ぶ, 叫ぶ
wake up 目を覚まさせる, 起こす

no matter... たとえ〜でも, 〜であろうとも

It's for you あなたにだよ

put on 身に付ける, 着る

roused
rouse 目覚めさせる

La Guardia ラガーディア

デイヴからの忠告

DVD　01：04：12
□□□□□□

屋内－フィリップのアパート／空港－朝－グリーン夫人が父親を起こすようにとトミーに呼びかける。

グリーン夫人：パパが何を言おうと起こすのよ。パパに急いでと伝えて。

トミー：心配しないで。僕がパパを連れてくる。

：パパ！パパ、起きて。パパにだよ。

：おばあちゃんが言ったよ、パパを起こせって。

フィリップ：んん、やあ。

トミー：おはよう。パパにだよ。

フィリップ：何が？

トミー：電話。

フィリップ：わかった。

トミー：起きてよ！

フィリップ：もう遅い時間なんだよな？

トミー：うんうん。

：ほら、パパのバスローブ。

フィリップ：それはいらない。

トミー：ローブを着てって言ってるんだ。

：ねえ、パパ。ほらパパのスリッパ。

グリーン夫人：やっと起こしてくれたわね。

フィリップ：もしもし。デイヴ？デイヴ！ どこにいる？ いつ着いたんだ？ デイヴだよ！ ほら、ほら。こいつは素晴らしい。お前、どこなんだ？

デイヴ：ラガーディア空港だ。たった今。

■ wake up
wake は to stop sleeping, to rouse someone from sleep の意。そのため I woke up at six this morning. は「私は今朝6時に目が覚めた」であって、寝床から起き上がったわけではない。I got up at six this morning. とすると、6時に目を覚まし、寝床から出たことをいう。

■ It's for you
ここでは You are wanted on the phone, You have a call, There is a call for you, A phone for you ほどの意。ちなみに、電話をかける際、「田中さんのお宅ですか」とする場合は Is this the Tanaka residence?, Is this Mr. Tanaka's home? とする。なお、home に代って house, residence でもよい。また「花子さんはご在宅ですか」は Is Hanako at home?, Is Hanako there?, May I speak to Hanako, please? などとする。

■ put on
この表現は She put on some lipstick.（彼女は口紅を塗った）のように、白粉や口紅などの化粧品から、She put on her glasses.（彼女は眼鏡をかけた）のように眼鏡、She put on her hat.（彼女は帽子をかぶった）のように帽子、衣服、靴などに至るまで、肌に身に付けるものについて使うことができる。

■ roused
rouse の過去形。

■ rouse
人を眠り、無意識、不活発、無気力などの状態から目覚めさせる、すなわち to wake someone up の意を表す。

■ La Guardia
ここでは New York 市の国際空港の1つである La Guardia Airport のこと。この名称は New York 市長（1934 - 1945）を11年間にわたって務めた政治家・法律家 Henry La Guardia（1882 - 1947）から。

DAVE	: I had a break and got assigned to a plane with my CO. And I haven't had breakfast. Get it?	break 休暇, 休み ♪ get assigned to... ～に割り当てられる, ～に就かせる, ～に指定される ♪ Get it わかったか ♪
PHILIP	: Well, grab yourself a cab and get right over here, will ya? OK, so long. Hey, Ma. Can you summon up some of your famous hotcakes? We used to eat a stack apiece in the old days.	grab yourself a cab タクシーを捕まえろ ♪ so long じゃあな, それじゃあ, さようなら ♪ summon up 呼び出す, 召集する ♪ hot cake ホットケーキ ♪ a stack 多量, 多数 ♪ apiece めいめいに, 個々に, それぞれ
MRS. GREEN	: I guess the old magic still works.	the old magic still works 例の魔法はいまでもうまくいく, 例の魔法は今も健在だ
TOMMY	: Can I have some, too, Grandma?	
MRS. GREEN	: How many breakfasts can you eat in one day?	
TOMMY	: OK. I never have any fun.	
MRS. GREEN	: You're gonna be late for school if you don't hurry.	be late for school 学校に遅れる, 学校に遅刻する ♪
TOMMY	: I know what time school starts. And besides that, I don't like fruit.	
MRS. GREEN	: You like bananas, don't you?	
TOMMY	: Oh, well, bananas are different.	
	: Say, Pop...	
PHILIP	: Huh?	
TOMMY	: ...are we Jewish?	
	: Jimmy Kelly said we were. Our janitor told his janitor.	janitor 雑役夫, 掃除夫, 管理人, 用務員
PHILIP	: What'd you say to Jimmy Kelly?	
TOMMY	: I told him I'd ask you.	
PHILIP	: You remember that movie that Kathy and I took you to?	You remember... ♪ Sure もちろん ♪
TOMMY	: Sure.	
PHILIP	: And how you asked if things like that really happened?	
TOMMY	: Kathy said they were pretending.	pretend ふりをする, 真似をする ♪

デイヴ	: 休暇を取ったんだ、で俺の指揮官と一緒に飛行機に乗せられてね。だからまだ朝飯を食べてないんだ。わかったか？
フィリップ	: よし、タクシーを捕まえてすぐにこっちに来いよ、な？ オーケー、じゃあな。ねえ、母さん。母さんの有名なホットケーキを何枚か焼いてもらえるかな？ 昔は僕たち、それぞれ何枚も食ったものだ。
グリーン夫人	: 昔の魔法は今でも効くと思うわ。
トミー	: 僕も少し食べていい、おばあちゃん？
グリーン夫人	: あんたは１日に何回朝ごはんを食べられるの？
トミー	: わかったよ。つまんないの。
グリーン夫人	: 急がないと学校に遅刻するわよ。
トミー	: 何時に学校が始まるかわかってる。それに僕、果物は好きじゃないんだ。
グリーン夫人	: バナナは好きでしょう、ねえ？
トミー	: あ、うん、バナナは別さ。
	: ねえ、パパ…
フィリップ	: ん？
トミー	: … 僕らはユダヤ人なの？
	: ジミー・ケリーが僕らはそうだって言うんだよ。僕たちの管理人があの子の管理人に言ったんだ。
フィリップ	: お前はジミー・ケリーになんて言ったんだ？
トミー	: 彼にはパパに聞いてみるって言ったよ。
フィリップ	: キャシーとパパがお前を連れて行ったあの映画のことを覚えてるか？
トミー	: もちろん。
フィリップ	: で、あんなことが本当に起こるのって、お前が尋ねたことは？
トミー	: キャシーはあの人たちはそういうふりをしてるんだって言った。

■ break
短期間の休暇、仕事の合間の休憩をいう。

■ get assigned to…
ここでは「～に乗せられる」ほどの意。

■ Get it
ここでの get は意味などが「分かる、理解する」の意。そのため I get it. とすると I understand what you're trying to say を意味する。

■ grab yourself a cab
ここでの grab は「すばやく手に入れる、利用する」の意。そこから Let's grab some coffee.（さっとコーヒーを飲もう）のように「素早く食べる、飲む」の意でもよく使われる。

■ so long
別れの挨拶の一つで、Goodbye のこと。目上の人に対しては使わない方がよい。

■ summon up
ここでは「作る」の意で使われたもの。

■ hot cake
卵、牛乳、小麦粉などを練り混ぜ、フライパンなどで平べったく焼いたもの。hot cake は一般的にイギリスで使われる語。アメリカ中北部では pancake（パンケーキ）。なお、アメリカ中北部では flannel cake、アメリカ南部では butter cake、アメリカ東部では johnny cake などとも言われる。

■ a stack
stack が干し草、麦、藁などを「積み重ねたもの」との意から、There's a stack of papers on the desk.（机の上に書類の山がある）のように「（～の）山」とか「多量（の～）」の意を表して使われる。

■ be late for school
「～に遅刻する」は come late to…、反対に「～に間に合う」は be in time for… とする。

■ You remember…
文頭の Do が省略されたもの。

■ Sure
ここでは yes, certainly の意。

■ pretend
= make someone believe you're something else

PHILIP : Yeah, well, I'm pretending that I'm Jewish for the stuff I'm writing now.

TOMMY : Oh, you mean like a movie or a game.
PHILIP : Yeah, something like that. Look, Tom. I'd like it if you'd promise not to tell anybody it's a game. Would you promise that?

TOMMY : OK. Sure.
PHILIP : All right.
MRS. GREEN: What'll you tell Jimmy, Tom?

TOMMY : Well, I'll say I haven't any information.
PHILIP : Oh, wait a minute. Wait a minute. Maybe that's not such a good idea, to say you haven't any information. Maybe you better say that you asked me and I said I was partly Jewish. OK?

TOMMY : OK.
PHILIP : OK.
TOMMY : But not tell him it's the movie part.

MRS. GREEN: Have some more, Dave?
DAVE : Doctor, Doctor, please. You're hitting a nerve.
MRS. GREEN: Good. Then I can go do my marketing. And I'll thank you two hogs to at least pile the dishes in the sink while I'm gone. Oh, Dave, it's wonderful. Do you really think you'll bring Carol and the kids east and live in New York? We could all be together.

DAVE : That's the plan. You know, I can be eastern representative of the firm. Big job. Best break I ever had. All depends, of course, if I can find a place to live.

フィリップ	：ああ、そうだ、パパは自分がユダヤ人だというふりをしてるんだ、パパが今書いてる物のためにね。
トミー	：へえ、つまり映画やゲームみたいに、ってこと？
フィリップ	：そう、そんなものだ。なあ、トム。パパはな、お前にこれはゲームなんだって誰にも言わないと約束してほしいんだ。このこと、約束してくれるかい？
トミー	：オーケー、わかった。
フィリップ	：よし。
グリーン夫人	：ジミーには何て言うの、トム？
トミー	：ええと、僕には何の情報もないって言うよ。
フィリップ	：おい、ちょっと待て。ちょっと待つんだ。お前に何の情報もないって言うのは、あまりいい考えじゃないかもな。多分お前はこう言ったほうがいい、パパに聞いたら、パパはユダヤ人の血が少し入ってるって言ったとね。いいか？
トミー	：オーケー。
フィリップ	：よし。
トミー	：でも彼には言わないんだよね、これは映画の役だって。
グリーン夫人	：もっと食べる、デイヴ？
デイヴ	：先生、先生、お願いします。あなたは痛いところを突いてくださる。
グリーン夫人	：よろしい。じゃあ私は買い物に行けるわね。それからあなたたち２人の大食いさん、私が出て行ってる間に皿を流しに重ねておくくらいはしてくれるわね。ああ、デイヴ、素晴らしいわ。キャロルと子どもたちを東部へ連れてきてニューヨークに住むって、本当に考えてるの？　私たちみんな一緒にいることが出来るかもね。
デイヴ	：そういう計画なんですよ。そうだ、俺はその会社の東部代表者になる可能性があってね。大役だよ。俺にとっては今までで最高のチャンスだ。もちろん、全ては俺が住む家を見つけることが出来るかにかかっているんだがね。

■ information
特定の事柄、事情に関する情報、また研究、伝達、調査などによって得た「知識」などをいう。なお、information の数え方は I have a valuable piece of information about the matter.（私はその事柄について重要な情報を持っている）のように a piece of information, two pieces of information とする。

■ Wait a minute
ここでは I wish to make a comment or objection といったニュアンスを持つ。なお、minute に代って second, moment も同様に使われる。

■ it's the movie part
「例の映画の部分」とは、ここでは we are pretending との意。

■ Have some more
文頭に Would you like to を補って考える。

■ Doctor
ここでは言葉の遊び。

■ hit a nerve
ここでは「もうお腹いっぱいで食べられない」ということを間接的に言ったもの。

■ I'll thank you to…
皮肉で使う場合は I'll thank you to be a little more kind.（もう少し親切にしてもバチは当たりませんよ）のように「～してもよかろう」ほどの意になる。

■ hog
豚ががつがつ食べることから「がつがつ食う」という場合は、He eats like a hog.（彼は豚のように貪欲に食べる）といった具合に eat like a hog とする。また、「不法に振る舞う」の意の場合は behave like a hog.

■ sink
ここでは kitchen sink（台所の流し）のこと。

■ best break
ここでの break は「運、機会」の意で、特に「幸運、好機」をいう。ちなみに「幸運」は a lucky break, a big break、「不運」は a bad break。

127

DAVE	: I'm gonna spend my terminal leave just to look and look and look and try to find a place big enough for Carol and the kids.	terminal leave 除隊休暇 ◎ look and look and look 探しまくる ◎
PHILIP	: We'll find you something if we have to dynamite.	if ◎ dynamite ダイナマイトを仕掛ける, ダイナマイトで爆破する ◎
MRS. GREEN	: Meantime you'll stay here.	meantime その間
PHILIP	: Sure. Tommy can sleep on the sofa in the living room.	
DAVE	: Now, wait a minute, Phil.	
PHILIP	: No arguments, please. You're talking to a civilian, Captain.	argument 議論, 論争, 口論 civilian 一般市民, 民間人 captain 大尉
DAVE	: You win. You know, my CO had to move in with an uncle he hasn't seen since the First World War. I'll help with the cooking.	You win 君の勝ちだ, 君の言う通りだ ◎ move in 引っ越してくる, 引っ越して住むようになる the First World War 第一次世界大戦 ◎ help with ... ～を手伝う
MRS. GREEN	: Not while I'm conscious, you won't.	conscious 意識がある, 知覚のある, 正気の ◎
	: Goodbye, boys. Don't settle all the problems today. Save some for tomorrow.	settle 解決する, 処理する ◎ save 貯蓄する, 取っておく
DAVE	: Boy, I'm loaded. You know, I used to dream about doin' this, Phil. What about this series you're doin'? I've talked about myself enough. Come on. Give.	loaded 荷を積んだ, ぐでんぐでんに酔った, 満腹だ give 与える, 伝える, 教える ◎
PHILIP	: Oh, we'll get to it later.	get to... ～に至る, にふれる
DAVE	: What's eating you, Phil?	What's eating you 何でいらいらしてるんだ ◎
PHILIP	: Who, me?	You ◎
DAVE	: You expecting a call? You keep looking out toward the phone every few minutes.	expect 予期する, 期待する, 期待して待つ ◎ call 電話の呼び出し, 電話をかけること
PHILIP	: It's that obvious? Oh, I had a scrap with my girl. I guess I wanted her to be the one to phone. That's another department. I'm doing a series on anti-Semitism. With a special angle.	obvious 明らかな, 明白な scrap 喧嘩, 争い ◎ department 分野, 部門, 領域 ◎
DAVE	: That's interesting.	
PHILIP	: Interesting? Well, don't you want a good, stiff series in a big national magazine?	stiff 断固とした, 固い, しっかりした

デイヴ	:	この除隊休暇は、キャロルと子どもたちに十分な広さの住居を見つけるために、ひたすら見て回って過ごすつもりさ。
フィリップ	:	どんなことをしたって、君にどこか見つけてやるよ。
グリーン夫人	:	その間、あなたはここに泊まるのよ。
フィリップ	:	そうだとも。トミーは居間のソファで寝ればいい。
デイヴ	:	いや、ちょっと待てよ、フィル。
フィリップ	:	議論はなし、いいね。大尉殿、君は民間人と話してるんだぞ。
デイヴ	:	お前の勝ちだ。そういえば、俺の指揮官も、第一次世界大戦以来会ってない叔父上のところに身を寄せなきゃならなかったんだよ。炊事は俺が手伝います。
グリーン夫人	:	私がしっかりしてる間はだめ、手伝わせないわ。
	:	じゃあね、2人とも。問題を全部今日のうちには解決しないこと。明日のために少しはとっておきなさい。
デイヴ	:	ふう、満腹だ。なあ、俺はこんなふうにしてることが夢だったんだ、フィル。お前がやってる連載がどうなってる？ 俺は自分のことはたっぷり話したぜ。さあ、話せよ。
フィリップ	:	ああ、それは後で触れるよ。
デイヴ	:	何でイライラしてるんだ、フィル？
フィリップ	:	誰、僕が？
デイヴ	:	お前、電話を待ってるんだろ？ 数分おきに電話の方を見続けている。
フィリップ	:	そんなにあからさまかい？ ああ、僕は僕の彼女とけんかしてね。彼女に電話して欲しいと思っているのかな。それは別の問題だ。僕は反ユダヤ主義に関する連載をやってる。ある特別な切り口でね。
デイヴ	:	そりゃ面白い。
フィリップ	:	面白い？ なあ、大手の全国規模の雑誌に良質な硬派の連載だ、嫌なのか？

■ terminal leave
除隊直前に貰う休暇で、兵役期間中の残した休暇日数が与えられる。

■ look and look and look
ここでの and は同一語を繰り返して多数、反復、徹底などの意を表す。

■ if
ここでは even if。

■ dynamite
ここでの「ダイナマイトを仕掛けねばならないとしても」とは「どんなことをしても」との意。

■ captain
アメリカ陸軍、空軍、海兵隊の大尉。海軍では「大佐」。

■ You win
類似した表現に I give up.（お手上げだ、降参だ）がある。

■ the First World War
1914 年から 1918 年。三国同盟（独、墺、伊）と三国協商（英、仏、露）との対立を背景に起こった世界的規模の大戦争。Great War とか War of the Nations ともいう。

■ conscious
ここでは「しっかりしている、元気な」ほどの意で使われたもの。

■ settle
この語は 問題、悩み、事務、危機などを to end or solve の意を表す。

■ give
この語は人に物を「与える」から、情報、知識などを「伝える」の意になる。

■ What's eating you?
ここでの eat は be eating として人を「いらいらさせる、苦しめる」の意。

■ You
文頭の Are が省略されたもの。

■ expect
ある事が起こる、あるいはある人が来ると信じている、期待している、ということ。

■ call
ここでは Give me a call tonight.（今夜電話を下さい）のように telephone conversation のこと。なお、「電話をかける」は make a call, place a call, put in a call、「電話を受ける」は receive a call、「電話に出る」は take a call。

■ scrap
この語は fight を意味する俗語で、本文中の例のように have a scrap with someone として「人と喧嘩をする」の意。

■ department
ここでは「それは別の問題だ」ほどの意。

DAVE	: Me? Sure.	
PHILIP	: You sound bored.	bored 退屈して, うんざりして
DAVE	: Oh, I'm anything but. It's just that... well, I'm on the sidelines of anti-Semitism. It's your fight, brother.	anything but... ～の他はなんでも, 少しも～でない, ～とだけは決して言えない on the sidelines 試合に出ないで, 傍観者として brother 君, あんた, 相棒
PHILIP	: OK, I get it.	
DAVE	: Listen, I don't care about the Jews as Jews. It's the whole thing. Not the poor, poor Jews. Well, you know what I mean. Don't force me to make with the big words. Anyway, what's this special angle you've got?	I don't care about... ～のことは気にしない。～はどうでもいい force (～するよう)強要する, 強いる, 強制する make with... ～を生み出す, を提案する, もたらす big words ほら, 大言壮語
PHILIP	: Well, I've been doing it for a while. I'm saying I'm Jewish. And it works.	
DAVE	: Why, you fool. You crazy fool! And it's working?	
PHILIP	: It works. It works too well. I've been having my nose rubbed in it and I don't like the smell.	have my nose rubbed in it それをいつも思い出させられる
DAVE	: Yeah. I can guess. You're not insulated yet, Phil. It's new every time, so the impact must be quite a business on you.	insulate 絶縁する, 断熱処置を施す It's new every time それは毎回新鮮だ impact インパクト, 影響, 衝撃 quite a かなり, 実に, 相当 business 出来事, 厄介なこと
PHILIP	: You mean you get indifferent to it in time?	get indifferent to… ～に無関心になる, ～に無感覚になる in time そのうち, ゆくゆくは, 将来, やがて
DAVE	: No, but you're concentrating a lifetime thing into a few weeks. You're making the thing happen every day, going out to meet it. The facts are no different, Phil. It just telescopes it. Makes it hurt more.	concentrate 一点に集める, 集中させる, 集結させる lifetime 一生の, 生涯の, 終生の telescope 短縮する, 圧縮する
PHILIP	: Hello? No. Sorry.	Sorry 残念ですが
	: Wrong number.	wrong number 番号間違い
DAVE	: You wanna talk about it?	
PHILIP	: No. It's just one of those things. I'm probably wiser staying on my own.	one of those things それらのものの1つ, よくある事の1つ on one's own 自分の力で, 独力で, 自立して

Gentleman's Agreement

デイヴ ：俺が？　いいと思うよ。
フィリップ ：つまらなそうに聞こえるが。
デイヴ ：おい、とんでもない。ただ … そうだな、俺は反ユダヤ主義については傍観的立場さ。これはお前の戦いだよ、兄弟。
フィリップ ：オーケー、わかったよ。
デイヴ ：聞けよ、俺はユダヤ人としてのユダヤ人なんてどうでもいい。全てのことで。気の毒な、かわいそうなユダヤ人、とかじゃなくてさ。なあ、俺の言うこと、わかるだろう。俺に仰々しいことを言わせるなよ。とにかく、そのお前が持ってる特別な切り口というのは何だ？
フィリップ ：ああ、それをここしばらく実践している。僕は自分がユダヤ人だと称してるんだ。しかもそれが上手くいってね。
デイヴ ：なんだと、このバカが。このドアホウめ！　それに上手くいってるだって？
フィリップ ：順調だ。順調過ぎるくらいだ。そいつをいつも思い出させられて、その臭いに辟易してる。
デイヴ ：ああ、俺には想像がつく。フィル、お前はまだ身を守る術を身に付けていない。そいつは毎回鮮烈だから、その衝撃はお前にとっては相当なものだろう。
フィリップ ：やがてそういうことには無頓着になると君は言いたいのか？
デイヴ ：いや、だが、お前は一生の体験を数週間に凝縮しているんだ。毎日ことを起こし、外に出ては、そいつに出くわす。事実に全く変わりはない、フィル。するとそいつは凝縮して、更に人を傷つけるものになる。

フィリップ ：もしもし？　いや、残念ですが。

：間違い電話だ。
デイヴ ：そのことについて話したいか？
フィリップ ：いや。これは単によくあることの1つさ。僕は恐らく独身でいたほうが賢明なんだろう。

■ anything but...
He is anything but a statesman.（彼は政治家だなんてとんでもない）のように not…at all とか far from... を表すが、I'm anything but. のように独立的に用いて「とんでもない」の意を表す。

■ on the sidelines
sidelines とはフィールドやコートなどのサイドラインのこと。そこから、サイドラインの外側に待機して試合に出場せずに観戦している「傍観者的立場」を意味する。

■ brother
男性に対する呼びかけとして用いられる。

■ I don't care about...
このような場合の care は、否定文、疑問文で「気にする、構う」の意を表して使われる。

■ make with...
本文中の例のように make with the +名詞を伴う。これはユダヤ人が使うイディシュ語の mach mit の翻訳借用語。

■ have my nose rubbed in it
rub someone's nose in something で to remind someone of something constantly; to make a big issue about someone's mistake を意味する。犬に鼻を何度もこすりつけさせて覚えこませる訓練に由来する表現。

■ insulate
物体を熱、電気、音などの非伝導物で覆うこと。ここでは比喩的に用いられたもので、侮辱や軽蔑から身を守る技術を身に付けていないような、無礼な言葉や態度で傷つく、といったもの。

■ It's new every time
ここでの it は侮辱されること。

■ quite a
通例、quite a [an] ＋名詞で「かなりの～」を意味する。

■ business
ここでの business は What a business!（困ったことだ）のように、an affair とか matter の意で、しばしば「厄介な」との意味合いを込めて使われる。

■ get indifferent to...
indifferent は She is completely indifferent to what she wears.（彼女は着るものには全く無関心だ）のように人が物、事、人などに having showing no interest の意を表す。

■ wrong number
相手に向かって言うときは I'm afraid you have the wrong number.（番号が間違っています）とか、What number are you calling?（何番におかけですか）などとする。

■ on one's own
ここでは「独身のままでいる」。

131

PHILIP	: After seven years alone, you lose the instinct for marriage.	instinct 本能, 自然の衝動, 勘, コツ
DAVE	: Baloney.	baloney ばかな, たわけ ↺
PHILIP	: You and Carol ever get off on tangents much?	get off on tangents 突然 脇道へそれる, 急転換する ↺
DAVE	: Who doesn't? Go on and call her, you big dope. So you're right, and she's wrong. So what? So she has to telephone you first? Who makes such rules? The Supreme Court?	Who doesn't そうしない人間 がいるかね ↺ you big dope このバカ者, 大バカタレが So what だからどうというん だ, それがどうしたっていうんだ ↺ the Supreme Court 連邦 最高裁判所, 最高裁判所 ↺
	: Go on and call her and stop lickin' your wounds.	stop licking your wounds 傷口をなめるのはやめろ lick なめる wound 傷, 外傷, 怪我
PHILIP	: Listen. Meet me at the office between 5:30 and 6. I'll phone her. I'll get Anne Dettrey. She's a girl that works at the office. We'll have a big celebration.	celebration 祝賀, 祝典の挙行, 祝賀会 ↺
DAVE	: OK.	
PHILIP	: Hey, can you imagine what it's gonna be like? Me married again, you and Carol here, all of us together? How about that, huh?	imagine 想像する, 心に描く, 思い浮かべる
DAVE	: First I've gotta imagine a roof over Carol's head. Go on, get going. I'm going to start lookin' right away.	a roof over someone's head 人の頭の上の屋根 ↺ get going 出発する, 取りかかる, 始める ↺

INT. RESTAURANT - EVENING - A MAN and a WOMAN enquire to the MAÎTRE D' of the restaurant.

Maître D' ボーイ長, 給仕頭, ホテルの主人 ↺

MAN	: How long do we have to wait?	
MAÎTRE D'	: I'll take you to your table as soon as it's ready, sir.	
MAN	: How about these other people? They're getting in without waiting.	
MAÎTRE D'	: They had reservations, sir.	reservation 予約, 指定 ↺

Gentleman's Agreement

フィリップ	:	7年間独り身でいた後じゃあ、人は結婚に対する自然の衝動を失くしちまう。
デイヴ	:	バカバカしい。
フィリップ	:	君とキャロルの意見が大きく食い違うなんてことはあるのか？
デイヴ	:	そうならないやつなんているか？　さっさと彼女に電話しろ、この大バカが。それでお前が正しくて、彼女が間違ってるだと。だから何だってんだ？　で、彼女が先にお前に電話しなきゃならんだと？　誰がそんな規則を作ったんだ？最高裁か？
	:	さっさと彼女に電話して、自分の傷口を舐めるのはやめるんだな。
フィリップ	:	いいか。5時半から6時までの間にオフィスで会ってくれ。僕は彼女に電話する。アン・デットリーを呼ぼう。彼女はオフィスで働いてる女性だ。僕たちで盛大に祝おうぜ。
デイヴ	:	オーケー。
フィリップ	:	あのさ、君に想像できるかい、どんな風になるか？僕が再婚して、ここに君とキャロルがいる、僕たちみんな、が一緒にいるなんて？　どうだ、ええ？
デイヴ	:	まず俺はキャロルの頭上の屋根を考えなきゃならん。さあ、さっさとやれ。俺はすぐに家探しを始めよう。

屋内－レストラン－夕方－男と女がレストランの給仕長に尋ねている。

男	:	どれくらい待たなきゃならんのかね？
給仕長	:	テーブルの準備が出来次第ご案内いたします。
男	:	あの他の連中はどうなんだ？　彼らは待たずに中に入っているじゃないか。
給仕長	:	あの方たちは予約されていました。

■ baloney
nonsense を意味する俗語。bologna とか boloney ともする。

■ get off on tangents
行動、考え、話しなどが突然脇道へそれること。ここでは「意見が食い違う、ぶつかる」ほどの意。なお、fly off on a tangent、go off on a tangent などともする。また、on に代わって at も使われる。

■ Who doesn't?
誰だってそうさ

■ So what?
無関心、嫌気、軽蔑などを示して使われる。

■ the Supreme Court
High Court ともいう。

■ wound
「軽傷」は a light wound、a slight wound。「浅い傷」は a flesh wound。「かすり傷」は a glancing wound。「切り傷」は an incised wound。「裂傷」は a lacerated wound。「致命傷」は a fatal wound、a mortal wound。「重傷」は a severe wound。

■ celebration
「祝賀会を催す」は hold a celebration.

■ a roof over someone's head
roof の基本的意味「屋根」から、I have a roof over my head.（私には住む家がある）のように、比喩的に「家、住居」を意味して使われる。

■ get going
ここでは「電話してこい」ということ。

■ Maître D'
フランス語 maître d'hotel の短縮形。逐語訳すれば master of (the) hotel.

■ reservation
I've got to make a hotel reservation.（ホテルの予約をしなければいけないんだ）のようにホテル、列車、飛行機などの部屋、座席などの予約をいう。なお、I made reservations for a room at the hotel.（そのホテルの部屋を予約した）のように reservations ともする。ちなみに、「予約している」は have a reservation.

133

WOMAN	:	Who do you have to know to get a reservation?
MAÎTRE D'	:	Me, madam.
MAN	:	Oh, I see.
PHILIP	:	Oh, Captain. I'm expecting a call. I've left word that I'm here. Can you call me when it comes? Just down at the end.
MAÎTRE D'	:	Your name, sir?
PHILIP	:	Phil Green.
MAÎTRE D'	:	Yes, sir.
PHILIP	:	Thanks.
DAVE	:	Have you ever been to Paris?
ANNE	:	Yes, I have.
DAVE	:	Well, there's a lovely restaurant on the Boulevard Montparnasse...
ANNE	:	Yes.
DAVE	:	And we had delicious pressed duck.
ANNE	:	Anyone we know?
	:	Know what I'm having, gentlemen?
PHILIP	:	What?
ANNE	:	More fun than you can shake a stick at.
DAVE	:	You want me to send the waiter out to get a stick just for a test?
ANNE	:	No, thanks. None of those things work for me. Once I tried let a smile be my umbrella. I got awful wet.
	:	Another time, I kept a stiff upper lip for about a week. People just thought I was having my face lifted. Tell me something, gentlemen. Tell me why it is that every man who seems attractive these days is either married or barred on a technicality?

Gentleman's Agreement

女	：	予約するには誰を知っておく必要があるの？
給仕長	：	私でございます、マダム。
男	：	ああ、なるほど。
フィリップ	：	そうだ、給仕長。僕は電話がかかってくるのを待っている。ここにいるという伝言を伝えてあるんだ。電話がきたら呼んでくれるかな？ この奥にだが。
給仕長	：	お客様のお名前は？
フィリップ	：	フィル・グリーン。
給仕長	：	かしこまりました。
フィリップ	：	有難う。
デイヴ	：	君、パリに行ったことはある？
アン	：	ええ、あるわ。
デイヴ	：	なるほど、モンパルナス通りに1軒の素敵なレストランがあって…
アン	：	ええ。
デイヴ	：	それで俺たちは美味しいプレストダックを食べたんだよ。
アン	：	私たちの知ってる人？
	：	殿方、私が何を味わっているかおわかり？
フィリップ	：	何だい？
アン	：	あなたたちが魔法の杖をふるっても適わない楽しいことよ。
デイヴ	：	君は俺にウェイターを呼んで、試しに杖を取ってこさせたいってのか？
アン	：	いいえ、結構よ。そういう類のものは私には一切効かないの。一度にっこり微笑んで自分の傘になってもらおうとしたけど、ずぶ濡れになっちゃった。
	：	別の時には、私、1週間ほど無表情でいたの。皆は私がフェイスリフトをしたと思っただけだったわ。ねえ、教えて、殿方。どうして最近の魅力的に思える男性は皆、結婚してるか、色んな点で手が届かないのかしら。

■ leave word
ここでの word は単数形、しばしば無冠詞で message, news, rumor などを表す。

■ down at the end
ここでの down は「下へ」ではなく、話し手から離れた所、すなわち「向こう」という意味合いで使われる。

■ Your name
文頭に May I have とか、May I ask を補って考える。

■ Have you ever been to…
過去の経験を尋ねる際の表現で、Did you ever go to… の意。

■ Boulevard Montparnasse
モンパルナスはパリ南部セーヌ川左岸の小高い地域で、芸術家、作家が集まることやカフェで有名。

■ pressed duck
蒸したカモに赤ワインを振りかけ、duck press と呼ばれるプレス機で圧縮したもの。

■ Know
文頭の Do you が省略されたもの。なお、ここでの what I'm having とは場所柄、料理に例えた表現で、「私が味わっているもの」とは「私が今経験していること」ということ。

■ more... you can shake a stick at
very many, a great many, more than you can count を意味するインフォーマルな表現。

■ send out...
何かをするために人を派遣すること、また何かを持ってこさせたり、買ってこさせるために人を外に行かせること。

■ stick
ここでは Anne が stick を用いた表現を使ったことからくるダジャレで、特に意味はない。

■ let a smile be my umbrella
文字通りの訳「笑顔を私の傘にする」とは「微笑を浮かべていれば雨に濡れない」という迷信に由来するユーモラスな表現。

■ have one's face lifted
ここでの lift は face-lift、すなわち「顔のしわ取り整形をする」こと。

■ Tell me something
「教えてくれ、ねえ。」
相手に何かを尋ねる際の表現で「ちょっと教えてほしいんだが」といった意味合い。

■ barred on a technicality
ここでは unavailable、すなわち「様々な条件によってムリだ」との意。なお、ここでの barred は「結婚の対象から外されている」、すなわち日本風に表現すると「売約済み」ということ。

135

DAVE	: Your timing is rotten but your instincts are just great.	rotten 腐った、ひどく悪い、だめな instinct 本能、直観力、天性
ANNE	: Here's to my instinct.	Here's to... ～に乾杯 ↻
WOMAN	: Pardon me.	Pardon me 失礼、ごめんなさい ↻
MAN	: Oh, pardon me. You know, I don't like officers.	officer 将校、士官
DAVE	: Well, neither do I. I don't blame ya.	I don't blame ya 君をとがめない、君の言う通りだ ↻
MAN	: What's your name, bud?	bud 君、あんた、おまえ、大将、兄弟 ↻
DAVE	: Dave. Dave Goldman. What's yours?	Dave Goldman ↻
MAN 2	: Come on, Scott.	Come on よせよ、やめろよ →p.23
MAN	: Never mind what my name is. I told you I don't like officers.	Never mind... ～は気にするな、～はどうだっていい ↻
	: I especially don't like them if they're yids.	
MAN 2	: Sorry, sir. He's terrible when he gets all tanked up. Sorry.	terrible ひどい、大変な tank up 満タンにする、たらふく食う、しこたま飲む、飲んで酔っ払う
	: What's the matter with you, anyway? Come on, leave him alone. Let's take a walk.	What's the matter with you? 一体どうしたってんだ、お前、どうかしてるぜ ↻ take a walk 散歩をする、ぶらぶら歩く ↻
DAVE	: Come on. Sit down. Take it easy, boy.	Take it easy 気楽にいこう、カッカするなよ ↻
MAÎTRE D'	: I'm terribly sorry this happened, sir. He won't bother you again. I was just coming over to tell you there's a call for you. Telephone, Mr. Green, a lady.	
PHIL	: Oh, thanks.	
DAVE	: Come on. Let's eat, Anne.	
PHIL	: You have a caller for Mr. Green? Yeah. Hello. Kathy? Where are you?	caller 呼び出し人、電話をかける人

デイヴ	:	君のタイミングはひどくまずいが、しかし直観力はまさに素晴らしい。
アン	:	私の直観に乾杯。
女	:	失礼。
男	:	おお、失礼。なあ、俺は将校が好きじゃないんだ。
デイヴ	:	へえ、俺もそう。君の言う通りだよ。
男	:	あんた、名前は何てんだ？
デイヴ	:	デイヴ。デイヴ・ゴールドマンだ。あんたの名は？
男2	:	よせよ、スコット。
男	:	俺の名前はどうでもいい。俺は将校が好きじゃないって、あんたに言ってんだ。
	:	もしそいつらがユダ公なら、特に嫌いだぜ。
男2	:	すみません。こいつは酔っ払うと手がつけられないもんで。申し訳ない。
	:	とにかく、お前ってやつは一体どうしたって言うんだ？　ほら、この人のことは構うんじゃない。ちょっと歩こう。
デイヴ	:	なあ、座れよ。落ち着けって、ほら。
給仕長	:	このようなことが起きまして誠に申し訳ございません。あの方がお客様にご迷惑をおかけすることは2度とございませんので。お客様にお電話がかかっていることをお知らせに参ったところです。お電話です、グリーン様、ご婦人です。
フィリップ	:	そう、有難う。
デイヴ	:	さあ。食べよう、アン。
フィリップ	:	グリーン宛ての通話が入ってますね？　はい。もしもし。キャシーかい？　どこにいるんだ？

■ Here's to…
乾杯の音頭を取る際の表現の一つ。

■ Pardon me
誤って人に失礼な行為があったときの詫びの言葉で、I'm sorry よりは丁寧な表現。I beg your pardon ともする。

■ I don't blame ya
You were quite right を意味する表現で、I can't say I blame you ともする。

■ bud
特に名前が分からないときの親しみを込めた呼びかけ。

■ Dave Goldman
Goldman はユダヤ系の人物に多い名前。

■ Never mind…
mind が「気にかける、心配する、構う」の意の場合は、通例、否定文、疑問文、条件文で用いられる。進行形は不可。

■ What's the matter with you?
ここでは怒りを表す表現で、How very stupid of you! とか How can you be so stupid? を意味して使われる。

■ take a walk
= go for a walk; take a stroll

■ Take it easy
ここでは There's no need to worry, Relax, Calm down, Don't get excited などを意味して使われた表現。

INT. JANE'S HOUSE / RESTAURANT - NIGHT - Kathy talks to Philip on the phone.

KATHY : I'm up at Jane's. I came up to have it out with her. I couldn't call you until I'd fixed everything up. And darling, I was wonderful. I said all the things you'd have wanted me to say. You would have been proud of me. Why can I make myself clear to Jane and Harry when it's you I want to be clear with?

PHILIP : Well, I told you, baby. Sometimes I can be such a solemn fool, I'm hard to get along with.

KATHY : The party's tomorrow. Will you take the three o'clock train? And I'll be waiting for you at the station. Oh, darling, I can breathe again now that I've talked with you. I can scarcely wait until tomorrow.

PHILIP : Good night, baby. Oh, uh, Kathy... I love you, darling.

KATHY : And I love you. More than ever. Goodbye.

EXT. DARIEN STATION - DAY - A train pulls up at the station. Philip steps off the train and looks around. He sees Kathy running along the platform. He goes to her and they hug.

KATHY : Welcome to Darien. How are you?

INT. / EXT. JANE'S HOUSE - DAY - Kathy's sister JANE orders to Harris to take drinks to the guests.

JANE : Oh, hurry, Harris. We're all parched.

WOMAN 1 : Your mother must be so proud of you, Mr. Green.

PHILIP : Well, yes, I hope so.

JANE : You enjoying yourself, Phil?

Gentleman's Agreement

屋内－ジェーンの家／レストラン－夜－キャシーは電話でフィリップと話す。

キャシー：私、ジェーンの所よ。姉ときちんと話し合うために来たの。自分で全てを解決するまではあなたに電話が出来なかった。それでね、ダーリン、私ってすごいわ。私、あなたが私に言ってほしいと思っていることを何もかも話したのよ。あなたは私のことを誇りに思うでしょうよ。どうしてジェーンとハリーに私の立場をきちんとわかってもらえるかしら、私がきちんとケリをつけたい相手はあなたなのにさ？

フィリップ：ところで、僕は君に言ったろ、ベイビー。時々、僕はとても真面目くさった愚か者になることがあるから、僕に付き合うのは苦労するってね。

キャシー：パーティーは明日よ。3時の列車に乗ってくれる？ そしたら私、駅であなたを待ってる。ああ、ダーリン、あなたと話したので、やっとまた元気になれるわ。明日までもう待ちきれない。

フィリップ：おやすみ、ベイビー。ああ、そうだ、キャシー…愛してるよ、ダーリン。

キャシー：そう、私もあなたを愛してるわ。今までよりずっと。さようなら。

屋外－ダリエン駅－昼－列車が駅に停車する。フィリップは列車を降りて周りを見回す。彼はキャシーがプラットホームを駆けてくるのを見かけ、彼女のところに行き、2人は抱き合う。

キャシー：ダリエンへようこそ。元気？

屋内／屋外－ジェーンの家－昼－キャシーの姉ジェーンがハリスに来客に飲み物を持って行くよう告げる。

ジェーン：ねえ、急いで、ハリス。私たちみんな喉がカラカラよ。
女1：お母様はあなたのことがきっとご自慢ですわね、グリーンさん。
フィリップ：はあ、そうですね、そう願います。
ジェーン：楽しんでらっしゃるかしら、フィル？

■ I'm up at Jane's
ここでの up はある地域の「北部に、内陸あるいは奥地へ」といった意味合いで使われる副詞。

■ have it out
問題などを話し合い、議論、あるいは喧嘩で解決すること。have things out ともする。

■ fix up
ex. We could not fix up our differences. (我々は食い違いを調整することができなかった)

■ be proud of…
I'm very proud of you. (君のことを誇りに思う)のように、人を褒めるときの決まり文句としてよく頻繁に使われる。

■ make myself clear
ここでの clear は Do I make myself clear? (私の言うことがお分かりになりますか)のように「明白な、完全に理解できる」を意味する。

■ when it's you I want to be clear with
文字通りの訳「あなたと理解しあいたいときに」とは「まだあなたと理解しあえていない」ということ。

■ baby
親しみを込めた呼びかけ。なお、男性が女性に対して用いる場合は、ごく親しい間柄に限られる。

■ solemn fool
solemn は「真面目くさった、もったいぶった」などの意を表すが、ここでは「本当の、全くの」ほどの意で使われたもの。

■ I'm hard to get along with
get along は How are you getting along? (いかがお過ごしですか)のように「なんとかやっていく、暮らしていく」の意。

■ take the three o'clock train
take に代って board、get on でもよい。なお、「列車で旅行する」は travel by train、「列車を降りる」は get off a train、get out of a train、「列車を乗り換える」は change trains、「列車に間に合う」は catch the train、「列車に乗り遅れる」は miss the train。

■ breathe
ここでの breathe again とは「生き返る、再び元気になる」ほどの意を表す。ちなみに、He breathed his last breath. とすると「彼は死んだ」ということ。

■ scarcely
この語は I could scarcely speak. (私はほとんど話せなかった)のように hardly の意。

■ You enjoying
文頭の Are が省略されたもの。

PHILIP	: Oh, having a fine time. Oh, ah, Jane…	
WOMAN 2	: Does your mother just adore everything you write?	adore 崇める，大好きである，とても素晴らしいと思う
PHILIP	: Not everything. No, not exactly.	not exactly そうでもない，必ずしもそうではない，全くそうというわけではない
WOMAN 1	: Oh, she must.	
WOMAN 3	: Some people have all the luck.	Some people have all the luck
WOMAN 4	: Yes, he is kind of nice.	
WOMAN 5	: Nice? If I thought there were any more around like that I'd go up into the hills myself and catch him with my bare hands.	bare hands 素手
WOMAN 3	: Oh, you would?	
WOMAN 5	: Yes, I would.	
WOMAN 6	: My dear, he's divine. How long was he around loose?	my dear 愛しい人，あなた，きみ divine 神のような，神々しい，とても素敵な loose 解放された，自由な，野放しの
KATHY	: Oh, about three days.	Mind if steal away 盗み取る，横取りする
JANE	: Mind if I steal Kathy away?	
WOMAN 6	: Jane, you look beautiful.	
JANE	: Oh, so do you.	
	: It's a wonderful party, isn't it, dear?	
KATHY	: It's going beautifully, my dear. I haven't seen the Bascoms.	
JANE	: Oh, didn't I tell you? Joe called and said he had that dreadful arthritis he's always getting and they said they were so sorry.	dreadful 恐ろしい，ひどい arthritis 関節炎 he's always getting
KATHY	: And where are the Howards and the Berlicks? Or are they coming later for dinner?	
JANE	: Um, no. They all decided to go to Hot Springs at the last moment. I, I thought I mentioned it.	Hot Springs ホットスプリングス at the last moment いよいよという時に mention 言及する，述べる，話に出す
KATHY	: Jane, dear, I'm in this just as deeply as Phil. I feel just as strongly about it as he does.	I'm in this 私はこれに従事している，私はこれに関わっている

フィリップ	:	ええ、楽しく過ごしています。ああ、そうだ、ジェーン…
女2	:	お母様はあなたの著作は全てお好きなのかしら？
フィリップ	:	全てではありません。いえ、そういうわけでは。
女1	:	あら、お好きに違いないわ。
女3	:	本当に運がいい人もいるものね。
女4	:	そうよ、彼ってちょっと素敵だわ。
女5	:	素敵ですって？ もしまだあんなのがいるとしたら、私、自分で丘陵に分け入ってこの素手でそいつを捕まえるわ。
女3	:	あら、そう？
女5	:	ええ、そうよ。
女6	:	ねえ、彼って目も眩むほど素敵だわ。彼、どれくらいの間自由の身だったの？
キャシー	:	そうね、3日くらい。
ジェーン	:	キャシーを連れて行ってもいいかしら？
女6	:	ジェーン、あなた綺麗だわ。
ジェーン	:	あら、あなたもよ。
	:	素晴らしいパーティーでしょ、ね、キャシー？
キャシー	:	素晴らしく進行してるわ、姉さん。私、バスカム家の人たちを見ていないんだけど。
ジェーン	:	あら、あなたに言ってなかったかしら？ ジョーから電話があって、彼の持病の関節炎が酷いって言ってたわ、それにご家族もとても残念だって。
キャシー	:	それにハワード家とバーリック家の人たちはどこ？ それとも、あの人たち、ディナーには遅れて来るのかしら？
ジェーン	:	ええと、いいえ。彼らは皆、土壇場でホットスプリングズに行くことにしたって。私、私、このことは言ったと思ってたけど。
キャシー	:	ジェーン、ねえ、私、このことにはフィルと全く同じくらい深く関わっているのよ。この件については彼同様に真剣に感じてるの。

■ adore
= to love deeply and devotedly; to like very much

■ not exactly
返事として使われる。なお「全くその通り、おっしゃる通り」とする場合は Exactly.

■ Some people have all the luck
（諺）本当に運がいい人もいるもんだ、幸運にばかり恵まれる者もいる。

■ bare hands
bare が「裸の、むき出しの」の意から。ここでは彼をすごく手に入れたい獲物に例えた表現。

■ my dear
親しみを込めた呼びかけ。

■ divine
exceptionally good の意味では女性が用いる。

■ loose
ここでは「独身の」「自由の身の」「付き合っている人がいない」といった意味合いで使われたもの。

■ Mind if
文頭の Do you が省略されたもの。

■ steal away
ここでは「お借りする」との意で使われた。

■ he's always getting
「彼がいつもこうむっている」から「いつもの」とする。

■ Hot Springs
アメリカのアーカンソー州中央部に位置する観光、保養都市。名が示す通り、この都市は温泉で知られている。源泉の温度は華氏143度。ちなみに hot spring（温泉）は特に摂氏37度以上の湯が出るものをいう。摂氏37度以下の温泉は warm spring という。ちなみに、日本の温泉は摂氏25度以上のもの。

■ at the last moment
「現在」は at this moment, at the moment、「同時に」は at the same moment、「危機に際して」は at a critical moment、「ちょうど都合がいい時に」は at the right moment、「決定的な瞬間に」は at the decisive moment、「最後まで」は to the last moment、「現在に至るまで」は up to the last moment.

■ mention
= refer to; tell something or somebody about in a few words

■ I'm in this
ここでの in は What business are you in?（あなたはどんな仕事をしていますか）のように、従事、活動を表し、「〜をして、〜に従事して」を意味する前置詞。

141

JANE	: But darling, what do you mean?	
KATHY	: You know what I mean. Just a little careful screening? Just the safe ones?	screening 審査, 選抜, ふるい分け
JANE	: Oh, darling. You're mad. You're getting a little hipped on this series too.	get hipped ～通になる hip 進んでいる, 乗り気の, 情報通の, 通の
WOMAN 7	: Mr. Green, tell me. Do you get your ideas first and then write? Or do you write first and then get your ideas?	
PHILIP	: Well, I... I'm afraid I don't think I quite understand what you mean.	I'm afraid 残念ながら, 申し上げにくいのですが
KATHY	: Excuse me. Excuse me. Darling, I'm afraid I'm going to have to spirit you away for a minute.	spirit away こっそり連れ去る, 誘拐する
PHILIP	: Oh, ah.	
KATHY	: Will you excuse us?	Will you excuse us 失礼します
WOMAN 8	: Why, certainly my dear. You make such a charming couple. And we all wish you great happiness.	make ～になる We all wish you...
PHILIP	: Thank you.	
KATHY	: We'll be right back.	We'll be right back すぐ戻ります
PHILIP	: Thank you.	
MAN	: Oh, no, no, no!	
JANE	: Kathy?	
KATHY	: Jane?	
JANE	: Kathy, wait a minute. Where are you going?	
KATHY	: Phil and I are going to disappear for a minute. I want to show him the house before it gets dark. And we both need a breather.	disappear 姿を消す, 消える breather 一息, 一休み
JANE	: Of course. Give us all a chance to talk about Phil without whispering. But he's won everybody.	whisper 囁く, 小声で話す, 耳打ちする win 好意を得る

ジェーン	: でもあなた、どういう意味?
キャシー	: 私の言いたいことは分かってるでしょ。
	: ほんのちょっと気を遣った人選? 無難な人たちだけ?
ジェーン	: まあ、あなたったら。どうかしてるわよ。あなたも例の連載にちょっと夢中になり過ぎてるのね。
女7	: グリーンさん、教えてくださいな。あなたはまずご自身の着想を得てからお書きになるの? それとも最初に書いてからアイデアを思いつかれるのかしら?
フィリップ	: そうですね、僕は … あいにくですが、あなたのおっしゃることがどうもよくわからないんですが。
キャシー	: 失礼。失礼します。ダーリン、少しだけあなたを連れて行かなきゃならないみたいなの。
フィリップ	: ああ、うん。
キャシー	: 私たち、失礼してよろしいですか?
女8	: あら、もちろんよ、あなた。あなたたち、とっても素敵なカップルになるわ。それに私たち皆、あなたたちの素晴らしい幸せを祈ってますよ。
フィリップ	: 有難うございます。
キャシー	: 私たち、すぐに戻ります。
フィリップ	: 有難うございます。
男	: おお、いや、いや、とんでもない!
ジェーン	: キャシー?
キャシー	: ジェーン?
ジェーン	: キャシー、ちょっと待って。あなたたち、どこへ行くの?
キャシー	: フィルと私、ほんのちょっとだけ姿を消すわ。暗くなる前にあの家を彼に見せたいの。それに私たち2人とも一休みが必要だし。
ジェーン	: もちろん。私たち皆にもちょうだいな、ひそひそ声じゃなくてフィルのことを話すチャンスをね。でも、皆さん、彼のとりこになってるわ。

■ hip
ex. He's hipped to movies.(彼は映画通だ)

■ I'm afraid
好ましくないことについて、また相手への遠慮を表して、文頭、文中、文末で用いられる。なお、I'm afraid that の that... はしばしば省略される。

■ spirit away
ここでは「連れて行く」の意。なお、この表現は kidnap の意でよく使われる。
ex. His son was spirited away out of the house.(彼の息子は家から連れ去られた)

■ Will you excuse us?
中座するときなどの断りの表現。一人の場合は Will you excuse me? とか Excuse me. とする。

■ make
この意味で用いられる場合、She has made him a wonderful wife.(彼女は彼の素晴らしい妻になった)のように、目的語は、通例、評価を表す形容詞を伴う。

■ We all wish you...
ここでの wish は I wish you the best of luck.(あなたの幸運を祈ります)のように人に幸運、幸せ、成功などを「祈る、願う」の意。

■ We'll be right back
少しの間、場を外す際の表現。テレビ漫画などでコマーシャルが始まる直前に「またすぐ番組に戻りますから、チャンネルを回さないでね」といった意味合いでもしばしば用いられる。

■ breather
breathe が「呼吸する」からこの語は「息をつくための一休み」、すなわち a short rest period を表す。

■ whisper
ここでの without whispering(ささやかないで、耳打ちしないで)とは、彼のことを堂々と話せるということ。

■ win
ここでは素質や信望などによって人の好意、愛情、同情、友情、関心などを得ること。

JANE	: Has it been awful, Phil?	
PHILIP	: No, I'm coming back for more.	for more　もっと求めて ↺
JANE	: Good boy. Harry says this sort of thing is a kind of mental bankruptcy. But we women love it. Don't we, Kathy?	bankruptcy　破産, 倒産, 破たん ↺
KATHY	: We certainly do. Come on, darling.	
PHILIP	: See you later.	See you later　それじゃまた, またあとで ↺
HARRY	: Goodbye.	
PHILIP	: I feel pretty much of a fool over the fuss I kicked up beforehand. Can't imagine why she even bothered to ask if I'd lay off for the party. They all asked about the series, thought it was fine. Not one lifted eyebrow in the bunch. Hey, Miss Lacey, you're not even listening.	I feel pretty much of a fool　すごく愚かだと感じる ↺ fuss　から騒ぎ, 無用の騒ぎ, 大騒ぎ kick up　始める ↺ beforehand　前もって, 前に Can't imagine ↺ bother to ask　わざわざ訊ねる ↺ lay off for the party　パーティに出席しない, パーティを断る lay off　仕事をやめる, 仕事や活動を休む lift eyebrow　眉を吊り上げる ↺ bunch　群れ, 集まり
KATHY	: That's right. I was thinking about you, how wonderful you are. Darling, there it is.	there it is　さあそこです, さあ見てごらん

EXT. / INT. COTTAGE - DAY - Kathy and Philip approach the cottage. Kathy opens the door.

cottage　小屋, 小さな家 ↺
approach　近づく, 接近する, 近寄る

PHILIP	: Aren't you supposed to carry me across the threshold or something?	be supposed to...　〜することになっている, 〜するよう期待されている ↺ threshold　敷居, 入口, 門口 or something　か何か, とか何とか
KATHY	: That's only if you refuse to marry me, in which case I take you and throw you in.	refuse　拒絶する, きっぱり断る ↺
PHILIP	: Well... it's lovely. It has a...kind of quiet all its own. Did you do it all yourself?	
KATHY	: Every bit of it.	every bit　全て, 全部 ↺
	: We can redo the nursery. That was when Bill and I hoped we'd have a child. Could be Tom's room. Will he like the country, Phil?	redo　作り直す, 改装する, 改築する, 模様替えする nursery　育児室, 保育室, 子供部屋 ↺

ジェーン	：凄まじかったでしょう、フィル？
フィリップ	：いえ、もっと奪いに戻ってきますよ。
ジェーン	：いい子だこと。ハリーが言うにはこの手のことは一種の精神的破たん状態ですって。でも私たち女性はこういうのが大好き、そうじゃなくて、キャシー？
キャシー	：確かにそうね。行きましょう、ダーリン。
フィリップ	：では後ほど。
ハリー	：じゃあね。
フィリップ	：僕は先走って騒ぎ起こしたりして、本当に馬鹿だったと思ってるよ。何でジェーンがわざわざ、僕がパーティーをキャンセルするかと尋ねてきたのか想像もつかない。彼ら全員が連載のことを聞いてきたし、いいことだと思っていた。連中の中で1人として眉を上げたりはしなかった。ちょっと、ミス・レイシー、聞いてもいないじゃないか。
キャシー	：そうよ。私、あなたのことを考えていたの、あなたは何て素敵なんだろうって。ダーリン、ほらあそこよ。

屋外／屋内－コテージ－昼－キャシーとフィリップはコテージに近づく。キャシーがドアを開ける。

フィリップ	：君、僕を抱えて敷居か何かをまたいで入ったりしないのかい？
キャシー	：それはあなたが私との結婚を拒絶した時だけよ。その時には私、あなたを連れてきて中に放り込むわ。
フィリップ	：いやあ・・・これは素敵だね。ここには・・・家そのものに静けさがある。君が全部自分でやったのかい？
キャシー	：全てね。
	：私たち、育児部屋を作り変えることが出来るわね。あれはビルと私が、子どもが生まれたらと思ったときのものなの。トムの部屋にできるわね。あの子、田舎が好きになるかしら、フィル？

■ for more
ここでは、同じようなことを求めて、ということ。

■ bankruptcy
ここでは「精神的破たん、精神の枯渇」との意で使われたもの。

■ See you later
しばしば別れを表す挨拶で Goodbye の意。→ p.181

■ I feel pretty much of a fool
much of... は「すごく…」ほどの意で、この後には単数可算名詞がくる。

■ kick up
特に to raise trouble とか to cause pain を意味する俗語。本文中の例のように kick up a fuss として使われる。

■ Can't imagine
文頭の I が省略されたもの。

■ bother to ask
ここでの bother は bother to do として、「わざわざ～する」の意を表し、通例、否定文で用いられる。

■ lift eyebrow
驚き、軽蔑、非難、疑いなどの表情。なお、「眉をひそめる」は knit one's eyebrows、「眉を上げる」は raise one's eyebrows、「眉を書く」は pencil one's eyebrows。

■ cottage
通例、1階建ての労働者や田舎に住んでいる人の小さな家、田舎家。

■ be supposed to...
否定文の場合は You are not supposed to smoke here.（ここでは喫煙は禁止です）のように be not supposed to とする。

■ or something
Are you married or something?（結婚か何かしてるんですか）のように、断言を避ける表現。

■ refuse
申し出、依頼、要求、命令、許可あるいは人などを「拒む、はねつける」こと。

■ every bit
この表現は He is every bit a gentleman.（彼はどこからみても紳士だ）のように、「どの点から見ても」、すなわち「全く」の意で使われることも多い。

■ nursery
nursery school（保育園）の意味で使われることもある。

PHILIP	: Oh, he'll be crazy about it.	be crazy about... ～に夢中である, に熱狂している, にのぼせている
	: You and Bill live here long?	You and Bill
KATHY	: Bill and I have never lived here.	
PHILIP	: Never? Why not?	Why not どうして
KATHY	: Well, it's hard to explain. I love this house deeply. And I started to build it when things first began to go wrong between Bill and me. And somehow it became a symbol to me of many things. Sometimes when you're troubled and hurt, you pour yourself into things that can't hurt back. Can you understand that?	deeply 深く, 激しく, 心から go wrong うまくいかない, 間違える, 調子が狂う, 失敗する pour into 注ぎ込む hurt back やり返す
PHILIP	: Oh, sure. I've done it myself with work.	
KATHY	: Well, I poured all my hopes into this place. And when it was finished, I somehow knew that Bill and I were finished.	
	: I knew I couldn't live here with someone I didn't really love. It was always more than just a house to me, a place I owned. It meant everything I hoped for. Marriage, children, good life. I knew I couldn't live here alone. I knew that for sure.	own 所有する, 持つ for sure 確かに, 確実に, もちろん, 当然
PHILIP	: And you've never lived here at all?	stay up at... ～に滞在する, ～に泊る
KATHY	: No, never. No one has. I stay up at Jane's and I come down and walk through the house, poke through the curtains a bit. Sit out here. And for a long while, I hated it. Really hated it. But I could never let it go. And now I know why. I was right not to settle for second best. I was right to keep hoping, because it's all come true. Darling, you and I are going to be so happy here. This house and I... we were waiting for you. I was always waiting for you, I think.	poke through... ～を突き開く, 突き開ける I could never let it go 私はそれを手放すことが出来なかった settle for... ～で我慢する, を甘んじて受け入れる, で手を打つ second best 次善の物・人, 二流の人・物 come true 実現する, 本当になる

Gentleman's Agreement

フィリップ	：ああ、あいつは夢中になるさ。
	：君とビルはここに長く住んだのかい？
キャシー	：ビルと私、ここには全然住まなかったの。
フィリップ	：全然？　どうして？
キャシー	：そうね、説明するのは難しいわ。私はこの家には深い愛着があるの。でも、ここを建て始めると、まずビルと私の間でいろいろとおかしくなり始めたわ。だから、なんとなく、ここは私にとっていろんなことの象徴になったの。時に人は悩んだり傷ついたりすると、傷つけ返すことが出来ないものに心血を注ぐものよ。あなたにこのこと、わかるかしら？
フィリップ	：ああ、もちろん。僕の場合は仕事でだがね。
キャシー	：そう、私は自分のあらゆる希望をこの家に注ぎ込んだわ。そして家が完成した時、とにかく悟ったの、ビルと私の仲も終わったことを。
	：私には分かったの、ここには私が本当に愛していない人とは一緒に住めないって。ここはいつだって、私にとってはただの家、自分が所有している家以上のものだった。それは私が望んだあらゆるものを意味していた。結婚、子どもたち、幸福な人生をね。ここに一人では住めないと私にはわかっていた。そのことははっきりとわかっていたの。
フィリップ	：それで君は一度もここには住んだことがない？
キャシー	：ええ、一度も。誰も住んだことないわ。私はジェーンの家に泊まってここへやって来て、家の中を歩き、カーテンを少しいじって、ここに出てきて座る。それで、長い間、この家が嫌いだった。本当に憎んだわ。でも家を手放すことは決して出来なかった。で、今その理由が私にはわかる。私、２番目のもので妥協しなくて正しかったんだわ。正しかったのよ、希望を持ち続けて。だってそれは全て実現したんですもの。ダーリン、あなたと私はここでとても幸せになるのよ。この家と私…私たちはあなたを待っていたの。私、あなたをずっと待っていたのよ、きっと。

■ be crazy about…
ここでの crazy は mentally ill ではなく、I'm crazy about you.（君に夢中だ）のように、full of enthusiasm or excitement の意を表す口語。

■ You and Bill
文頭の Did が省略されたもの。

■ Why not
この表現は Please explain your negative answer との意。なお、「いいとも」、すなわち I cannot think of a reason not to, so yes の意でも頻繁に使われる。

■ go wrong
ここでの wrong は妥当性を欠いて「誤った方向へ」との意を表す副詞。

■ pour into
pour は液体、感情、人、物質、言葉などを「注ぐ、つぎ込む、浴びせかける」ということ。
ex. She poured milk into a glass.（彼女はミルクをグラスについだ）

■ hurt back
ここでの back は He hit me back.（彼は私を殴り返した）のように「返して」を意味する副詞。

■ own
ここでは Who owns this car?（この車は誰のだ）のように possess の意。この意味の場合、進行形としては使えない。

■ for sure
= without doubt; certainly; surely; for certain

■ poke through…
poke は指、耳、顔などを向けたり、指、肘、棒などで押したり、つついたりすること。

■ I could never let it go
let go は Let me go.（放してくれ）のように「釈放する、手放す、持ち去る、忘れる」などの意。

■ settle for…
settle が「和解する」の意から、She doesn't want to settle for being a housewife.（彼女は主婦の立場に甘んじたくない）のように、不満ながら我慢する、といった意味合い。

■ second best
ex. She is content with the second best.（彼女は次善に甘んじている）

■ come true
この表現は I hope your dream will come true.（あなたの夢が叶うことを祈ります）のように夢、理想などが「実現する」を意味する。

147

INT. KATHY'S APARTMENT - EVENING - Kathy brings out some coffee for Philip and Dave. She calls out to Anne in the kitchen.

KATHY : Coffee, coffee, coffee! Anne, will you bring the cream? And the mints?

ANNE : Mints? Where?

KATHY : Right there. How do you want your coffee, Dave? Black?

DAVE : Fine.

ANNE : Oh.

PHILIP : Why don't you play that piece that you know, dear, and make it a perfect evening? You know, she plays beautifully.

KATHY : Darling, you keep on thinking I play beautifully.

PHILIP : Well, you do.

KATHY : Anne, would you put the radio on?

ANNE : Sure, here.

DAVE : You know something, Anne? These two act like an old married couple. And two days before the wedding. It's kind of indecent.

ANNE : And depressing. At least give a nervous flutter once in a while, Kathy, or the bellboys won't make jokes to each other as they carry up your bags.

DAVE : Well, is the honeymoon place a secret?

KATHY : Mm. Big, dark secret. We're going to the White Mountains.

PHILIP : Whaa! Don't tell him where. He's nosy. Liable to turn up at odd hours, pretending he's the house detective.

KATHY : Oh, I'd love that. I've always wanted to tell a house detective what for. Haven't you? We're going to Flume Inn. Do you know it?

ANNE : What? Flume Inn? On your honeymoon? Oh, no. You wouldn't. You're kidding.

KATHY : No, we're not.

148

屋内-キャシーのアパート-夕方-キャシーはフィリップとデイヴにコーヒーを持ってくる。彼女は台所にいるアンに呼び掛ける。

キャシー	:	コーヒー、コーヒー、コーヒーよ！アン、クリームを持ってきてくれる？それにミントも。
アン	:	ミント？ どこにあるの？
キャシー	:	すぐそこよ。コーヒーはどのようにします、デイヴ？ ブラック？
デイヴ	:	いいよ。
アン	:	ああ。
フィリップ	:	君の知ってるあの曲を弾いたらどうだい、そうすれば完璧な夜になる。あのな、彼女は素晴らしい演奏をするんだ。
キャシー	:	ダーリン、あなたは私が上手いとずっと思ってるわね。
フィリップ	:	ああ、そうだよ。
キャシー	:	アン、ラジオをつけてくださる？
アン	:	いいわよ、さあ。
デイヴ	:	なあ、アン？ この二人はもう何年も結婚してるカップルみたいに振舞ってるぜ。しかも結婚式2日前だというのに。なんか破廉恥だな。
アン	:	それに憂鬱だわ。少なくともたまにはドキドキそわそわしなさいよ、キャシー、でないとボーイさんたちは、あなたたちの荷物を運びながら冗談を言い合ったりすることもできないわよ。
デイヴ	:	それで、新婚旅行先は内緒かい？
キャシー	:	まあ、大きな秘密ね。私たちが行くのはホワイト山脈。
フィリップ	:	わー！ 彼に行き先は教えるんじゃない。知りたがり屋だから。警備員の振りをしてとんでもない時間に現れるかも知れないしね。
キャシー	:	あら、それ、いいかも。いつも警備員に何のためにいるのかを教えてあげたかったの。でしょ？私たち、フルーム・インに行くのよ。そこ、知ってる？
アン	:	何ですって？ フルーム・イン？新婚旅行に？まさか。そんな。冗談でしょ。
キャシー	:	いいえ、本当よ。

■ How do you want your coffee?
砂糖やミルクはどうしますか、と尋ねる際の表現で、丁寧には How would you like your coffee? とする。何もいらなければ Black でオーケー。ミルクと砂糖が必要な場合は Milk and sugar, please. とする。

■ piece
散文や韻文の短い作品や、She started to play a Bach piece.（彼女はバッハの曲を弾き始めた）のように楽曲をいう。

■ keep on...
keep on doing は人が「～し続ける」との意。keep doing と同じだが、on を付けて継続の意を強める。

■ put on
ここでは C.D.、テープ、T.V.、電灯、ガスなどを「つける」。

■ You know something
話し手が重要と考えていることを切り出す際に相手の注意を引き付けるための表現。You know what ともする。

■ flutter
この話は I'm in a flutter.（どきどきしている）のように a flutter として「心の動揺、混乱」をいう。

■ bellboy
特にホテルの荷物運びなどをするボーイで、bellhop、bell-hop ともいう。

■ dark secret
ここでの dark は「黒い」ではなく、He is a dark horse.（彼はダークホースだ→彼は思いつかない競争相手だ）のように、「隠された、世に知られていない」などの意を表す。

■ the White Mountains
The White Mountains とは New Hampshire 州北部 Appalachian 山脈の支脈、ホワイト山脈のこと。

■ Liable
文頭の He is が省略されたもの。なお liable は「～しがちな、～しやすい、～しそうな」の意で、余り好ましくないことについて用いられる。

■ odd hours
ここでの odd は物、事、人、外見、態度、好みなどが「普通でない、風変りな、異様な」の意を表す。

■ house detective
ホテル、デパートなどの警備員をいう。なお、detective とは「探偵、刑事」のこと。

■ Flume Inn
inn とは「宿屋、小さな旅館」のことだが、大型ホテル Holiday Inn からも明らかな通り、サービスを規格化、簡略化した大きな近代ホテルについても使われる。

■ You're kidding
You must be kidding, You've got to be kidding, Are you kidding? などともする。

PHILIP	: What's the matter with Flume Inn?	
ANNE	: Well, it's restricted, that's all.	restricted 制限された, 限られた ⊙
PHILIP	: Restricted?	
KATHY	: Darling, I'm sorry. I didn't realize when I sent the wire.	wire 電報 ⊙
PHILIP	: Oh, that's all right, baby. It's not your fault. So that's how it is. Restricted.	
KATHY	: Are you sure, Anne? Have you been there recently?	recently 最近, 近ごろ
ANNE	: No. And I'm sure.	
PHILIP	: But they confirmed the reservation. I'm not gonna let 'em off the hook.	confirm 確認する, 確かめる ⊙ off the hook 解放されて, 免れる ⊙
KATHY	: Darling, we can open the cottage. We won't even have to tell Jane we're there.	
PHILIP	: Oh, sure, sure. You can always go somewhere.	
KATHY	: Those nasty little snobs aren't worth fretting over.	nasty むかつけき, 胸が悪くなるような, ひどい snob 紳士気取りのやつ, えらぶったやつ, 俗物 worth 値する, 価値がある ⊙ fret over... ～のことでいらいらする, について悩む ⊙
PHILIP	: There must be something to do besides accept it.	pin down 釘づけにする, 身動きできなくさせる, 縛りつける ⊙
DAVE	: You can't pin 'em down, Phil. They never say it straight out or put it in writing. They'll worm out of it one way or another. They usually do.	say straight out はっきり言う ⊙ put...in writing ～を文字にする worm out of... ～から抜け出す ⊙ one way or another どうにか, 何とか, どっちみち ⊙
KATHY	: Phil. It's Tom. He wants you. He sounds frightened.	frightened おびえた, どきっとした, 怖かった
PHILIP	: Hello, Tom. What's up? What? Tom, listen. There's a bottle of medicine in the cabinet. Get it and give some to Grandma right away. Yeah, I'll be there in five minutes.	What's up? どうした, 何があったんだ, 元気か ⊙ cabinet キャビネット, 戸棚 in five minutes 5分で, 5分後に
ANNE	: What's happened?	
PHILIP	: Sounds like a stroke.	stroke 発作, 脳卒中
DAVE	: I'll get a cab.	
KATHY	: Anne, find Dr. Abrahams' name in this directory and ask him to get down there right away. J.E. Abrahams. I'm going with you.	directory 住所人名録, 人名簿 ⊙

150

Gentleman's Agreement

フィリップ	: フルーム・インがどうした？
アン	: ええ、あそこ非解放、そういうことよ。
フィリップ	: 非解放？
キャシー	: ダーリン、ごめんなさい。電報を打った時には気付かなかったの。
フィリップ	: ああ、大丈夫だ、ベイビー。君のせいじゃないよ。そうか、そういうことか、非解放ね。
キャシー	: 確かなの、アン？ 最近、そこに行った？
アン	: いいえ。でも確かよ。
フィリップ	: しかし彼らは予約を確認した。言い逃れなんかさせないぞ。
キャシー	: ダーリン、別荘にすればいいわ。私達が行くのをジェーンに伝える必要もないし。
フィリップ	: ああ、もちろん、もちろん。いつだってどこかには行けるさ。
キャシー	: ああいう嫌な気取り屋たちに苛立つことないわ。
フィリップ	: そいつを受け入れる以外に何かやるべきことがあるはずだ。
デイヴ	: 連中をぎゃふんと言わせることはできない、フィル。やつらは、はっきり口に出したり書面にしたりなんて絶対にしないから。どっちみち、のらりくらりとかわして逃げるのさ。やつらはいつもそうだ。
キャシー	: フィル、トムからよ。あなたと話したいって。何か怖がっているみたい。
フィリップ	: やあ、トム。どうした？ 何だって？ トム、いいか。戸棚に薬のビンがある。それを取って、すぐにおばあちゃんに少し飲ませなさい。ああ、5分でそっちに戻るからね。
アン	: どうしたの？
フィリップ	: 発作のようだ。
デイヴ	: タクシーを呼ぶよ。
キャシー	: アン、この電話帳でエイブラムス医師の名前を探して、すぐに現地に向かうようお願いして。J.E. エイブラムスよ。私も一緒に行くわ。

■ restricted
アメリカでは「特定集団、階級の構成員に限る」とか「白人キリスト教徒だけの」の意味として使われる。

■ wire
telegram が最も一般的な語。wire はアメリカでの略式。なお、「電報を打つ」は send a telegram、「電報を受け取る」は get a telegram。

■ confirm
ホテルや航空会社、レストランなどでの予約を確認する際にはこの語が使われる。

■ off the hook
厄介、難儀、義務などから「解放される」との意。ここではユダヤ人差別という問題から逃がしたりはしない、と言っている。

■ worth
この話は This book is worth reading.（この本は読むに値する）のように、努力、時間、金などを表す名詞または動名詞を伴って、物や事が手間、時間、金などをかける価値がある、との意を表す。

■ fret over
fret は Don't fret over the trifles.（つまないことでいらいらするなよ）のように to be troubled or worried の意。

■ pin down
ここでは「ギャフンと言わせる」ほどの意。

■ say straight out
straight が「真っ直ぐに」であることから、straight out は「率直に」の意を表す。

■ worm out of...
ここでの worm が「（芋虫のように）そわそわ動く」を意味することから、この表現は「くねくね進む、どうにか逃げる、巧みに切り抜ける」などの意でも使われる。

■ one way or another
by some means の意で、in one way or another とか (in) one way or the other ともする。

■ What's up?
ここでの up が出来事、異常事態などが「起こっている、持ちあがっている」を意味することから What is happening?、あるいは What's the matter? ほどの意で使われたもの。なお、この表現は What are you doing these days?（最近は何してる）や「元気か」といった意味合いの挨拶としても頻繁に使われる。

■ directory
ここでは telephone directory（電話帳）の意味で使われたもの。

151

Restriction of Jews

11 *INT. PHILIP'S APARTMENT - NIGHT - Philip and Dave are in the kitchen doing the dishes. Philip sees the plate Dave just washed is still dirty.*

PHILIP	:	Tsk tsk tsk.
DAVE	:	Hmm? Oh.
KATHY	:	She is magnificent. Never complains. Just keeps worrying about my school if I'm down here all day.
PHILIP	:	Maybe we oughta hire a part-time maid, Kathy and...
KATHY	:	Ever tried drying dishes and keeping your mouth shut? It goes much faster.
	:	Cheer up, darling. Postponing a wedding isn't the worst thing in the world.
PHILIP	:	I suppose it isn't.
KATHY	:	Just a week, two at the most, Abrahams said.
DAVE	:	I might as well break the news, folks. I'm afraid I won't be here for it.
KATHY	:	What? Why, Dave, you got to be. I don't think Phil could get married without you. And I couldn't either.
PHILIP	:	Why? What happened?
DAVE	:	Nothing. That's just it. I can't abandon my family forever. Or find a house or an apartment. If it was just me alone, I'd sleep in the subway. But I've got Carol and the kids to think about. I've gotta go back. There's no two ways about it. I'm licked.

---

do the dishes 皿洗いをする

Tsk チッ, ちえっ

magnificent 壮大な, 壮観な, とても素晴らしい, とびきり上等の
if I'm down here もし私がここにいたら
part-time パートタイムの, 非常勤の, 時間制の

Ever
dry dishes 皿を乾かす, 皿を拭く
keep one's mouth shut 口を閉ざしておく, 黙っている
Cheer up 元気を出せ
postponing...the world 結婚式を遅らせることがこの世で最悪のことではない
postpone 延期する, 後回しにする
it isn't
at the most せいぜい, 多くても, 良くても悪くても
might as well 〜するほうがました, 〜したほうがいい
break the news ニュースを打ち明ける, 知らせる, 公表する, もらす
folks 君たち, みんな
for it
You got to be

abandon 捨てる, 見捨てる
forever 永遠に, 永久に

subway 地下鉄, 地下道
I've got Carol...to think about
There's no two ways about it 他に考えようがない, 他に言いようがない, それしか方法がない

ユダヤ人お断り

DVD　01：23：17
□□□□□□

屋内 - フィリップのアパート - 夜 - フィリップとデイヴは台所で皿洗いをしている。フィリップはデイヴが洗ったばかりの皿がまだ汚れているのに気付く。

フィリップ　：チッ、チッ、チッ。

デイヴ　：ん？　ああ。

キャシー　：お母様は素晴らしいわ。何の文句も言わないし、私が一日中ここにいると学校は大丈夫かと心配ばかりしてくれるのよ。

フィリップ　：パートの家政婦を雇うべきかも。キャシーと …

キャシー　：黙ってお皿を拭いたことある？　そうすれば早く進むわよ。

　　　　　：元気を出して、ダーリン。結婚式が延びたからって別に最悪じゃないわ。

フィリップ　：そうだね。

キャシー　：たったの1週間よ、多くて2週間、エイブラムス先生が言うにはね。

デイヴ　：君たちに言っておいた方がいいな。残念だが、それまで俺ここにはいない。

キャシー　：何ですって？　まあ、デイヴ、いなきゃだめよ。フィルはあなたがいないと結婚できないわ。それに私も。

フィリップ　：なぜ？　何があったんだ？

デイヴ　：何にも。まさにそれが問題さ。いつまでも家族を放っておくことはできない。あるいは家やアパートを探すことも。自分一人なら地下道で寝ることもできる。しかしキャロルと子供たちのことがあるからさ。帰らないと。それしか方法がないんだ。まいったよ。

■ **do the dishes**
ここでの do は She is doing the flowers.（彼女は花を生けている）とか She did her face.（彼女は化粧をした）のように、必要なことを「処理する」を意味する。

■ **Tsk**
嫌悪、軽蔑、じれったさなどを示す舌打音。

■ **Ever**
文頭の Have you が省略されたもの。

■ **dry dishes**
dry は「水をぬぐって取る」ということ。そこから食器類に使われた場合は「拭く」となる。なお、洗濯物については She dried her clothes in the sun.（彼女は日向で衣服を乾かした）のように「乾かす」。

■ **keep one's mouth shut**
「口を閉ざす、黙る」は shut one's mouth、「話す、口を割る」は open one's mouth。

■ **Cheer up**
人を励ますときの表現の一つ。同様のものに Chin up!（元気を出して）、Go for it（頑張れ）、Don't give up（諦めないで）、You can do it（君ならできる）、Take it、Dear it、Hang in there!（我慢しなさい）など、多くある。

■ **postponing…the world**
結婚式が延びたからって別に最悪じゃないわ、ということ。

■ **it isn't**
文末に the worst thing in the world を補って考える。

■ **at the most**
at most、at the very most ともする。なお、この表現は、通例、数詞を伴う語句の前後で使われる。

■ **break the news**
ここでの break はニュース、秘密、計画などを「知らせる、もらす」との意。

■ **for it**
ここでの it は二人の結婚式のこと

■ **You got to be**
文末に here for it を補って考える。なお、got to は have got to、すなわち must の意。くだけた会話では have が省略される。

■ **I've got Carol…to think about**
「考えなきゃならないキャロルや子供たちがいる」→「キャロルと子供たちのことを考えなきゃいけない」

153

PHILIP	: Yeah, but… that means the job, your whole future.	
DAVE	: I'll live. I did before.	I'll live 私なら大丈夫だ, 心配無用
KATHY	: Why, Dave, that's terrible.	
DAVE	: I spoke to Carol on the phone last night. I told her I'd give it one more day but I know there isn't a chance. She's lonely, too. I've gotta go back. Big job or not.	speak on the phone 電話で話す I'd give it
KATHY	: What is it, Phil?	
PHILIP	: Oh, nothing.	
DAVE	: Come on, Phil, let's you and I get out of the house for a while. Kathy won't mind, and you know Ma's out of danger now. You need some air.	get out of the house 家から出る Kathy won't mind be out of danger 危険を脱している You need some air
PHILIP	: I am going out. I going up to Flume Inn.	
KATHY	: What?	
PHILIP	: I'm gonna use those plane tickets we had for this afternoon. I'll be back later.	
KATHY	: Phil, what for?	
DAVE	: You're wasting your time.	waste 無駄にする, 浪費する
PHILIP	: Sure, but there must be a time once when you fight back, Dave. I wanna make 'em look me in the eye and do it. I, I want the satisfaction. I can't explain it, but I wanna do it for myself.	fight back やり返す, 反撃する look someone in the eye 人の目を見る, 人をまともに見る satisfaction 満足, 償い, 復讐, 謝罪 nothing more than... ～に過ぎない, ～でしかない
KATHY	: Phil, they're nothing more than…	
DAVE	: Let him do it, Kathy. You have to face 'em once. I did it once at Monterey.	face 直視する, 向かい合う, 立ち向かう Monterey モンテレー
PHILIP	: They are more than nasty little snobs, Kathy. You call 'em that and you can dismiss 'em. It's too easy. They're persistent little traitors to everything that this country stands for and stands on and you have to fight 'em.	dismiss 捨てる, 追い出す, 退ける persistent 粘り強い, 根気強い, しつこい, しぶとい traitor 裏切り者, 反逆者 stand for... ～を表す, を意味する, を象徴する stand on... に基づく, を重んじる, を事実であると主張する

フィリップ	: ああ、でも … それじゃ例の仕事や君の将来は。
デイヴ	: 大丈夫さ。今までそうしてきた。
キャシー	: まあ、デイヴ、ひどい事だわ。
デイヴ	: 昨夜、キャロルと電話で話した。もう一日だけ探すと言ったが、しかし見込みがないことはわかっている。彼女も寂しがっているしね。俺は帰らなきゃ。大きな仕事があろうがなかろうが。
キャシー	: 何なの、フィル？
フィリップ	: ああ、何でもない。
デイヴ	: さあ、フィル、2人でちょっと外に出よう。キャシーなら大丈夫さ、それにお袋さんももう危険を脱していることだし。君には外の空気が必要だ。
フィリップ	: 僕は出かける。フルーム・インへ行ってくる。
キャシー	: 何ですって？
フィリップ	: 今日の午後に予約していた飛行機のチケットを使う。後で戻るよ。
キャシー	: フィル、何のために？
デイヴ	: 時間の無駄だぜ。
フィリップ	: そうだ、だが一度はやり返さないといけない時がある、デイヴ。僕は彼らに僕の目を見させて、闘いたい。僕、僕は満足感が欲しいんだ。うまく説明できないけど、自分のためにやってみたいんだよ。
キャシー	: フィル。彼らはただの …
デイヴ	: やらせてやれ、キャシー。一度はやつらと向き合わなきゃいけないのさ。俺も一度モントレーでやったことがある。
フィリップ	: 彼らはただの嫌な気取り屋じゃあない、キャシー。人は彼らをそう呼び、それで済ませてしまう。それでは簡単すぎる。彼らはこの国が意味するものや基盤とするもの全てに対するしぶとい反逆者だ。だから彼らと闘わなければならないのさ。

■ I'll live
ここでのlive は「生きながらえる、持ちこたえる」ということ。
■ speak on the phone
ここでの on は 道具、手段、方法について用いて「～によって、～で」を意味する前置詞。
■ I'd give it
ここでの it は住宅を探すこと、つまり「住む場所を探すことにもう1日ついやす」といったもの。
■ get out of the house
ここでは「場を外す、失礼する」といった意味合い。
■ Kathy won't mind
「キャシーは気にしないだろう」→「キャシーは構わないだろう」ここでの mind は「気にする、反対する、嫌がる」の意で否定文、疑問文、条件文で使われる。
■ be out of danger
out of は Out of debt, out of danger. (借金がなければ、危険もなくなる)という諺からも分かる通り、ある状態を「脱して、離れて」を意味する。
■ You need some air
ここでの air は some fresh air、すなわち外の新鮮な空気のことで、室内などから外に出る際に使われる。
■ fight back
この表現は She fought back her tears. (彼女は涙をこらえた)のように、涙、笑い、表情などを「こらえる、抑える」の意味でもよく使われる。
■ look someone in the eye
look someone right in the eye、また right に代わって straight とすることも多い。
■ satisfaction
この語には非礼、過誤などの「償い」とか侮辱などに対する「謝罪」といった意味があることから、ここでは「満足感が欲しい」と「謝罪が欲しい」の double meaning。
■ face
ここでは逃げないで勇敢にあるいは大胆に好ましくない事や状況などに「立ち向かう」との意味合い。
■ Monterey
California州西部 Monterey 湾南端の都市。
■ traitor
主義や国家に対する裏切り者のこと。
■ stand for...
この表現は疑問文、否定文でしばしば will とか would を伴って I won't stand for your nonsense. (君の馬鹿げた話には我慢できない)のように「～を我慢する、に耐える」の意味でも頻繁に使われる。

PHILIP : Not just for the "poor, poor Jews," as Dave says, but for everything this country stands for. Anyway, I'm going. See you later.

EXT. / INT. FLUME INN - DAY - Philip arrives outside the entrance in a taxi. Philip enters the lobby and heads to the front desk. A CLERK talks to a WOMAN guest.

CLERK : I think you'll find this room more comfortable, Mrs. Brewster.
WOMAN : Thank you.
PHILIP : I have a reservation, double room and bath, today through Thursday.

CLERK : In what name, please?
PHILIP : Green. Philip Green.
CLERK : Yes, Mr. Green.
PHILIP : My wife will be here tomorrow.

CLERK : Oh, yes.
PHILIP : Oh, one more thing.
CLERK : Yes?
PHILIP : Is your hotel restricted?
CLERK : Well... I'd hardly say it was restricted.
PHILIP : Then it's not restricted?
CLERK : Would you excuse me a moment, please?

MANAGER: How do you do, Mr. Green?
PHILIP : How do you do?
MANAGER: In answer to your question, may I inquire, are you... That is, do you follow the Hebrew religion yourself? Or is it that you just want to make sure?
PHILIP : I've asked a simple question. I'd like to have a simple answer.
MANAGER: Well, you see, we do have a very high-class clientele, and... well, naturally.

フィリップ ： デイヴの言う、「可愛そうな、気の毒なユダヤ人」の為だけでなく、この国が象徴する全てのためにね。とにかく行ってくる。じゃあ、あとで。

屋外／屋内－フルーム・イン－昼－フィリップはタクシーで玄関の外に着く。フィリップはロビーに入るとフロントへ向かう。フロント係が女性客と話している。

フロント係 ： この部屋はもっと快適でしょう、ブリュースター様。
女 ： ありがとう。
フィリップ ： 予約した者ですが。バスルーム付きダブルベッドの部屋を、今日から木曜日まで。

フロント係 ： お名前をお願いできますか？
フィリップ ： グリーン。フィリップ・グリーン。
フロント係 ： はい、グリーン様。
フィリップ ： 家内は明日、こちらに来ます。

フロント係 ： ああ、はい。
フィリップ ： ああ、もうひとつ。
フロント係 ： はい？
フィリップ ： このホテルは非解放ですか？
フロント係 ： ええと … 非解放とは言えません。
フィリップ ： では非解放ではない？
フロント係 ： 少々お待ちいただけますか？

支配人 ： こんにちは、グリーン様。
フィリップ ： こんにちは。
支配人 ： ご質問にお答えするためにお尋ねしたいのですが、あなたは … つまり、ご自身がユダヤ教徒でしょうか？それともご確認なさりたいだけですか？
フィリップ ： 僕は単純な質問をしただけです。簡単な答えを聞きたい。
支配人 ： あの、いいですか、ここはとても高級なお客様ばかりですので、それで … まあ、当然です。

■ head to…
ここでの head は They headed toward town.（彼らは町の方へ向かった）のように to go toward の意を表す。

■ front desk
ホテルの受付カウンターのことで reception desk ともする。

■ double room
単に double ともいう。なお、twin または twin room の場合はツインベッドのある部屋のこと。

■ today through Thursday
ここでの through は主にアメリカで期間、範囲について「（から）～の終わりまで、～まで」を意味して用いられる。

■ one more thing
話の終わりで、最後に1つ付け加える際の表現。one final word とか one final thing ともする。

■ I'd hardly say
hardly は「ほとんど～ない」の意で、「S + hardly + V」で「Sはほとんど～しない」を意味する。なお、本文中の表現のように相手の発言に反駁するときは「とても～ではない、少しも～ではない」の意に解釈される。

■ Would you excuse me a moment
Would you… は Will you… より丁寧な表現で「～していただけますか」を意味し、本文中のように please を伴うことが多い。

■ that is
that is to say のこと。

■ follow
この語の基本的意味「後についていく」から I follow Kant.（私はカントの説を奉ずる）のように、人の説、主義、教え、考えなどを「奉ずる」との意になる。なお、Do you follow me?（私の言うことが分かりますか）のように人の言葉、議論、説明などに「ついていく」、すなわち「意味を理解する」の意味でも頻繁に使われる。

■ naturally
文全体を修飾して「当然のことながら」との意で、文頭、文中、文末のいずれにおいても用いられる。

PHILIP	: Then you do restrict your guests to Gentiles?	restrict 制限する，限定する，限る
MANAGER	: Well, I wouldn't say that, Mr. Green. But in any event, there seems to be some mistake because we don't have a free room in the entire hotel. But if you'd like, perhaps I can fix you up at the Brewster Hotel down near the station.	in any event とにかく，いずれにしても entire 全体の，全部の fix up 用意する，手配する，あてがう
PHILIP	: I'm not staying at the Brewster. Look, I'm Jewish and you don't take Jews. That's it, isn't it?	
MANAGER	: I never said that.	
PHILIP	: If you don't accept Jews, say so.	
MANAGER	: Don't raise your voice to me, Mr. Green. You speak a little more quietly, please.	raise one's voice 声を荒げる
PHILIP	: Do you or don't you?	
MANAGER	: Mr. Green, I'm a very busy man. Now, if you want me to phone for a cab, or a room at the Brewster, I'll do so. Otherwise…	phone 電話する otherwise さもなければ，もしそうでなければ
PHILIP	: Otherwise what?	

INT. PHILIP'S APARTMENT - Kathy is reading on the sofa as Philip arrives home.

KATHY	: Tommy? Oh, Phil. Hello.	
	: It was bad. I can tell by your face.	I can tell 分かる
PHILIP	: Dave was right. It was a waste of time. How's Ma?	
KATHY	: She's fine. She's asleep. Tom's out playing.	
PHILIP	: Where's Dave?	
KATHY	: He's gone out with Anne. He packed all afternoon. They decided to have a last night on the town. They'll wind up here later. How about some coffee?	on the town 町で浮かれ楽しんで，町で遊ぶ wind up 終える，けりをつける

Gentleman's Agreement

フィリップ	：	では客をキリスト教徒に限定しているのですね？
支配人	：	あの、そうは申しておりません、グリーン様。しかしいずれにしろ、何かの間違いがあったようです。と申しますのも、当ホテルではどこも空き部屋はございませんので。しかし、お望みなら、駅近くのブリュースターホテルを用意して差し上げることもできますが。
フィリップ	：	ブリュースターホテルに泊まるつもりはない。いいか、僕はユダヤ人だ。しかし、ここはユダヤ人を泊めない。そういうことだね、え？
支配人	：	そのようなことは全く申しておりません。
フィリップ	：	ユダヤ人を泊めないのなら、そう言いたまえ。
支配人	：	私に向かって声を荒げないで下さい、グリーン様。どうかもう少し静かにお話し下さい。
フィリップ	：	泊めるのか、泊めないのか？
支配人	：	グリーン様、私はとても忙しいのです。さあ、私に電話でタクシーを呼んでほしいとか、ブリュースターホテルに部屋をとってほしいというのであれば、そう致しましょう。そうでなければ…
フィリップ	：	そうでなければ何だ？

屋内 – フィリップのアパート – キャシーがソファーで読書をしているところへフィリップが帰宅する。

キャシー	：	トミー？　あら、フィル。お帰り。
	：	だめだったのね。顔でわかるわ。
フィリップ	：	デイヴの言った通りだ。時間の無駄だったよ。母さんはどう？
キャシー	：	大丈夫よ。眠っておられるわ。トムは外で遊んでる。
フィリップ	：	デイヴはどこ？
キャシー	：	アンと出かけたの。午後はずっと荷作りしてたわ。あの人たち、最後の夜は街で遊ぼうって決めたの。あとでここに戻ってくるわ。コーヒーはいかが？

■ restrict
ex. Our dog is restricted to the backyard.（我が家の犬は裏庭から離れることはできない）

■ in any event
= at all events; in any case; no matter what happens; surely; without fail; anyhow; anyway

■ entire
= whole
cf. He spent the whole day in the garden.（彼はその日まる一日を庭で過ごした）

■ fix up
この表現は「修理する」の意でよく用いられるが、ここでは He fixed me up with this job.（彼は私にこの仕事を世話してくれた）のように「手配する、あてがう」の意で使われたもの。
cf. They fixed up my car.（彼らは私の車を修理した）

■ raise one's voice
ここでの raise は He raised his voice in anger.（彼は怒って声を荒げた）のように、叫び声などを「張り上げる」の意。

■ phone
to call someone using a telephone のことで、telephone の短縮形。

■ otherwise
= under other circumstances; if not; or else

■ I can tell
ここでの tell は「話す」ではなく、can や be able to などと共に用いられて「知る、分かる」を意味する。
ex. I can tell from her eyes that she is angry.（彼女の目を見れば彼女が怒っていることが分かる）

■ on the town
バーやナイトクラブなどで浮かれ楽しんで遊ぶこと、すなわち having a good time or enjoying the amusements in a town.

■ wind up
活動などを終えること。なお、この表現は He wound up as a cook.（彼は結局は料理人になった）のように、「結局は～になる、～ということで終わる」の意でもよく使われる。

PHILIP : No, thanks.
KATHY : Tired, darling?
PHILIP : No. I'm... I'm just thinking about Dave.

KATHY : I suppose you're thinking about the cottage, Phil.
PHILIP : Yes, I did think about that.
KATHY : So have I. You must know that. And it wouldn't work, Phil. It would just be too uncomfortable for Dave knowing he'd moved into one of those neighborhoods. Darling, don't you see that?
: It's detestable, but that's the way it is. It's even worse in New Canaan. There nobody can sell or rent to a Jew. And even in Darien, where Jane's house is and my house is, there's sort of a... gentleman's agreement when you buy...
PHILIP : Gentleman's? Kathy, you can't...
: You're not going to fight it, Kathy. You're just gonna give in, play along, just let their idiotic rules stand.
KATHY : I don't play along. But what can one person do?
PHILIP : You can tell 'em to go jump in the lake. What can they do?
KATHY : Plenty. Ostracize him.

: Some of the markets not deliver food. Not even wait on him. Phil, the series will be over by the time we get there. Phil, face facts.
PHILIP : You expect us to live in that cottage once I know all this?
KATHY : You can't make over the world. You know I'm on Dave's side.
PHILIP : Well, I'm not on Dave's side or any side, except against their side.

160

Gentleman's Agreement

フィリップ	: いや、結構。
キャシー	: 疲れたの、ダーリン?
フィリップ	: いや。僕は … 僕はちょっとデイヴの事を考えていた。
キャシー	: 例の別荘の事を考えているんでしょう、フィル。
フィリップ	: ああ、その事も考えたさ。
キャシー	: 私もよ。そのことはわかって。でもうまくいかないわ、フィル。デイヴにとってあまりにも居心地が悪いでしょうよ。ああいった地域の一つに越してきてしまった事を知ったまま暮らすのは。ダーリン、あなたにはそれがわからないの?
	: 忌わしいことだけど、でもそれが現実よ。ニューケイナンではもっとひどいわ。そこでは誰もユダヤ人に物を売ったり家を貸したりしない。それにジェーンの家や私の家があるダリエンでさえも … 紳士協定らしきものがあって、買う時には …
フィリップ	: 紳士協定? キャシー、まさか君は …
	: 君はそれと闘おうとはしないんだ、キャシー。君はただ降参し、同調し、彼らのばかばかしいルールをのさばらせるわけだ。
キャシー	: 同調なんてしないわ。でも一個人に何ができるの?
フィリップ	: 連中にとっとと失せろ、と言うことはできるだろ。彼らに何ができると言うんだ?
キャシー	: いろいろあるわ。彼を村八分にね。
	: お店によっては食料品を届けてくれないし、応対もしてくれない。フィル、私たちがそこへ行く頃には連載も終わるわ。フィル、現実を見て。
フィリップ	: 僕がこういったことを知った今、一緒にあの別荘に住むとでも思うのか?
キャシー	: あなたが世直しすることなんてできないわ。私がデイヴの味方だってことは知ってるでしょ。
フィリップ	: いいか、僕はデイヴの見方でも誰の見方でもない、ただ彼らの側に反対なだけだ。

■ Tired
文頭の Are you が省略されたもの。

■ those
ここでは、ユダヤ人を差別する地域、といったことを、このように表現したもの。

■ neighborhood
居住地として一定の特色を持っている地区、地域をいう。

■ detestable
= loathsome; abominable; disgusting; hateful; obnoxious; repugnant; repulsive; revolting

■ New Canaan
Connecticut 州 Fairfield County の町。Stamford の北東13キロのところにある場所で、New York の Grand Central Terminal まで電車で約1時間。

■ gentleman's agreement
異なる宗教、人種などの人々を締め出そうとする上流階級、クラブなどの暗黙の協定。Gentlemen's agreement ともする。

■ give in
ここでは He gave in to the threat of violence.(彼は暴力の脅威に屈した)のように to give up to someone or something の意。

■ idiotic
= very stupid; foolish; imbecile; inane; insane; lunatic; moronic; silly

■ go jump in the lake
命令形で使われる。なお、in the lake に代わって in a lake また lake に代わって river、sea、ocean も使われる。

■ plenty
次に of things を補って考える。

■ wait on…
ここでは店などで店員が客に向かって使う表現 Have you been waited on?(誰かご用をうかがっていますか)のように、「応対する」の意を表す。

■ You expect
文頭の Do が省略されたもの。なお、expect は「期待する、予期する」の意。

■ once
ex. Once a beggar, always a beggar.(諺)(一度こじきをすると、もうやめられない)

■ make over
make someone or something over で to convert someone or something into a new or different person or thing の意を表す。

■ be on someone's side
ここでの side は対立する人、グループ、組織などの「一方、側、組」を意味する。ex. I'm on her side in this issue.(私はこの問題では彼女の味方だ)

161

PHILIP : Kathy, do you or don't you believe in this? Because if you do, how can you talk about...

: Tom, will you please? Kathy and I are talking.

TOMMY : But, Pop, I...

PHILIP : Tom, what is it? What's the matter? Did you have a fight? Argument with one of the guys?

Argument with... ✪

TOMMY : They called me a dirty Jew. And a stinking kike. And they all ran off and...

stinking 悪臭のある，臭い，実に嫌な ✪
run off 逃げ去る，急いで去る ✪

KATHY : Oh, darling, it's not true. It's not true. You're no more Jewish than I am. It's just a horrible mistake.

no more A than B Bと同様Aではない ✪
horrible ひどい，とんでもない，ものすごい

PHILIP : Kathy! Come with me, Tom. We'll talk about it in here.

: Come on. Take it easy. Take it easy, sweetheart. Want some water?

Take it easy 落ち着いて，カッカしないで，心配しないで
sweetheart あなた，おまえ ✪
Want some water ✪

TOMMY : No, thanks.

PHILIP : Where'd it happen? Jimmy in it? Somebody sock somebody?

sock 強く打つ，強打する，殴る ✪

TOMMY : No. They just yelled. It was at our corner. One was a kid from school. They were playing hop and I asked could I play too. Then the school one said no dirty little Jew could play with them. And they all yelled those other things. I started to speak, and they all yelled "Your father has a long, curly beard" and turned and ran. Why did they, Pop? Why?

yell 怒鳴る，叫ぶ，大声を出す

play hop 片足飛びをする，蛙とびをする ✪

those other things ✪

long, curly beard 長いカールした顎鬚 ✪
turned and ran 向きを変えて走り去った，走って逃げて行った ✪

PHILIP : Come on. Drink some of this. Did you want to tell 'em that you weren't really Jewish?

TOMMY : No.

162

フィリップ	：	キャシー、君もこのことを信じている、違うか？ もしそうなら、どうしてあんな話が…
	：	トム、頼むから？ キャシーとパパは話をしているんだ。
トミー	：	でも、パパ、僕…
フィリップ	：	トム、何だ？ どうした？ 喧嘩したのか？ あの連中の一人と言い争いでもしたのか？
トミー	：	彼らは僕を汚いユダヤ人って呼んだんだ。それに臭いユダ公って。そして皆、走って逃げて、それで…
キャシー	：	まあ、ダーリン、それ、本当じゃないのよ。本当じゃないの。あなたは私と同じようにユダヤ人じゃない。ただのひどい間違いなのよ。
フィリップ	：	キャシー！ おいで、トム。こっちでそのことについて話そう。
	：	さあ。落ち着いて。落ち着いて、いい子だ。水を飲むか？
トミー	：	いらない。
フィリップ	：	どこで起きた？ ジミーはその中に？ 誰かが誰かを殴ったのか？
トミー	：	ちがう。彼らは叫んだだけ。うちの角のところ。1人は同じ学校の子。彼らが片足飛びをしていたので、僕も仲間に入れてって聞いたんだ。そしたら学校の子が汚いユダヤ人小僧とは遊ばないって言った。すると彼らもみんな例の他の言葉を叫んだんだ。僕が話そうとすると、みんなで「おまえの親父は長い縮れたヒゲが生やしてる」と叫んで、走って逃げて行った。どうしてそんなことを言ったの、パパ？どうして？
フィリップ	：	さあ、これを飲んで。おまえは本当はユダヤ人じゃないと彼らに言いたかったのか？
トミー	：	ううん。

■ Argument with...
文頭の Did you have an が省略されたもの。

■ stinking
軽蔑語として「申しむべき、下劣な」ほどの意で使われる。

■ run off
この表現は He ran off as fast as he could.（彼は大急ぎで逃げた）のように to flee を意味する。なお、She was running off and had to stay home from school.（彼女は下痢をしていたので、学校を休まなければならなかった）のように「下痢をする」の婉曲表現としても使われる。

■ no more A than B
not A any more than B ともする。
ex. She is no more attractive than you are.（彼女は君と同様、魅力的ではない）

■ Take it easy
= Don't get excited; There is no need to worry; Relax; Calm down; Goodbye and be careful

■ sweetheart
「最愛の人」の意だが、ここでは親愛の気持ちを込めた呼びかけ。

■ Want some water
文頭の Do you が省略されたもの。

■ sock
= to hit someone or something forcefully
ex. I socked him in the nose.（私は彼の鼻に一発食わしてやった）

■ play hop
play hopscotch のことで、裏庭での子供たちの遊びの一種。

■ those other things
ここではユダヤ人に関する kike やそれに類する侮蔑語、罵詈雑言のこと。

■ long, curly beard
しばしば男性のユダヤ教徒たちが長い、縮れ毛の顎髭を蓄えていることから。なお、「濃い顎髭」は a heavy beard、「薄い顎髭」は a light beard。ちなみに、「口髭」は mustache, moustache、「頬髯」は whisker(s)。

■ turned and ran
ここでの turn は人や動物が「くるりと向きを変える」の意。

PHILIP : That's good. See, there are a lot of kids just like you, Tommy, who are Jewish, and if you said it, it would be sort of... admitting that there was something bad in being Jewish and something swell in not.

TOMMY : They wouldn't fight. They just ran.

PHILIP : Yeah, I know. There's a lot of grown-ups just like that too, Tom. Only, they do it with wisecracks instead of yelling.

PHILIP : OK?
TOMMY : Sure.
PHILIP : Attaboy. You wanna go and read or something while I talk to Kathy?
TOMMY : OK.
PHILIP : Oh, uh... let's keep this to ourselves till Grandma's well, huh?
TOMMY : OK.

KATHY : Phil, I've got something to tell you. I'm pretty tired of feeling wrong. Everything I do or say is wrong about anything Jewish. All I did just now was to face facts about Dave and Darien. And to tell Tom just what you told him...

PHILIP : Not just what.

: You've only assured him that he's the most wonderful of all creatures: a white Christian American. You instantly gave him that lovely taste of superiority, the poison that millions of parents drop into the minds of millions of children.

KATHY : You really do think I'm an anti-Semite.

PHILIP : No, I don't, Kathy.

Gentleman's Agreement

フィリップ ： それでいい。いいか、世の中にはおまえのような子がたくさんいるんだ、トミー、ユダヤ人がね。でも、もしおまえがそれを言ったら、それは、つまり・・・ユダヤ人であることが何か悪く、そうでないことが素晴らしいことだということを認めることになる。

トミー ： 彼らは喧嘩しようとはしなかった。ただ逃げただけなんだ。

フィリップ ： ああ、わかってる。大人にもそんな人はたくさんいるんだよ、トム。叫ぶ代わりにただ皮肉っぽく言うんだ。

フィリップ ： わかったかい？

トミー ： うん。

フィリップ ： よしいいぞ。パパがキャシーと話す間、読書でもするか？

トミー ： わかった。

フィリップ ： ああ、そう・・・これはお婆ちゃんの具合が良くなるまで内緒にしておこう、ね？

トミー ： わかった。

キャシー ： フィル、あなたに言いたい事があるの。自分が間違っていると感じるのはもううんざり。ユダヤ人に関する私の言動は全て間違ってるわけね。さっき私が言った事はデイヴやダリエンに関する事実を直視しただけよ。それにあなたがトムに言ったことを話しただけ・・・

フィリップ ： それだけじゃない。

　　　　　　君はあの子に彼があらゆる人たちの中で最も優れているということを確信させただけだ。白人でキリスト教徒のアメリカ人がね。君は瞬時にあの快い優越感を彼に吹き込んだ。大勢の親達が大勢の子供たちの心に植えつけるあの毒を。

キャシー ： あなたは本当に私が反ユダヤ主義者だと思ってるのね。

フィリップ ： いや、思ってはいない、キャシー。

■ see
You see のことで、相手への注意を促したり使われる。

■ swell
ここでの swell は That's swell.（そりゃあいい）のように fine とか excellent を意味する俗語。

■ in not
次に being Jewish を補って考える。

■ They wouldn't fight
ここでの would は過去における主語の意志、主張などを示し、否定文で拒絶を表し「～しようとはしなかった、どうあっても～しようとはしなかった」との意になる。

■ grown-up
adult と同じ意味だが、adult よりくだけた語。なお、この語は She is a grown-up woman.（彼女は成熟した女性だ）のように形容詞として使われることも多い。

■ wisecrack
= a joking or sarcastic or insulting remark

■ instead of...
ex. Can I have fish instead of beef?（ビーフではなく魚をもらえますか）

■ attaboy
男性への激励、称賛、あるいは動物への褒め言葉として使われる。ata-boy、ataboy ともする。なお、女性に対しては attagirl、attagal。

■ or something
Are you a teacher or something?（あなたは教師か何かですか）のように断言を避ける表現。

■ keep...to oneself
事実、計画、考え、情報などを人に漏らさないで秘密にしておくこと。
ex. Keep your views to yourself.（自分の考えは胸にしまっておきたまえ）

■ be tired of...
「～が嫌になる」は get tired of。
ex. I'm pretty tired of eating steak every day.（毎日ステーキを食べるのは本当にうんざりだ）

■ instantly
= at once; right away; immediately; instantaneously

■ lovely taste of superiority
「優越の素敵な味」→「快い優越感」

■ superiority
「優越感」は superiority complex。反対に「劣等」は inferiority、「劣等感」は inferiority complex。

■ drop
She dropped some lemon juice into her tea.（彼女はレモンジュースを紅茶に入れた）

165

KATHY : You do. You've thought it secretly for a long time.

PHILIP : No. It's just that I've come to see that lots of nice people who aren't, people who despise it and detest it and deplore it and protest their own innocence, help it along and then wonder why it grows. People who'd never beat up a Jew or yell "kike" at a child. People who think that anti-Semitism is something away off in some dark crackpot place with low-class morons. That's the biggest discovery I've made about this whole business, Kathy. The good people, the nice people.

KATHY : You mean you're not going to Darien this summer even though you're finished by then?

PHILIP : Well, let's save that for another time.

KATHY : Oh, I hate it, I hate it. I hate everything about this horrible thing. They always make trouble for everybody. Even their friends. They force people to take sides against them.

PHILIP : Quit it! Quit that!
: They didn't suggest this series. They didn't give me the angle! They haven't got a single thing to do with what's happened between you and me.

KATHY : Don't shout at me. I know what you're thinking about marrying me. I saw it on your face when I said that to Tom. And don't treat me to any more lessons of tolerance. I'm sick of it! I'm not going to marry into hothead shoutings and nerves, and you might as well know it now.

PHILIP : Kathy. I'm sorry I shouted.

---

secretely 密かに, 秘密裏に, こっそりと

come to... 〜するようになる
who aren't ⊙
despise 軽蔑する, 蔑む, 嫌悪する
detest 憎む, 嫌悪する
deplore 遺憾に思う, 嘆く, 咎める, 非難する
protest 主張する, 言い張る, 断言する ⊙
innocence 無罪, 潔白
help along 手を貸して前進させる ⊙
beat up さんざんぶん殴る

crackpot 常軌を逸した, 狂気じみた, 途方もない
low-class 下層階級の, 低級な, 劣等の ⊙
moron ばか, 間抜け, 愚か者
this whole business ⊙

even though... たとえ〜でも
by then その時には, その頃にはもう ⊙
let's save that for another time ⊙
save 取っておく
this horrible thing この嫌なこと ⊙
make trouble トラブルを起こす, いざこざを起こす, もめごとを起こす
force people to... 人々に〜するよう強いる, 人々に〜させる ⊙
take sides against... 〜に反対の側を支持する ⊙
Quit it やめろ
suggest 提案する, 持ち出す, 言いだす, 勧める

treat me to... 私に〜を与える ⊙
tolerance 寛大, 寛容
be sick of... 〜にはうんざりである, 〜には飽き飽きしている
marry into... 〜と姻戚になる
hothead 怒りっぽい人
nerve 神経質
might as well do 〜した方がいい

キャシー	: 思っているわ。長い間密かにそう思っていたのよ。
フィリップ	: いや。僕はやっと気付いたんだ。反ユダヤ主義ではない多くの立派な人たち、それを軽蔑し、それを嫌悪し、それを非難し、そして自分の無実を訴える人たちはむしろそれを助けているのに、なぜそれが拡大するのかと不思議に思っている。決してユダヤ人を殴ったり、子供に対してユダ公と叫んだりしない人たちだ。反ユダヤ主義者は遠く離れた下層階級の愚かな連中が住む暗愚な常軌を逸した場所でのことだと思っている人たちがだ。それがこの一件に関しての僕の最大の発見だよ、キャシー。善良な人たち、立派な人たちがね。
キャシー	: と言うことは、あなたはこの夏、連載が終わってもダリエンへは行かないのね?
フィリップ	: まあ、そのことはまたの機会にしよう。
キャシー	: ああ、もう嫌、嫌、何もかも嫌、この身の毛のよだつようなことについては。彼らはいつもみんなに迷惑をかけるんだわ。自分たちの友達にも。彼らは自分たちに反対するよう人を仕向けるんだから。
フィリップ	: やめろ! やめるんだ!
	: 彼らがこの連載を提案したわけじゃないし、僕にあの切り口をくれたわけでもない! 君と僕との間に起きた事に彼らは一切関係ないんだ。
キャシー	: 私に怒鳴らないで。私との結婚についてあなたが考えていることはわかるわ。私がトムにあのことを言った時、あなたの顔にそれが出ていた。それにこれ以上我慢しろ、なんてお説教はもうたくさんだわ。うんざりよ! 短気で、怒鳴り散らす、神経質な人と結婚するつもりはないし、あなたも、今のうちにわかっておいた方がいいでしょ。
フィリップ	: キャシー。怒鳴って悪かった。

■ who aren't
次に anti-Semites を言おうとしたもの。

■ protest
この語は We protest against increased taxation.(我々は増税には反対だ)のように「異議を申し立てる、抗議する」の意で使われることが多いが、ここでは He protested his innocence.(彼は自分の潔白を主張した)のように declare earnestly の意。

■ help along
ここでは「差別が増長するのに手を貸す」といった意味合い。

■ low-class
lower-class ともする。なお、名詞は lower class (下層階級)。

■ this whole business
反ユダヤ主義に関する調査、執筆のこと。

■ by then
ここでの by は 時間の限界を表して not later than... (~までには)を意味する前置詞。

■ let's save that for another time
「そのことは別の時にとっておこう」→「そのことは別の機会に、そのことはまたいずれ」。

■ this horrible thing
ユダヤ人に対する偏見、差別のこと。

■ force people to...
ここでの force は「S + force + O + to do」の型で「S は O に無理に~させる」を表す。

■ take sides against...
ここでの side は対立する人、グループなどの「一方」の意。そこで take sides は「一方を支持する、一方の肩を持つ」を意味する。また、against は一般的に敵対行為を表し、人、意見などに「反対して、対抗して」ということ。

■ Quit it
quit は「やめる、中止する」の意で、主にアメリカで使われる。

■ treat me to...
ここでの treat は「扱う」ではなく、人にごちそうなどを「もてなす」、贈り物などを「与える」の意。ここでは皮肉で使われたもの。

■ be sick of...
ここでの sick は「病気の」ではなく、「うんざりして、癇に障って」の意。

■ hothead
ここでは形容詞、すなわち hotheaded (怒りっぽい、短気な) として使われたもの。

167

PHILIP : I hate it when I do it.

KATHY : It's not just the shouting, Phil. It's everything. You've changed since that first night I met you at Uncle John's. It's no use, Phil. Now I know why I drew back when you told me the angle. You're doing an impossible thing.

: You are what you are for the one life you have. You can't help it if you were born Christian instead of Jewish. It doesn't mean you're glad you were. But I am glad. There, I've said it. It'd be terrible. I'm glad I'm not. I could never make you understand that. You could never understand that it's a fact. Like being glad you're good-looking instead of ugly, rich instead of poor, young instead of old, healthy instead of sick. You could never understand that. It's just a practical fact, not a judgment that I'm superior. But I could never make you see that. You'd twist it into something horrible. A conniving, an aiding and abetting, a thing I loathe as much as you do. It's better to finish it now. Get it over with right now.

: I... I hate you for doing this. We could've been so happy. We had so much to enjoy and so much to share. And I hate you for taking it away from both of us. I hate you for that.

INT. PHILIP'S APARTMENT - NIGHT - Philip lies awake in his bed. There is a knock on the bedroom door. Philip closes his eyes as Dave and Anne appear in the doorway.

DAVE : Well, whaddya know? He's asleep, this early.

168

フィリップ ： 自分でもそういうのが嫌なんだ。

キャシー ： 怒鳴るだけじゃないわ、フィル。全てよ。ジョン伯父さんの家で出会ったあの最初の夜からあなたは変わったわ。もうダメ、フィル。あなたが例の切り口を教えてくれた時、私が引いた理由が今やっとわかったわ。あなたは不可能なことをやっているのよ。

： 人は人、それぞれ持って生まれた人生があるわ。ユダヤ人でなくキリスト教徒に生まれたとしても自分ではどうすることもできない。だからといってあなたはそれを喜んではいないのよね。でも私は嬉しい。ほら、言ってしまったわ。ひどいわよね。私はユダヤ人でなくてよかった。あなたには絶対それを理解してもらえないでしょうね。あなたにはそれが事実だということが絶対にわからないでしょう。例えば、不細工でなくハンサムで、貧乏でなく金持ちであること、年寄りではなく若く、病気ではなく健康だってことが嬉しいことだということがよ。あなたにそのことは絶対理解できないわね。私の方が上だというのは判断ではなく、単なる現実。でも、そのことをあなたには決して理解してもらえない。あなたはそれを何か恐ろしいものに捻じ曲げてしまう。卑劣なもの、陰謀を幇助するものへと、あなた同様に私が忌み嫌うものへとね。もう終わりにした方がいいわ。今すぐ終わりにしましょう。

： 私…私はこういうことをしたあなたが憎い。私たち、すごく幸せになれたのに。二人でたくさん楽しんだり分かち合ったりできたのに。だから、それを私たち二人から奪ってしまったあなたが憎い。そうしてしまったあなたを憎むわ。

屋内 - フィリップのアパート - 夜 - フィリップは目を覚ましてベッドで横になっている。寝室のドアをノックする音。デイヴとアンが入口に現れるとフィリップは目を閉じる。

デイヴ ： おやおや、これは驚いた。こいつ寝てるぞ、こんなに早く。

■ **It's no use**
ここでの use は There's no use crying over spilt milk. (諺) (こぼれたミルクを嘆いても仕方がない → 覆水盆に返らず) のように、疑問文、否定文で用いられて usefulness とか good、つまり「役に立つこと、利益」を意味する。

■ **draw back**
draw back from someone or something で to recoil from someone or something の意を表す。

■ **You are what you are for the one life you have**
You are what you are and you can't change anything といった意味合い。

■ **You can't help it**
ここでの help は「避ける」の意で、can とか cannot を伴って「～は仕方がない」を意味する。

■ **There**
満足、安心、激励、慰めなどを表す間投詞。

■ **I'm glad I'm not**
次に Jewish があるものと考える。

■ **judgment**
判断、見識、意見、見解、評価
ex. He made his own judgment on the problem. (彼はその問題について独自の見解を持った)

■ **superior**
この語は She thinks she is superior to Tom. (彼女はトムよりも自分のほうが上だと思っ (いる)) のように、地位、順位、重要性、能力、知力、評価などが「上位にある」ということ。

■ **get it over with**
ここでは二人の関係を終える、ということ。get...over with は、通例、嫌なことなどを「終わらせる」の意で使われる。get...over and done with ともする。

■ **share**
ここでは Would you like to share my umbrella? (私の傘に入りますか) のように、人と苦楽、責任、経験、意見、情報、費用などを「共有する、分かつ」の意。

■ **lie awake**
lie は He lies on his back. (彼は仰向けに寝る) のようにベッドや地面などに「横たわる、横になる」こと。また、awake は He was wide awake all night. (彼は一晩中ずっと眠れなかった) のように not asleep、not sleeping の意。

■ **Well, whaddya know?**
この表現は驚きを表して使われる Well, what do you know? を発音通りに綴ったもの。Well, what do you know about that? ともする。

169

ANNE	: On your last night? Nonsense. Come on. Let's wake him up.	
DAVE	: Let the poor guy alone.	
ANNE	: It's against my deepest principles. Hey, Phil. Come on, wake up. It's us.	deepest ๑ principle 信条, 主義
DAVE	: Let the poor lug alone.	lug （俗）不器用な人，のろま，でくのぼう，平凡な男
ANNE	: I told you. I never let any man alone.	
	: Hey, I thought we were expected, sleepyhead. Where's Kathy?	expect 人が来るものと思う sleepyhead 眠たがりや，ねぼすけ，怠け者
PHILIP	: She left early.	
ANNE	: My, you look nice in pajamas. Get on a dressing gown. I'll close my eyes if you're modest.	My おや，まあ ๑ get on 身に付ける，着る ๑ dressing gown ドレッシングガウン，化粧着，部屋着 modest 控えめな，慎みのある ๑
DAVE	: You go get the ice cubes so he can get dressed. He wouldn't let any dame see his ratty bathrobe. And he's right. Go on. Don't trifle with your luck.	ice cube 角氷 get dressed 衣服を着る，正装する dame （俗）女 ๑ ratty 不快な，みじめな，ひどい，みすぼらしい ๑ trifle with… ～をもて遊ぶ，～をいい加減にあしらう
ANNE	: I don't think any man should ever wear coats and ties. They look just wonderful in shirts and pants - and in pajamas!	coats and ties 上着とネクタイ，外出用の紳士服 ๑ pants ズボン ๑
DAVE	: What's wrong, Phil?	What's wrong どうしたのか，どうしたんだ
PHILIP	: Skip it.	Skip it （俗）やめろ，忘れろ ๑
DAVE	: Flume Inn?	
PHILIP	: Tommy got called a "dirty Jew" and "kike" by some kids down the street. Came home pretty badly shaken up.	shake up 心をかき乱す，動揺させる，苦悩させる ๑
DAVE	: Now you know it all. That's the place they really get at you: your kids. Now you even know that. Well, you can quit being Jewish now. There's nothing else. My own kids got it without the names, Phil. Just… Setting their hearts on a summer camp their bunch were going to and being kept out. It wrecked them for a while.	get at… ～を攻撃する，を傷つける，～に手出しをする quit やめる，中止する ๑ get it 罰せられる，やられる names 悪口，雑言，悪態 ๑ set one's hearts on… ～に心を決める，～を熱望する ๑ summer camp サマーキャンプ，夏季キャンプ bunch 仲間，一団，連中，グループ keep out 締め出す，排斥する wreck 難破させる，破壊する，くじく

アン	: あなたの最後の夜なのに？　ばかげているわ。さあ。起こしましょう。
デイヴ	: かわいそうだから放っといてやれ。
アン	: そんなの私の最も重大な主義に反するわ。ほら、フィル。さあ、起きて。私たちよ。
デイヴ	: かわいそうだから放とけよ。
アン	: 言ったでしょ。私は絶対、男を放っておかないの。
	: ねえ、私たち、待ってもらってると思ってたけど、お寝坊さん。キャシーはどこ？
フィリップ	: 彼女なら早めに帰った。
アン	: まあ、パジャマ姿、素敵ね。ガウンを着て。恥ずかしいなら目を閉じておくから。
デイヴ	: 君、氷を持って来てくれ、そうすりゃ彼も着替えができる。彼は女性にみすぼらしいバスローブ姿なんか見せないよ。それで正解。さあ、行って。期待しても無駄さ。
アン	: 男性は上着とネクタイを身につけるべきじゃないわね。シャツとズボン…それにパジャマ姿が素敵だわ！
デイヴ	: どうした、フィル？
フィリップ	: やめてくれ。
デイヴ	: フルーム・インか？
フィリップ	: トミーが通りで子供たちに「汚いユダヤ人」とか「ユダ公」と呼ばれたんだ。かなり動揺して帰ってきたよ。
デイヴ	: これで全てわかっただろ。やられて痛いのはそこなんだ、子供たちさ。それもわかっただろ。さあ、もうユダヤ人の振りをするのはやめるんだな。それ以外にない。俺の子供たちは悪口なしにやられたよ、フィル。その…仲間たちが行くサマーキャンプを楽しみにしていたが、おいてきぼりさ。しばらくはかなり傷付いていた。

■ deepest
deep の最上級で、ここでの deep は「深遠な、重大な」。

■ My
狼狽、驚きの軽い表現。Oh, my とか My, my ともする。

■ get on
衣類、靴などを身に付けることで、put on に同じ。

■ modest
行動、言葉遣い、服装などについて使われると「慎みのある、慎ましい、しとやかな」といった意味を表す。そこから、ここでは「恥ずかしがる」ほどの意で使われたもの。

■ ice cube
cube とは sugar cube (角砂糖)、a cube of cheese (角チーズ) のように「立方体、正六面体」をいう。

■ dame
時として不快な語とみなされる。

■ ratty
rat (ネズミ) の持つイメージは悪く、「人間のくず」を意味することから、その形容詞 ratty は「ネズミのような」、すなわち bad-tempered and irritable とか shabby, untidy、また in bad condition を意味して使われる。

■ coats and ties
wear coats and ties で「正装する」になる。

■ pants
trousers よりも意味が広く、ときに shorts なども含む。なお、数えるときは a pair of pants, two pairs of pants とする。

■ Skip it
通例、命令形または Let's skip it! として使われる。なお、skip は「省く、飛ばす、除く」の意。

■ shake up
shake の「振る、振り動かす」から、人の「心をかき乱す」の意を表してしばしば受身で使われる。

■ quit
この語は Quit worrying about her. (彼女のことを心配するのはやめろ) のように stop doing something の意。なお、I'm thinking of quitting. (仕事をやめようと思っているんだ) のように to leave a job の意味でも使われる。

■ names
子供の喧嘩で使われる表現に Sticks and stones may break my bones, but names will never hurt me. (棒や石なら骨が折れるかもしれないが、悪口なら痛くも痒くもない) がある。

■ set one's hearts on...
have one's hearts set on... ともする。

DAVE : The only other thing that makes you want to murder is... There was a boy in our outfit. Abe Schlussman. Good soldier. Good engineer. One night, we... we got bombed, and he caught it. I was ten yards off. Somebody said "Give me a hand with this sheeny." Those were the last words he ever heard.

murder	殺害する, 人殺しをする
outfit	部隊, 組織, 企業, 団体
get bombed	爆撃される
yard	ヤード ↻
give me a hand	手を貸してくれ, 手伝ってくれ ↻
sheeny	(俗) ユダヤ人 ↻

ユダヤ人難民を救った日本人

　1939年9月1日、ヒトラー (Adolf Hitler, 1889 – 1945) がポーランドを侵略すると、そこから大勢のユダヤ人たちがリトアニアに逃げ込んだ。だが、1940年6月15日、ソ連軍がリトアニアに侵入した頃から状況は一変する。既に彼らは東欧に脱出することも、西欧に脱出することもできなくなっていたのだ。ドイツ・ナチスの支配下にない僅かな国も、ドイツ・ナチス占領下にあるヨーロッパからのユダヤ人難民の流入を禁じていたからだ。

　この八方塞の状況のなかでユダヤ人たちにとって、日本領事代理として首都カウナスに赴任していた杉原千畝のみが生き延びる最後の望みとなったのである。1940年7月も終わりに近づいたある日の早朝、彼らは日本領事館に押し寄せた。悲壮感漂わせた彼らの窮状に同情した杉原は、日本政府に三度にわたってビザ発給の許可を求めて打電する。しかし、いずれの場合も政府の答えはノーだった。彼は命令に従うことが義務付けられたキャリアの外交官。しかも、養わねばならない家族がいる。だが、同時に幼い時から、困った人がいれば、その人に救いの手を差し伸べるよう教育を受けてきたサ

デイヴ ： 他に一つ、殺してやりたいと思ったことがある…我々の部隊に一人の青年がいた。エイブ・シュルスマンだ。いい兵隊だったよ。いい技師でもあった。ある晩、我々…我々は爆撃を受けた、それで彼はそいつを食らったんだ。俺は10ヤード先にいた。誰かが言った「このユダ公を運ぶのを手伝ってくれ」ってな。それが彼の聞いた最後の言葉だった。

■ yard
英語圏での長さの単位で、3フィート、すなわち0.9144メートルに相当する。

■ give me a hand
ここでのhandは「助け、手伝い」の意。

■ sheeny
人種差別主義者が用いるやや古風な語で、sheeneyともする。

ムライでもあった。彼の出した結論は、国の命令ではなく、己の良心に耳を傾けることだったのである。

1940年7月31日から8月29日まで29日間にわたって、杉原は妻の幸子とビザの発給に明け暮れた。9月1日、ベルリンに向けてカウナスの駅を発つ瞬間まで続き、しかも列車が発車する間際には公印を難民に手渡したのだった。これにより、ビザを受け取った6千人に及ぶユダヤ人難民たちはモスクワへ行き、シベリア鉄道でウラジオストクに渡り、そこから神戸、そして自由の国アメリカなど、世界各地へと散らばっていったのである。

これがもとで外務省を解雇されていた杉原を、戦後、彼により命を救われた一人の人物が探し当て、初めてこの事実が公になる。1985年、彼にイスラエル最高の栄誉「ヤド・バシム賞」が贈られた。だが、その1年後の1986年7月3日、我らが誇るべき日本人、杉原千畝はこの世を去った。享年86歳。

曽根田　憲三（相模女子大学名誉教授）

Revealing the Story

12 *INT. PHILIP'S OFFICE - MORNING - Philip enters his office where Elaine is working at her desk.*

PHILIP : Good morning.

ELAINE : Well, good morning.

PHILIP : Miss Wales... here it is. The first three installments, edited and ready to go. Send every ten pages downstairs. And have it set up in galley immediately and tell 'em I'm in a hurry. A big hurry. How long is that much gonna take you?

ELAINE : Well, if it's no more than 10,000 words, I guess I can have it finished by tonight. I am pretty fast.

: "I Was Jewish For Eight Weeks." Why, Mr. Green... you're a Christian! But I never...

PHILIP : Well?

ELAINE : But I've, I've been around you more than anybody else and I never once...

PHILIP : Well, what's so upsetting about that, Miss Wales?

: You mean there is some difference between Jews and Christians? Well, look at me. Look at me hard. I'm the same man I was yesterday. That's true, isn't it? Why should you be so astonished, Miss Wales? You still can't believe that anybody would give up the glory of being a Christian for even eight weeks, can you? That's what's eating you, isn't it?

---

installment 一回分 ◊
edit 編集する
ready to go 直ぐに行ける, 直ちに渡せる
every ten pages ◊
downstairs ◊
set up 活字を組む, 製版する
galley ゲラ, ゲラ刷り
immediately 直ちに
be in a hurry 急いでいる
that much それだけの量 ◊
no more than... ～に過ぎない, ～のみ

be around you あなたの側にいる, あなたの近くにいる ◊

upsetting 動揺させるような, 狼狽させるような ◊

look at me hard 私をしっかり見るんだ ◊

astonished 驚いた, びっくりした

give up 諦める, やめる, 放棄する
glory 栄光, 光栄, 名誉
eat 気を病ませる, いらいらさせる ◊

ストーリーの暴露

DVD　01：39：40

□□□□□□

屋内－フィリップのオフィス－朝－フィリップは、エレーンが机に向かって仕事をしている、自分のオフィスに入ってくる。

フィリップ ：おはよう。
エレーン ：あら、おはようございます。
フィリップ ：ミス・ウエールズ … これを。最初の3回分の原稿だ、編集済みで準備OKだ。10ページずつ下に回してくれ。そしてすぐにゲラ刷りにしてもらってくれ。それから僕が急いでいると伝えてくれないか。すごく急いでいると。この量だとどのくらいかかるかね？
エレーン ：そうですね、1万語まででしたら、今夜中には終わると思います。私はかなり早いですから。

　　　　　　：「私は8週間ユダヤ人だった」。まあ、グリーンさん … あなたはキリスト教徒なんですね！でも私は全然 …
フィリップ ：それで？
エレーン ：でも私、私、他の誰よりもあなたの近くにいたのに、1度だって …
フィリップ ：だが、そのことで何をそんなにうろたえているんだ、ミス・ウェールズ？
　　　　　　：ユダヤ人とクリスチャンの間に何か違いでもあると言うのかね？　さあ、僕を見ろ。この僕をしっかり見るんだ。僕は昨日と同じ人間だよ。そうだろう、違うか？　なぜそんなに驚く、ミス・ウェールズ？　君にはまだ、たった8週間でもクリスチャンである栄光を捨てられる人間がいるなんて信じられないんだろう、え？それが君を悩ませている、そうだろう？

■ **installment**
何回かに分けて供給、発行されるものの一回分をいう。

■ **every ten pages**
every は序数、基数、other, few の前に置いて「～ごとに」を意味する形容詞。

■ **downstairs**
ここでは He went downstairs.（彼は階下へ降りた）のように「階段を下りて」を意味する副詞。「上の階へ」は upstairs。

■ **be in a hurry**
be in a haste の意。なお、すごく急いでいるときは I'm in a big hurry.（私はすごく急いでいる）のようにする。

■ **that much**
ここでの much は how, as, so, too, very, this, that などを前に置いて「～だけの量、～くらい」を意味する名詞。

■ **be around you**
ここでの around は I'll be around if you need me.（私に用があったら近くにいますのでどうぞ）のように「その辺に、近くに」を意味する。

■ **upsetting**
upset とは The death of her good friend upset her.（親友の死に彼女は動揺した）のように、人の心、神経などを「かき乱す、うろたえさせる」の意。

■ **look at me hard**
ここでの hard は look, gaze, stare などと共に用いて「じっと、しっかり、批判的に」といった意味を表す。

■ **glory**
ここでは「栄誉をもたらすもの」、すなわち「素晴らしさ」ということ。

■ **eat**
ここでの eat は What's eating her?（彼女、何を悩んでるんだ）のように bother とか annoy の意で使われたもの。この意味の場合は、通例、be eating の形で使われる。

PHILIP : Now, if I tell you that's anti-Semitism, your feeling of being Christian is better than being Jewish, you gonna tell me that I'm heckling you again or that I'm twisting your words around or that it's just facing facts, as someone else said to me yesterday.

: Face me now, Miss Wales. Come on, look at me. Same face, same eyes, same nose, same suit, same everything. Here. Take my hand. Feel it! Same flesh as yours, isn't it? No different today than it was yesterday, Miss Wales. And the only thing that's different is the word "Christian."

INT. MINIFY'S OFFICE - DAY - Minify is at his desk, speaking on the intercom.

MINIFY : Of course I'll see him. Send him right in.

: Good morning.
PHILIP : Thanks for seeing me, John. I'm sorry to break in on you like this. I turned the first half over to Miss Wales for typing. I'll finish the rest of it by the end of the week.
MINIFY : Good.
PHILIP : I want to clear out.
MINIFY : Completely?
PHILIP : Yeah, completely.
MINIFY : Going back to California?
PHILIP : Soon as we get packed. Will the office help me get train reservations?
MINIFY : Yes. What about future assignments?
PHILIP : I'll let you know.

MINIFY : I don't want to be disturbed for anything.

: Sorry about you two.

フィリップ ：ほら、それが反ユダヤ主義だといったら、クリスチャンであることがユダヤ人であることよりも上だと思うことが君は私がまた君を困らせているとか、君の言葉を曲解している、あるいは単に事実を直視しているだけというかもしれない。昨日、誰か他の人間が僕に言ったようにだ。

：さあ、僕をよく見るんだ、ミス・ウェールズ。ほら、僕を見たまえ。同じ顔、同じ目、同じ鼻、同じスーツ、何もかも同じだ。ほら。僕の手を取って。触ってみたまえ！ 君と同じ体だろ、どうだ？ 今日も昨日と何ら変ってはいない、ミス・ウェールズ。ただ一つ違っているのは「クリスチャン」という言葉だけだ。

屋内－ミニフィのオフィス－昼－ミニフィが机に着いて、インターコムで話している。

ミニフィ ：もちろん彼には会うとも。彼を通してくれ。

：おはよう。
フィリップ ：会ってくれてありがとう、ジョン。こんな風に邪魔をしてすみません。最初の半分はミス・ウェールズに渡してタイプしてもらっています。残りはこの週末までに仕上げるつもりです。
ミニフィ ：結構。
フィリップ ：引き払おうと思っています。
ミニフィ ：完全に？
フィリップ ：ええ、完全に。
ミニフィ ：カリフォルニアに戻るのか？
フィリップ ：荷造りが出来次第。会社で列車の切符の予約してもらえますか？
ミニフィ ：ああ。この先の仕事はどうする？
フィリップ ：後で知らせます。
ミニフィ ：何があっても邪魔しないでくれ。

：君たち二人のことは残念だ。

■ **twisting your words around**
ここでの twist around は言葉、事実、法律などを「歪曲する、こじつける」といった意味合い。around に代わって about, round も使われる。

■ **Here**
相手の注意を引いたり、慰めたり、たしなめる際に使われる間投詞。

■ **Feel it**
ここでの feel は「感じる」ではなく、手などで「触る、探る」の意。

■ **flesh**
ここでは食物としての「肉」ではなく、精神、霊魂と区別した肉体、すなわち human body をいう。

■ **intercom**
intercommunication system の短縮形。

■ **send in**
to make someone go into some place、すなわち人を部屋などに「通す」こと。

■ **break in on**
break in on someone は to burst into a place and violate someone's privacy とか to interrupt someone's conversation ほどの意。

■ **turn over**
この表現には「向きを変える」とか「寝返りをうつ」の意で頻繁に使われるが、ここでは turn someone or something over to someone or something として to deliver someone or something to someone or something の意を表す。

■ **Soon as**
As soon as のこと。

■ **help me do…**
「S＋O＋do」の型で「SはOが～するのに手を貸す」の意を表す。

■ **disturb**
この語は人の静穏、休息、平安などを「妨げる」ということ。

■ **for anything**
この表現は I wouldn't do that for anything.（どんなことがあってもそんなことはしない）のように、否定文で「決して～しない」の意を表して使われる。

MINIFY : Kathy told my wife this morning. She seemed pretty upset. I'd have liked it to go on, Phil. It seemed so right, you two. Anything I can do? Can I be of any help? Talk is useless, I know, but maybe someone who knew you both...

PHILIP : Thanks, John. Thanks a lot. Oh, I'd better be getting back. I'm clearing out of the office tonight. I'll finish the last three installments at home and... I'll bring them in and we'll have one more session.

INT. PHILIP'S OFFICE - DAY - The ART DIRECTOR enters carrying part of Philip's article.

DIRECTOR : Hey, I'm looking for you. It's the goldarnedest idea for a series this magazine has ever run. No kidding, Green. I couldn't put these ten pages down. The whole place is buzzing with it. Now, about artwork. Photographic treatment's my hunch. What do you think?

PHILIP : OK. No pictures of my kid or me or my mother. Understand?

DIRECTOR : Aw, now stop pushin' me around. That's the trouble with you Christians. You know, too aggressive, loud, pushing.

ANNE : Everybody's got a copy but me. When's my turn to see it, Phil? The place is in a frenzy over the wonderful plot. Though what plot there can be to a series on anti-Semitism escapes me.

: This is something. It's hot all right. You fooled me, Phil, completely.

---

upset 気が転倒した, 狼狽した
liked it to go on それが続いて欲しかった
Anything I can do? 私に何ができることはありますか
Can I be of any help? お役に立てることはありますか
useless 無益な, 無駄な, 役に立たない

Thanks a lot どうも有り難う

at home 自宅で, 家で
session 会合, 会議

article 記事, 論説, 論文

goldarnedest 全くの, びっくりした
run 出版する, 印刷する, 掲載する, 載せる
No kidding 嘘じゃない, 本当だ
put down 下に置く
buzz ざわつく, 騒がしい, 持ちきりである
artwork アートワーク, 挿絵
photographic 写真撮影の, 写真撮影による, 写真のような
treatment 扱い方, 表現方法
hunch 予感, 直観

push around 邪険に扱う, こき使う, いじめる
the trouble with... ～の難点, ～の困ったこと
aggressive 攻撃的な, けんか腰の, 押しの強い, 強引な
loud 大きい, やかましい, 無遠慮な
pushing ずうずうしい, 出しゃばる, 精力的な, 出世欲の強い
but me 私を除いて

frenzy 熱狂, 狂乱
plot プロット, 筋, 構想
escape 逃げる, 免れる, 気付かれない
This is something これはすごい
hot ホットな, 興奮を掻き立てる, 優秀な
all right 申し分なく, 本当に
fool だます, かつぐ, 欺く

178

ミニフィ	：キャシーが今朝、妻に話したんだよ。彼女はひどく取り乱していたようだ。二人の関係が続くことを願っていたのだが、フィル。とてもお似合いに見えたがな、君たち二人は。わしに何かできることはあるかね？役に立てることはあるか？話しても無駄、それはわかっているが、しかしな多分、誰か、君たち二人を知っている人間なら…
フィリップ	：ありがとう、ジョン。本当にありがとう。ああ、戻らなくちゃ。オフィスは今夜引き払います。最後の3回分は家で仕上げて、それから…それらを持ってきます、それでもう1回会議をしましょう。

屋内 ― フィリップのオフィス ― 昼 ― アートディレクターがフィリップの記事の一部を持って入って来る。

ディレクター	：おい、君を探してたんだ。こいつは、この雑誌がこれまで掲載した連載物の中で、最高のアイディアだな。本当だ、グリーン。この10ページ、一気に読み通したよ。会社中、この話で持ちきりだぞ。さて、挿絵だが。私の直感だと写真だな。どう思う？
フィリップ	：結構だ。僕の子どもや僕とか母の写真はダメだ。いいね？
ディレクター	：おい、なあ、私に命令するのはやめてくれ。それが君たちクリスチャンの困った所だ。つまり、強引で無遠慮で押しが強すぎるんだよ。
アン	：コピーをもらってないのは私だけよ。いつになったら、それ読めるのかしら、フィル？ 素晴らしい構想に社内は熱狂の渦だわよ。反ユダヤ主義についてどんな構想があり得るのか私には見当もつかないけど。
	：これはすごい。素晴らしいわ、ほんと。私を騙したわね、フィル、すっかり。

■ liked it to go on
ここでの it とはフィリップとキャシーの関係。なお、go on は continue の意。

■ Anything I can do?
Is there anything I can do? のことで、人に救いの手を差し伸べる際の表現。

■ Can I be of any help?
Can I be of any help to you? のこと。be of help to someone は「人の助けになる」の意を表す。

■ Thanks a lot
好意、サービス、贈り物などに対する謝意を表す最も一般的な表現の１つ。同様のものに Thanks very much, Thanks awfully, Many thanks, A thousand thanks, Thanks a million, Thanks a bunch, Thanks loads など多くある。

■ at home
この意から Is he at home?（彼は在宅ですか）のように「在宅して」とか「本国で」、さらには Please make yourself at home.（どうぞ楽にして下さい）のように「気楽に、くつろいで」などの意でも頻繁に使われる。

■ goldarnedest
激しい感情、特に驚き、怒り、嫌悪などを表す goldarned の最上級。なお、goldarn は goddamn (こんちくしょう) の婉曲語。

■ No kidding
I'm not kidding のこと。なお、No kidding? とした場合は「まさか、本当か」の意を表す。

■ put down
「下に置く」の意から、ここでは「読むのをやめる、目を離す」ほどの意を表す。

■ buzz
この語が人の話し声、蜂、機械などの低いブンブン唸るような音を表すことから、噂、知らせなどで「騒がしい、持ちきりである」といった意味で使われる。

■ treatment
特に様式、手法から見た文学、芸術の表現方法をいう。

■ push around
push someone around で to harass someone の意。push about ともする。なお、ここでは「命令する」といったニュアンス。

■ escape
ここでは話の要点などが「分からない」を意味して、通例、否定文で使われる。

■ This is something
ここでの something は「重要なもの、ひとかどの人物、大切なこと」、すなわち a remarkable or important thing or person の意を表す。

ANNE	: Though I did want to say a couple of times, how have you lived this long spending this much juice on it all the time? I get it now. Everything. This is dynamite.	juice エネルギー, 活力, 精力 dynamite (俗)最高の, 抜群の, すごい ○
DIRECTOR	: Wait'll you read the rest of it.	Wait till you... ～してからにしなさい
ANNE	: Boy, if everybody'd acted out just one day of the year, it'd be curtains on the thing overnight.	boy おやおや, まあ, やれやれ, ほんとに, ちぇっ ○ act out 身振り手振りを交えて語る, 行動で示す, 実践する curtains (俗)終わり, 終末 ○ overnight 夜の間に起こる, たちまち, 突然に
DIRECTOR	: Well, I gotta go. Minify ordered everything stopped for this. See you later.	See you later じゃあまた, さようなら ○
ANNE	: It's a wonderful notion, Phil. Congratulations. Hey, you look kind of beat. I worry about you.	notion 概念, 意見, 見解 beat 疲れ切った ○
PHILIP	: I'm fine.	
ANNE	: Uh-huh. It's over with you and Kathy, isn't it? Phil, I guessed it last night but I wasn't sure. It is over, isn't it? Everything's so rotten, Phil. With me, too. Look, if you're free tonight, come on down to my place and listen to my troubles. How about it?	Uh-huh うん, ええ, なるほど ○ over with you and Kathy あなたとキャシーは終わった, あなたとキャシーの関係は終わった ○ rotten 嫌な, 不快な, みじめな, だめな Look ねえ, ちょっと, あのさ, ほら ○ free 暇な, 空いている ○ How about it これはどうですか, これどう ○
PHILIP	: OK. Thanks.	
ANNE	: We'll have dinner.	

INT. ANNE'S HOUSE - NIGHT - Anne pours some coffee and sits back on the sofa next to Philip. She stirs the lump of sugar in the coffee.

sit back 深く腰掛ける ○
next to... ～の隣に, ～と並んで

ANNE	: Feeling better?	Feeling better ○
PHILIP	: Yeah.	
ANNE	: Good. You almost smiled a minute ago. You take your coffee black, don't you? And one lump. I remember from the party.	black ブラックの ○ lump 一塊, 角砂糖一個 ○
PHILIP	: You do? You're quite a girl, Anne. I don't think I told you that before.	quite a girl たいした女性
ANNE	: Me? Sure. Everybody loves Anne.	
PHILIP	: You said you weren't very happy. Do you wanna talk about it?	

アン	:	何度か言おうと思ったんだけれど、よくもこんなに長いこと生活してこれたわね、この件にずっとこれだけの精力を費やしてる？ 今わかったわ。何もかも。これ、最高だわよ。
ディレクター	:	残りの部分を読んでからにしてくれ。
アン	:	まあ、もし皆が一年のうち、たった1日でも行動で示せば、このことは一夜にして終わるでしょう。
ディレクター	:	さて、行かなくちゃ。ミニフィが何よりもこれを優先するよう命令を出したんだ。じゃあまた。
アン	:	素晴らしい考えだわ、フィル。おめでとう。ちょっと、何だか疲れているみたい。あなたが心配だわ。
フィリップ	:	大丈夫だ。
アン	:	なるほど。あなたとキャシーは終わったのね、でしょ？フィル、昨夜そうだと思ったけど、でも確信がなかったの。終わったんでしょ、ね？ 何もかもてんでついてないわね、フィル。私もよ。ねえ、今晩暇だったら、うちに来て私の悩みを聞いてほしいの。どう？
フィリップ	:	わかった。ありがとう。
アン	:	食事をしましょう。

屋内－アンの家－夜－アンはコーヒーを注ぎ、フィリップと並んでソファに深く腰掛ける。彼女はコーヒーに入れた角砂糖をかき回す。

アン	:	気分は良くなった？
フィリップ	:	ああ。
アン	:	良かった。さっきは笑顔になりそうだったわ。コーヒーはブラックで飲むのよね？ それからお砂糖を一つ。パーティで覚えたの。
フィリップ	:	覚えた？ 君はたいした女性だ、アン。今までそれを君に言ったことはないと思うけど。
アン	:	私に？ そうよ。誰だってアンのこと大好きなの。
フィリップ	:	君はあまり幸せじゃないって言ってたけど。その件について話してみる？

■ dynamite
ここでは wonderful, outstanding, superb の意を表す。

■ boy
驚き、愉快、不愉快、落胆、軽蔑などの叫び。

■ curtains
curtain が窓や舞台などの「カーテン、幕」を意味することから、curtains として the end、すなわち「一巻の終わり」を意味する俗語。

■ See you later
別れを挨拶の1つ。同様のものに See you soon, I'll be seeing you, Be seeing you, See you around, See you real soon, See you in a little while, I'll see you real soon, See ya, See you later, alligator, Catch you later など多くある。

■ beat
この語の基本的な意味「激しく叩く」から、形容詞として用いられ「打ち負かされた、疲れ切った」などの意を表す。

■ Uh-huh
肯定、満足、同意などを表す間投詞。

■ over with you and Kathy
ここでの over は Our summer vacation is over. (我々の夏休みは終わりだ)のように「終わって、過ぎて」を意味する副詞。

■ Look
相手の注意を引く際に使われる。

■ free
ここでは「自由な」ではなく、人が仕事などから「解放されて、手が空いて」を表す。

■ How about it?
How about... は How about a cup of coffee? (コーヒーを一杯どう)のように「～はどうですか」と、相手の意向を訊ねる際に使われる表現。

■ sit back
椅子にゆったりと深く腰掛けること。

■ Feeling better
文頭の Are you が省略されたもの。

■ black
ここでは「ミルクやクリームを入れない」ということ。

■ lump
角砂糖を数える際は a lump of sugar, two lumps of sugar とする。なお、粉砂糖の場合は Give me a spoonful of sugar. (砂糖を1杯くれ)のように、a spoonful of sugar, two spoonfuls of sugar となる。

ANNE : Nothing bores any man so much as an unhappy female.

PHILIP : Now, look, Anne. We're good friends. Somehow, even in this short a time, we've been through quite a bit together. It's been good for me to be able to be with you tonight. I wish you would talk to me.

ANNE : All right, I'll talk. We've been skirting it all evening. Let's bring it out and clear the air. Do you mind if I say something about you and Kathy?

PHILIP : Let's don't.

ANNE : All right, Phil. Mind your manners. Be a little gentleman. Don't let the flag touch the ground. This sort of honorableness gets me sick, Phil. It's just that I think you're pretty straight, and she's…

PHILIP : Anne, drop it.

ANNE : OK. I'm a cat. And this is dirty pool.

: But I'm intolerant of hypocrites. That's what I said, Phil: Hypocrites. She'd rather let Dave lose that job than risk a fuss up there. That's it, isn't it? She's afraid. The Kathys everywhere are afraid of getting the gate from their little groups of "nice people." They make little clucking sounds of disapproval. But they want you and Uncle John to stand up and yell and take sides and fight. But do they fight? Oh, no. Kathy and Harry and Jane and all of 'em. They scold Bilbo twice a year and think they've fought the good fight for democracy in this country.

: They haven't got the guts to take the step from talking to action.

アン	:	惨めな女ほど男を退屈させるものはないわよ。
フィリップ	:	なあ、いいかい、アン。僕たち親友だろ。ともかくも、短い間ではあったけど、僕らは共に多くのことを経験してきた。今晩君と一緒にいられて僕は救われている。話してみてくれ。
アン	:	わかった、話すわ。今夜ずっと避けてきたけど。話してすっきりさせましょう。あなたとキャシーのことを少し話しても構わない？
フィリップ	:	やめよう。
アン	:	わかったわ、フィル。お行儀良くして。紳士らしく振る舞って。バカなことしないでね。こういった高潔さには私、吐き気を催すわ、フィル。つまり私、あなたはとても立派だと思うわ、なのに彼女ときたら…
フィリップ	:	アン、やめてくれ。
アン	:	いいわ。私は意地悪女。そしてここはドブ溜めよ。
	:	だけど私、偽善者には我慢ならないの。私が言いたいのはそういうことよ、フィル。偽善者。彼女はそこで騒ぎ立てようともしないで、デイヴがあの仕事を失うのを黙って見ていたわ。そうでしょ？　彼女は怖いのよ。あちこちにいるキャシーのような人たちは、「ご立派な人たち」の小さなグループから閉め出されるのが怖いんだわ。あの人たちは小さく舌打ちして反対の気持ちを表すけど、でもあなたやジョン叔父さんに立ち上がって大声をあげ、そして自分たちの味方になって闘ってほしいのよ。だけどあの人たちが闘うかしら？　しないわ。キャシーもハリーもジェーンも、あの人たちみんな。彼らは1年に2回ビルボーを非難して、この国の民主主義のために善戦したと思うんだわ。
	:	彼らには言葉から行動に一歩踏み出す度胸なんてない。

■ Nothing bores any man so much as…
ここでの bore は to make someone weary by being dull の意。

■ female
これに対する「男性」は male。

■ be through…
ここでの through は She's been through a crisis.（彼女は危機を切り抜けた）のように、経過、通過、終了などを表して「～を通って、し終わって」を意味する前置詞。

■ skirt
この意味から、危険、困難、論争になるために問題、話題を「避ける、回避する」の意を表して使われる。

■ bring out
この表現は She brought out a handkerchief.（彼女はハンカチを取り出した）のように「取り出す」とか、He brought out the exact meaning of the word.（彼はその言葉の正確な意味を明らかにした）のように、真相、事実、意味などを「明らかにする、明確にする」などの意でもよく用いられる。

■ Mind your manners
ここでの mind は Mind your p's and q's.（行儀よくしなさい）のように「注意する、気をつける」の意。

■ Don't let the flag touch the ground
Mind your manners とか Mind your p's and q's に同じ。

■ gets me sick
ここでの sick は He makes me sick.（彼にはむかつく）のように「むかついて、うんざりして」の意を表す。

■ drop it
ここでの drop は Let's drop the subject.（その話題はやめよう）のように、話題、仕事、計画、習慣などを「やめる」の意で使われる。

■ clucking sound of disapproval
clucking sound とは不満、反対、驚き、関心、興味などを表してチッと舌を鳴らす音のこと。

■ stand up
ここでは体について述べたものではなく、主義、主張、立場、態度などをはっきりさせるために「立ち上がる」ということ。

■ fight the good fight
反対に「苦戦する」は fight a poor fight とか put up a poor fight とする。

■ haven't got
= don't have

■ take the step
ここでの step は He took one step forward.（彼は一歩前に出た）のように「一歩」のこと。

183

ANNE	: One little action on one little front. Sure, I know it's not the whole answer, but it's gotta start somewhere. And it's gotta be with action, not pamphlets, not even with your series. It's got to be with people. Nice people, rich people, poor people, big and little people. And it's gotta be quick. But not Kathy. She can't. She never will. She doesn't rate you, Phil.	**front** 最前線，第一線，戦線，戦場 **pamphlet** パンフレット，小冊子 **big** 偉い，重要な，有名な ⇨ **rate** 評価する，高く評価する，良く思う
	: Phil, do you hate me for saying this?	
PHILIP	: No.	
ANNE	: I'd like to say one thing more. There's time. If two people are right for each other, they usually discover it in time. If I had a kid I loved, I'd want him to be brought up with people who felt the way I did about the basic things.	**right for each other** 互いに相応しい ⇨ **in time** そのうちに，ゆくゆくは ⇨ **bring up** 育てる，養育する ⇨ **who felt the way I did** **basic** 基本的な，根本的な
PHILIP	: You proposing, Anne?	**You proposing** ⇨
ANNE	: Maybe. Maybe I am.	

シオニズムとは

　シオニズムとは、神によって約束された土地に自分たちの故郷を再建しようという、ユダヤ人たちの運動。この言葉は、オーストリアのユダヤ系思想家ビルンバウム (Nathan Birnbaum, 1864 – 1937) が Self Emancipation (1890) で初めて使ったもので、ユダヤ人作家ヘルツ (Theodor Herzl, 1860 – 1904) が、その必要性を諸外国に訴えた。

アン	: 一つの小さな戦場での一つの小さな行動。もちろん、それが答えの全てじゃないことは分かっているけど、でも、どこかで始めなきゃいけない。だけど、それには行動が伴わなくちゃならないの、パンフレットも、あなたの連載でもだめ。人々が関わらなくちゃだめなのよ。立派な人たち、お金持ちの人たち、貧しい人たち、偉い人も偉くない人たちも。しかも早く。でもキャシーはだめ。彼女にはできない。彼女は絶対無理。彼女はあなたを評価していないもの、フィル。
	: フィル、こんなことを言う、私が嫌い？
フィリップ	: いいや。
アン	: もう一つだけ言いたいの。時間があるから。もし二人が互いに相応しければ、大抵はそのうちに分かるわ。もし私に愛する子どもがいたら、基本的な事柄について私と同じように感じる人と一緒にその子を育てたいと思う。
フィリップ	: プロポーズかい、アン？
アン	: 多分。多分そうね。

■ big
ここでは important とか famous の意。
ex. He is a big businessman.（彼は大物の実業家だ）

■ right for each other
ここでの right は I think I'm the right person for this job.（私はこの仕事に適任だと思います）のように「適した、相応しい」の意を表す。

■ in time
= in due course; in due time; in good time; in the course of time
ex. In time you'll see who was right.（そのうち誰が正しかったか分かるだろう）

■ bring up
ここでは to raise a child の意だが、この表現は問題、話題などを「持ち出す」の意味でもよく使われる。
ex. She was brought up by her uncle.（彼女は叔父によって育てられた）

■ who felt the way I did
文字通りの訳「私が感じたように感じた」とは「私と同じように感じる人、私と同じ考えの人」ということ。

■ You proposing
文頭の Are が省略されたもの。

1897年の第一回シオニスト会議、1917年11月のバルフォア宣言を通して、1947年11月29日に開催された国連総会でのパレスチナ分割決議を経て、1948年5月14日、イスラエルが建国され、ユダヤ人国家が誕生した。

曽根田　憲三（相模女子大学名誉教授）

Everybody's Century

13 *INT. RESTAURANT - NIGHT - The MAÎTRE D' escorts Dave to the table where Kathy is sitting.*

MAÎTRE D'	: She's there.	
DAVE	: Hello.	
KATHY	: Oh, Dave. Hello.	
	: Thank you for coming. It was good of you. You know about Phil and me?	It was good of you ♪
DAVE	: Yes.	
KATHY	: I want to ask you something. And I want you to answer me honestly.	
DAVE	: Go ahead.	Go ahead どうぞ、やれ、言ってくれ ♪
KATHY	: Do you think I'm anti-Semitic?	
DAVE	: No, Kathy, I don't.	
KATHY	: Phil does.	
DAVE	: Does he?	
KATHY	: You know I'm not anti-Semitic. You're a Jew and you know it. Why can I make it clear to everybody but Phil? Why, I was the one who suggested the series? Did you know that?	make it clear それをはっきりさせる、それを分からせる ♪ Why そりゃあ、いやはや、むろん、もちろん、だって ♪
DAVE	: No, I didn't.	
KATHY	: I hate this thing just as much as he does. Why can't he see it? Why? Why, tonight at dinner, a man told a vicious little story and I was ill. I was sick with rage and shame. But Phil actually ma...	as much as... ～と同じだけ、～と同程度に ♪ vicious 意地の悪い、悪意のある、不埒な、非難すべき ♪ rage 激怒、憤激、激しい怒り shame 恥ずかしさ、恥ずかしい思い ♪ Phil actually ma... ♪
DAVE	: What kind of story, Kathy?	
KATHY	: Oh, it was just a story. It had nothing to...	It had nothing to.... ♪
DAVE	: Well, suppose you tell me anyway.	suppose you tell me 私に話してみてはどうだ ♪

Gentleman's Agreement

みんなの世紀

DVD　01：47：52
□□□□□□

屋内-レストラン-夜-給仕長がデイヴをキャシーが座っている
テーブルに案内する。

給仕長　：あちらにいらっしゃいます。
デイヴ　：こんばんは。
キャシー　：あら、デイヴ。こんばんは。

　　　　　：来てくださってありがとう。ご親切にどうも。フィルと私のこと、知ってるわね？
デイヴ　：ああ。
キャシー　：あなたに聞きたいことがある。だから私、あなたに正直に答えてほしいの。
デイヴ　：どうぞ。
キャシー　：私のこと反ユダヤ主義だと思う？
デイヴ　：いいや、キャシー。思わないよ。
キャシー　：フィルは思ってるわ。
デイヴ　：彼が？
キャシー　：あなたは私が反ユダヤ主義じゃないってわかっているのに。あなたはユダヤ人で、それをわかってくれているのに。そのこと、みんなにはわかってもらえるのに、どうしてフィルにはわかってもらえないの？だって、あの連載を提案したのは、この私なのよ？　そのことご存知だった？
デイヴ　：いや、知らなかった。
キャシー　：私も彼と同じくらい、こういったことは嫌いなのに。どうして彼にはそれが分からないの？　なぜ？あのね、今夜、食事の時に、ある男性が悪意のあるちょっとした話をしたので、私、気分が悪かったの。私は怒りと恥ずかしさで吐き気を催したわ。だけどフィルは、実際・・・
デイヴ　：どんな話だい、キャシー？
キャシー　：ええ、つまらない話よ。関係ないわ・・・
デイヴ　：まあ、とにかく俺に話してみてはどうだ。

■ It was good of you
It was good of you to come のこと。

■ Go ahead
命令形で相手に許諾を与える表現。強めるときは Go right ahead とする。

■ make it clear
ここでの clear は Do I make myself clear?（私の言うことがお分かりですか）のように、「明確な、はっきりした、完全に理解できる」の意。

■ Why
当然の承認、抗議、反駁、焦慮、意外、驚きなどを表す間投詞。

■ as much as...
as...as は She is as studious as I am.（彼女は私と同じくらい勤勉だ）のように、数量や程度の比較に用いられて「～と同じくらい」を意味する。なお、as の後には形容詞、副詞がくる。

■ vicious
= bad; wicked; sinful; evil; heartless; shameless; indecent; mean; contemptible; nasty

■ shame
下劣な行為、罪悪感などによって起こる辛く、恥ずかしい思い。類似した語 embarrassment は他人に対するきまり悪さ、困惑をいう。humiliation は他人に低く評価されたときの屈辱感のこと。

■ Phil actually ma...
ma は makes と言おうとしたもの。

■ It had nothing to...
次に do with this が来るものと考える。なお、have nothing to do with... は「～とは何の関係もない」の意。

■ suppose you tell me
suppose は文頭に置き、丁寧な依頼を表して「～してもらえませんか」の意を表す。

187

KATHY : Well, it was just a vulgar little joke that a man told at dinner. It has nothing to do with this.

DAVE : Well, take it easy, Kathy. Maybe it has. What kind of a joke? I can take naughty words, you know.

KATHY : But why? Oh, all right. It was a man named Lockhardt, and he...he tried to get laughs with words like "kike" and "coon" and... I despised him, and everybody else at the table...

DAVE : What did you do, Kathy when he told the joke?

KATHY : What do you mean?

DAVE : I mean, what did you say when he finished?

KATHY : I wanted to yell at him. I wanted to get up and leave. I wanted to say to everyone at the table: "Why do we sit here and take it when he's attacking everything that we believe in? Why don't we call him on it?"

DAVE : And what did you do?

KATHY : I just sat there. I felt ashamed. We all just sat there.

DAVE : Yeah. And then you left and got me on the phone.

KATHY : Later, after dinner was over, I said I was ill and I am. I'm sick through.

DAVE : I wonder if you'd feel so sick now, Kathy, if you had nailed him. There's a funny kind of elation about socking back. I learned that a long time ago. Phil's learned it.

KATHY : And I haven't?

DAVE : Lots of things are pretty rough, Kathy. This is just a different kind of war.

キャシー	: え〜と、それは、ある男性が食事の時に話した、野卑なつまらない冗談だったわ。このこととは関係ないの。
デイヴ	: ほら、落ち着いて、キャシー。関係あるかもしれない。どんな冗談だ？ ひどいことだって平気だよ、ね。
キャシー	: でも、どうして？　ええ、いいわ。それはロックハートという名前の男性で、彼…彼は「ユダ公」とか「クロンボ」といった言葉で笑いを取ろうとして、それで…私は彼を軽蔑したし、そのテーブルにいた他の誰もが…
デイヴ	: そいつがその冗談を言った時、キャシー、君はどうしたんだね？
キャシー	: どういうこと？
デイヴ	: つまり、そいつが話し終えた後に、君は何を言った？
キャシー	: 私、彼を怒鳴りつけてやりたかったわ。立ち上がって、その場を離れたかった。テーブルにいる皆に言いたかった。「どうして私たちはここに座って我慢しているの、彼が私たちの信条としているもの全てを冒瀆しているというのに？どうしてそのことで、彼を非難しないの？」ってね。
デイヴ	: それで君はどうしたんだ？
キャシー	: 私はただそこに座っていたわ。恥じ入っていた。私たち、みんなただそこに座っていたの。
デイヴ	: ああ。そして、それから君は場を離れ、僕に電話をしたわけだ。
キャシー	: その後、夕食が終わってから、私、気分が悪いと言ったの、今もそうだわ。ずっと気分が悪いの。
デイヴ	: 今、そんなに気分が悪いのなら、キャシー、もしやつをやっつけさえしていればさ。やり返せば妙にスカッとした気分になる。俺はずいぶん昔にそれを学んだ。フィルもそいつを学んだのさ。
キャシー	: だけど私は学んでいない？
デイヴ	: とんでもなく不快なことがたくさんある、キャシー。これはまさに違った種類の戦争なんだよ。

■ I can take naughty words
ここでの take は非難などを「甘受する」との意を表す。
ex. I could not take his joke.（私は彼の冗談を受け流すことができなかった）

■ coon
(俗)黒人に対して使われる場合は一般的に軽蔑的。raccoon（アライグマ）に由来する語。

■ I mean
話し手が聞き手の注意を引いたり、先ほど述べたことをより明確にしたり、また説明を加える際に用いられる。

■ believe in
I believe in God.（私は神を信じます）のように believe in とした場合は、単に人の話などを信じる believe とは違い、「存在を信じる、信仰する、信頼する、認める」など、強い意味を表す。

■ call him on it
ここでの call は He called her on her laziness.（彼は彼女を怠惰だといって非難した）のように、人を「咎める、非難する」の意を表す俗語。

■ feel ashamed
ashamed は行為、状態などを「恥じて」の意。そこで You ought to be ashamed of yourself.（君、恥を知れ）のように be ashamed of…で「〜が恥ずかしい、〜を恥ずかしく思う」、be ashamed for... で「〜の理由で恥ずかしく思う」を表す。

■ get someone on the phone
ここでの get は Get me on the phone tonight.（今夜、電話で連絡してくれ）のように、電話などで「連絡する、連絡がつく」の意を表す。get someone by phone ともする。また phone は telephone でもよい。

■ I'm sick through
ここでの through は He read the book through.（彼はその本を読み通した）のように「初めから終わりまで」、すなわち「ずっと」を意味する副詞。

■ sock back
sock は I socked him in the nose.（私は彼の顔面に一発食らわした）のように hit の意を表す。また、ここでの back は She answered back.（彼女は口答えした）のように「返して」の意。

KATHY	: And anybody who crawls away is a quitter just as much as...	crawl away 這って逃げる, こっそり去る quitter 簡単に諦めてしまう人, 意気地なし, 臆病者 ⊙ just as much as... ～と同じ ⊙
DAVE	: I didn't say that. You did.	
	: Somebody told the story. Sure, a man at a dinner table told a story, and the nice people didn't laugh. They even despised him for it, sure. But they let it pass. And behind that joke, there's Flume Inn and Darien and Tommy and those kids...	let it pass それをほうっておく, それを受け流す, それを大目にみる ⊙
KATHY	: And if you don't stop with that joke, where do you stop?	stop with... (米話)～をやめる, ～をとめる
	: Is that what you mean?	
DAVE	: That's right.	
KATHY	: Where do you call a halt? I've been getting mad at Phil because he expected me to fight this, instead of getting mad at the people who help it along, like Lockhardt.	call a halt 停止を命じる, 食い止める get mad at... ～に腹を立てる, ～に対してカッとなる ⊙
DAVE	: Not just old Lockhardt. At least he's out in the open. But what about the rest of the dinner guests? They're supposed to be on your side. And they didn't act or...	out in the open 公になって, 周知のこと ⊙
KATHY	: No, they didn't. And I didn't. That's the trouble: we never do.	No, they didn't ⊙ We never do ⊙
	: It all links up, Dave. Phil will fight. He can fight. He always will fight. And if I just sit by and feel sick, then I'm not a fit wife for him. It was always on those deeper issues that we had our quarrels. Always. And I never knew it until now.	link up つながる, 結合する ⊙ sit by 傍観する, 無関心な態度を取る fit wife 相応しい妻 ⊙ on those deeper issues ⊙ issue 問題, 論点 quarrel 口喧嘩, 口論, 仲たがい
DAVE	: Sure. A man wants his wife to be more than just a companion, Kathy. More than his beloved girl. More than even the mother of his children.	companion 仲間, 気の合った友, 連れ, 付き添い beloved 最愛の, いとしい

キャシー	: そして、こそこそ逃げ出す人は意気地なしってわけね、ちょうど …
デイヴ	: 俺はそうは言っていない。言ったのは君だ。
	: 誰かが例の話をした。そう、食事の席である男がある話しをしたが、ご立派な人たちは笑わなかった。彼らはそのことで彼を軽蔑しさえした、確かに。だが彼らはそれを見て見ぬふりをした。そしてその冗談の裏には、フルーム・インやダリアンやトミーやあの子どもたちのことがある …
キャシー	: するとあの冗談を止めなければ、どこで止めるのか？
	: あなたが言いたいのはそういうこと？
デイヴ	: そうだ。
キャシー	: どこで止めるべきか？ 私はフィルに怒っていた、というのも私がこのことと戦うことを彼が期待していたから、ロックハートのようにそれを増長させている人たちに腹を立てるんじゃなくて。
デイヴ	: あのロックハートだけじゃない。少なくとも彼は公にしている。だが、食事の席の他の客たちはどうだ？ 彼らは君の味方のはず。それなのに、彼らは何も行動を …
キャシー	: ええ、あの人たちはしなかった。それに私も。それが問題なのね。私たちは決して何もしない。
	: 全てが繋がっているのね、デイヴ。フィルは闘うわ。彼は闘うことができる。彼はいつだって闘う。だから私がただ傍観して、不快に思うだけなら、それでは私、彼に相応しい妻じゃない。私たちが喧嘩したのは、いつだってそういった深い問題についてだった。いつだって。なのに、私、今までそれが全然わからなかったわ。
デイヴ	: そうだ。男は、自分の妻に単なる同伴者以上のものを求めるのさ、キャシー。最愛の女性以上のものを。子どもたちの母親以上の存在をね。

■ quitter
特に困難や危険に遭遇すると簡単に諦めてしまう人物のことで、quit（やめる、立ち去る）から。

■ just as much as...
ここでは「戦場から逃げ出すのと同じこと」と言おうとしたもの。

■ let it pass
ここでの pass は「通過する」や「合格する」ではなく、「無視する、見て見ぬふりをする」の意。

■ call a halt
halt は行動や活動などの一時的または永久的「中止、休止」を意味する。

■ get mad at...
ここでの mad は「気の狂った」ではなく、気が狂うほど「カッとなる」、すなわち very angry を意味する。ちなみに、be mad は「すごく怒っている」、be boiling mad とか be hopping mad とすると「カンカンに怒っている」となる。なお、get mad とはするが、go mad とはしないので注意。

■ out in the open
ここでの open は、通例、the open として「周知、公然」ほどの意を表す。ここでは「彼の反ユダヤ主義は公になっている、彼は反ユダヤ主義を公にしている」ということ。

■ No, they didn't
They didn't act or... に対して同意する際は、日本語と違い、No で答える。逆に反対する場合は Yes となるので注意。

■ We never do
ここでの do は stop あるいは fight のこと。すなわち、ユダヤ人に関する侮蔑的な言葉やジョークを止めないこと、それに対して異議を唱えないこと。

■ link up
link とは Her story links up with yours.（彼女の話は君の話と結びつく）のように to become connected の意。

■ sit by
この表現は「側に座る」ではなく、to remain inactive when other people are doing something とか to ignore a situation that calls for help といった意味合い。

■ fit wife
fit とは場面、状況、人物、仕事、役職などに「合った、適切な」の意。

■ on those deeper issues
ここでの on は関連、関係を表し「〜について、に関して」を意味する前置詞。

DAVE : He wants a sidekick, a buddy, to go through the rough spots with, and, well, she has to feel that the same things are the rough spots, or they're always out of line with each other.

: You're not cast in bronze, sweetie. You're nice and soft and pliable, and you can do anything you have to do, or want to do, with yourself.

KATHY : Can I? Can I? But it's got to be more than talk.

INT. PHILIP'S APARTMENT - NIGHT - Mrs. Green sits on the living room sofa reading Philip's article when Philip returns home.

MRS. GREEN: Now, don't scold, Phil. I couldn't sleep so I sneaked into your room and stole the first two installments. Come here.

PHILIP : Thanks, Ma. I think maybe I'd rather have that than almost anything.

MRS. GREEN: I wish your father could have read this, Phil. He'd have liked it. He'd have liked this.

: "Driving away from the inn, I knew all about every man or woman who'd been told the job was filled when it wasn't. Every youngster who'd ever been turned down by a college or a summer camp. I knew the rage that pitches through you when you see your own child shaken and dazed.

: From that moment I saw an unending attack by adults on kids of seven and eight and ten and twelve, on adolescent boys and girls trying to get a job or an education or into medical school.

デイヴ ： 男には荒波を共に乗り越える相棒や仲間が必要だ。だから、そう、妻は同じことを荒波だと感じなければいけない。そうでなければ、彼らはお互いいつだってうまくいかないのさ。

： ねえ、君はブロンズの像ではない。君は魅力的で優しく、そして柔軟だ、だから、しなきゃいけないことは何でもできる、あるいは、したいことだって、自分でね。

キャシー ： 私が？ できる？ でも言葉だけじゃだめよね。

屋内－フィリップのアパート－夜－グリーン夫人がフィリップの記事を読みながら居間のソファに座っていると、フィリップが帰宅する。

グリーン夫人： ねえ、怒らないでね、フィル。眠れなかったのよ、だからお前の部屋にこっそり入って、最初の2回の連載を勝手に読んだの。こっちへ来て。

フィリップ ： ありがとう、母さん。僕にはそれが他のどんなことよりもありがたいよ。

グリーン夫人： これ、父さんに読ませてあげたかったわ、フィル。気に入っただろうね。気に入ったわ、ここ。

： 「宿から車で走り去るとき、空きはあるのに仕事の空きがないと言われた全ての男性や女性のことが身につまされて分かった。大学やサマーキャンプから拒まれたあらゆる若者たちのことも。自分の子どもが動揺し、呆然としているのを見た時、私は体中を駆け抜ける激怒を知った。

： その瞬間から、大人たちの7歳や8歳や10歳や12歳の子どもたちに対する果てしない攻撃が目に映るようになったのだ。就職、教育、あるいは医学部入学を志す青年期の少年、少女に対する攻撃も。

■ rough spots
ここでの spot は単なる「場所、地点」ではなく、「窮地」を意味する。

■ out of line
ここでは「うまくいかない」といったニュアンス。

■ cast in bronze
ここでは「君はブロンズ像ではない」、すなわち「お飾りではない」といった意味合い。

■ sneak into...
sneak は He sneaked away.（彼はこっそり立ち去った）のように to go or move in a quiet secretive way の意。

■ steal
ここでは「許可なく読む」ほどの意で使われたもの。

■ I'd rather...than...
would rather は had rather ともする。なお、ここでの that は母親が彼の部屋に入って無断で原稿を読んだこと。

■ turn down
ここでは「ひっくり返す、伏せる、下げる」ではなく、応募者、候補者、提案、要求などを「拒絶する」の意を表す。

■ the rage that pitches through you
rage とは violent anger のこと。

■ shaken
この語は shake（揺り動かす）から、人の心について「揺り動かされた」、すなわち「心かき乱された、動揺した」となる。

■ dazed
打撃、恐怖などで「呆然となる」を意味する daze から。

■ on adolescent boys and girls
on の前に I saw an unending attack を補って考える。

MRS. GREEN: And I knew that they had somehow known it too - they: those patient, stubborn men who argued and wrote and fought and came up with the Constitution and the Bill of Rights. They knew that the tree is known by its fruit, and that injustice corrupts a tree, that its fruit withers and shrivels and falls at last to that dark ground of history where other great hopes have rotted and died, where equality and freedom remain still the only choice for wholeness and soundness in a man or in a nation."

: Your father would have liked to have you to say that, Phil.

PHILIP : Not enough of us realize it, Ma. Time's getting short. Not enough people, and the time's running out.

MRS. GREEN: You mean Kathy?

PHILIP : Oh, not just Kathy. All the Kathys. Everywhere.

MRS. GREEN: You know something, Phil? I suddenly wanna live to be very old. Very. I want to be around to see what happens. The world is stirring in very strange ways. Maybe this is the century for it, maybe that's why it's so troubled. Other centuries had their driving forces. What will ours have been when men look far back to it one day? Maybe it won't be the American century after all. Or the Russian century or the atomic century. Wouldn't it be wonderful, Phil, if it turned out to be everybody's century, when people all over the world - free people - found a way to live together? I'd like to be around to see some of that, even the beginning. I may stick around for quite a while.

---

patient 辛抱強い
stubborn 頑固な

come up with... ～を思いつく
the Constitution アメリカ合衆国憲法 ◎
the Bill of Rights 権利章典
the tree is known by its fruit 木はその実でわかる
injustice 不正, 不当
corrupt 腐敗させる ◎
wither しなびる
shrivel しぼむ
at last ついに, とうとう, しまいには, やっと
rot 腐る
equality 平等
freedom 自由 ◎
wholeness 完全
soundness 健全さ

realize 悟る, 理解する
get short 足りなくなる ◎
run out なくなる ◎

You know something? ねえ, あのさ, いいかい

be around その辺にいる, 近くにいる ◎
is stirring in very strange ways ◎
stir 動く, 動き出す, 活動し出す
century 世紀
driving force 原動力となる人, 推進力 ◎
one day ある日, いつか

after all 結局は, 最後には, やはり
atomic century 原子力の世紀 ◎
turn out... ～の結果となる, 最後には～になる
all over the world 世界中で
live together 一緒に暮らす, 共棲する

stick around 近くで待つ, あたりをぶらぶらする ◎
for quite a while かなりの間

Gentleman's Agreement

グリーン夫人: それに私は彼らもどうやらそのことを悟っていたことを知った－彼ら、あの忍耐強く頑固な男たち、議論し、書き、闘い、そしてアメリカ合衆国憲法と権利章典を考えた人たち。彼らは、木はその実によって分かり、不正は木を腐敗させ、その実は腐り、しなびて、ついには、歴史の漆黒の地面に落ちることを知っていた。そこでは他の偉大なる希望は既に腐り、死に絶えているが、平等と自由はいまだ人間あるいは国家の強健と健全さのための唯一の選択肢として残っているのだ」。

: 父さんはあなたにそう言って欲しかったんだろうね、フィル。

フィリップ: それがわかっている人は多くないんだ、母さん。時間が足りない。理解している人も少ないし、それに時間切れも迫っている。

グリーン夫人: キャシーのことかい？

フィリップ: いや、キャシーだけじゃない。全てのキャシーさ。そこらじゅうにいる。

グリーン夫人: いいかい、フィル？　私は急に長生きがしたくなったよ。とっても。生きて、何が起こるか見てみたいの。世界は変に騒がしくなってきてるわ。今はそういう世紀かもね、だから多分、こんなにゴタゴタしてるんだろう。他の世紀にはそれぞれ、それを動かす力があった。いつか人類が振り返った時に、私たちの世紀の原動力は何だろうね？　多分、結局はアメリカの世紀じゃないだろうし、ロシアの世紀でも原子力の世紀でもないだろうね。素晴らしいじゃないの、フィル、もしみんなの世紀になったら、世界中の人々ー自由な人々ーが共に生きる術を見つけるようね？　生きて、それを少し見たいわ、兆しでもいいから。長生きをしたいもんだね。

■ the Constitution
アメリカ合衆国憲法 → the Constitution of the United States of America のこと。1787年に憲法制定会議によって制定され、1789年3月4日に発行した。the Federal Constitution ともいう。

■ the Bill of Rights
連邦政府が人民の基本的人権を保障するため1791年に合州国憲法に付加した最初の10カ条の修正。

■ the tree is known by its fruit
人は行為によって判断される、との意。聖書「マタイ福音書」12:23 の A tree is known by its fruit より。

■ corrupt
聖書の言葉 Evil communications corrupt good manners.（悪いつきあいはよい習慣をだめにする）のように、to ruin morally とか to spoil ほどの意。

■ freedom
-dom は「～状態」とか「～権」のように、ある気質、抽象概念などを持った状態の名詞を作る接尾辞。

■ get short
ここでの short は「短い」ではなく、I'm two dollars short.（2ドル足りない）のように「不足して、不十分で」の意。

■ run out
ここでは「走り出る」ではなく、物質、忍耐、時間、金などに用いて、We are just about to run out of gas.（ガソリンがなくなりそうだ）のように「尽きる」を意味する。

■ be around
今いる場所の近くにいる、ということ。ここでは「生きていたい」ということを、このように表現したもの。

■ is stirring in very strange ways
文字通りの訳「変な方向に動いている」とは「騒がしくなってきている」といった意味合い。

■ driving force
driving power ともする。ここでの driving は「動力伝導の」ではなく、「影響力のある」といった意味合い。

■ atomic century
「原子力の時代」は atomic age、「核兵器」は atomic weapons、「核戦争」は atomic warfare、「原子爆弾」は atomic bomb、「核爆発」は atomic explosion、「核分裂」は atomic fission。

■ stick around
ここでは「死なないでその辺にいる、生きている」の意を表して使われたもの。なお、ここでの stick は「とどまる」を意味する口語。stick about ともする。

PHILIP : Hi, Dave.

DAVE : Hello? Mr. Case? Dave Goldman calling. I'm sorry to call you at this late hour, but I can take that job. I'm bringing my family from California immediately. I've got a house. Thanks. So am I.

: She's going to live up there all summer at her sister's. And if anybody dishes anything out, she'll be right there to dish it back.

MRS. GREEN: Yes, sir. I think I'll stick around for a long time.

: Thanks, Dave.

INT. KATHY'S APARTMENT - NIGHT - Philip runs up the stairs to Kathy's apartment door. He pauses for a moment before pressing the doorbell. Kathy opens the door and is surprised to see him. The two embrace.

Dave Goldman calling ○

immediately 直ちに, すぐに

dish out 作り上げる, がなりたてる
dish back がなり返す, やり返す ○

Yes, sir そうです ○

run up the stairs 階段を駆け上がる ○
stairs 階段 ○
press 押す
doorbell 玄関の呼び鈴 ○
embrace 抱擁する, 抱きしめる ○

ニューヨークの名前の由来

　ヨーロッパ人で最初にこの地を訪れたのはイタリアの探検家ジョバンニ・ダ・ヴェラッツァーノ (Giovanni da Verrazzano、1485-1528) で、1524年のこと。1609年にはオランダ東インド会社に雇われていたイギリス人ヘンリー・ハドソン (Henry Hudson、生年・没年不詳) がハドソン川に入る。その後、オランダ人の入植、さらに植民地の総督ピーター・ミニュット (Peter Minuit、1580-1638) が

フィリップ　：やあ、デイヴ。

デイヴ　　：もしもし？　ケースさん。デイヴ・ゴールドマンです。こんな夜遅くに申し訳ありません、ですが、例の仕事はお引き受けできます。すぐに家族をカリフォルニアから呼び寄せます。家が見つかりました。ありがとう。私もです。

　　　　　　：彼女、夏はずっと、お姉さんの家で生活するつもりだ。そして誰かが騒ぎを起こしたら、すぐにやり返す覚悟だそうだ。

グリーン夫人：ほうら。私、長生きしなくちゃね。

　　　　　　：ありがとう、デイヴ。

屋内 – キャシーのアパート – 夜 – フィリップはキャシーのアパートのドアまで階段を駆け上がる。彼は少し間を置いてから呼び鈴を押す。キャシーがドアを開け、彼を見て驚く。二人は抱き合う。

■ Dave Goldman calling
電話をかけるときの表現で、This is Dave Goldman calling（こちらはデイブ・ゴールドマンです）のこと。なお、This is Goldman speaking, Dave Goldman speaking ともする。

■ dish back
ここでの dish は叱責のことば、罵詈雑言などを「がなりたてる」ほどの意。

■ Yes, sir
性別に関係なく肯定、同意を強めて使われる。反対に「違います、とんでもない」とする際は No, sir。

■ run up the stairs
反対に「階段を駆け下りる」は run down the stairs。

■ stairs
特に踊り場から踊り場までの一続きの階段をいう。なお、階段の「一段」は stair, step、「一続きの階段」は a flight of stars、「非常階段」は emergency stairs, a fire escape、「らせん階段」は a spiral staircase。また、建物の階段や手すりなどの部分すべてを含めたものは staircase。

■ doorbell
ex. She answered the doorbell.（彼女は呼び鈴に出た）

■ embrace
この語は愛情の表現として両腕に抱くことをいう。そのため、婉曲的に異性と「性交渉する」の意をも表して使われる。

　1624年インディアンから60ギルダー相当の物品とマンハッタン島を交換し、そこを New Amsterdam と名づける。しかし、1664年、イギリス軍が侵略して、後にジェームズ2世となるイギリスのヨーク公(The Duke of York、1633-1701)の名にちなみ、New York と名づけたのである。

　　　　　　　　曽根田　憲三（相模女子大学名誉教授）

この映画から覚えておきたい

p.28	**Some other time.**	意味	またの機会に。
英文解析	文字通りの訳は「いつか他の時に」。そのため「その件についてはいずれまた話しましょう」は、この表現を使って Let's talk about it some other time. とする。「またいつかいらっしゃい」は Come again some other time、「またいずれお目にかかれると思います」は We'll meet some other time. といった具合に使い勝手のよい表現である。		
使用方法	How about a cup of coffee? (コーヒーはいかが) などと誘われたものの、余り乗り気がしないとか、用事が控えているため、「また今度ね」と断る際の表現。Maybe some other time. ともする。類似したものに Maybe next time. がある。なお、反対に断られて、「じゃあそのうちにね？」と返すときには Some other time?、How about some other time? でよい。		

p.40	**You got it?**	意味	分かったか？
英文解析	get の基本的な意味は gain とか obtain。そのため、この表現が壊れやすいものとか、重いものなどを「しっかり持ったか？」と同時に、この語の持つ別の意味 understand から、Do you understand? を表して使われる。主語の You を省略して簡単に Got it? ともする。また、「わかった」とする場合は I got it. とか I've got it. 略して Got it. だ。		
使用方法	話し手が聞き手に対し、作業や物事などの説明をしたり、指示を与えた際などの聞き手の理解を確認する表現として使われる。なお、You got it. のように肯定文にした場合は、相手からの頼みごとや依頼に対して「了解しました」の意で、また、相手の言葉に対して「その通り」と承認し、相槌をうつものとしても使われる便利な表現である。		

p.44	**Use your head.**	意味	頭を使うんだ。
英文解析	ここでの head とは体の一部としての「頭」ではなく、He used his head in solving the difficult problem. (彼は頭を使ってその難問を解決した) のように、brain とか intelligence、すなわち「頭脳、知力」を意味している。19 世紀中期の有名な諺 Two heads are better than one. (三人寄れば文殊の知恵) は、この意味での head を使ったものである。		
使用方法	課題への取り組みに悩んでいた主人公に編集長が使ったことからもわかる通り、「もっと自分でよく考えて、問題を解決しろ」という忠告として使われる。「頭を使ったらどうだ」とする場合は Why don't you use your brain? だ。俗語表現では head に代わって bean、noodle、noggin が使われる。類似したものに Think about it. がある。		

p.90	**I think I'd better be getting along.**	意味	僕は失礼するとしよう。
英文解析	I better は「〜する方がよい、〜すべきである」を意味する表現で、カジュアルな話では had better の had が頻繁に省略されたり、had がつづまって I'd better となることが多い。また get along が「先へ進む、立ち去る」を表すことから、It's time for me to be getting along. (もうおいとまする時間だ) といった意味合いとなる。		
使用方法	この表現は、後に他の用事が控えているとか、場が気まずくなったなど様々な理由から訪ねていた先等でいとまごいをする際の表現である。be getting along は be going や go に置き換えることができる。類似した表現に I've got to be running.、I better get moving.、I'd best leave now.、Time to move along.、Better hit the road. などがある。		

p.100	**I'm slowly going crazy.**	意味	俺、徐々に頭がおかしくなってきてるよ。
英文解析	crazy は Are you crazy? (君、気はたしかか？) のように、sick in the mind とか insane、すなわち「頭がおかしい」。そこから go crazy で「頭がおかしくなる、気が変になる」の意を表す。類似した表現に This is driving me crazy. とか I'm going insane. がある。なお、crazy は bonkers、mad、nuts などに置き換えられる。		
使用方法	この表現は、話し手が抱えている問題が面倒なことになったり、手に負えない状況に陥って過度の緊張やあせりからイライラしたり、不安に襲われ、どうしていいかわからないときなどに使われるいささか誇張ぎみの表現である。「気が狂いそうだ」といった意味合いで I'm about to go crazy. とか I feel like I'm going crazy. などもよく使われる。		

この 2 ページは、この映画で当社編集部がぜひ覚えていただきたいセリフの解説です。

セリフ ベスト 10

p.102	**Only got a minute.**	意味	少しの間だけ。

英文解析: minute は正確には 60 秒だが、Wait a minute. (ちょっと待って) とか Now just a minute! (おい、ちょっとまった) のように、a minute で漠然ととごく短い時間を表して使われることが多い。なお、疑問形 Got a minute? は「少し時間ある？」。ちなみに、minute は second、その省略形 sec に置き換えられる。類似したものに I don't have much time. がある。

使用方法: Do you have time right now? (今、時間がありますか) などと尋ねられた際に、急いでいて質問者に割く時間的余裕がないときなどに使われる。この表現は I've only got a minute. の I've が省略されたもの。なお、「今、お時間はおありですか？」と丁寧に尋ねる場合は Do you happen to have time right now? とすればよいだろう。

p.106	**I just couldn't wait.**	意味	私、もう待ちきれなくて。

英文解析: wait は、はっきりとした目的のために限られた時間、待つということ。ここから I just can't wait to see the movie. (その映画を見るのが待ち遠しい) のように、この語は to stay in one place until something happens だけではなく、can't wait to do で be very eager to do、すなわち「～するのを心待ちにする、～したくてしょうがない」の意を表して使われる。

使用方法: この表現は、話し手が当初の計画より先にことを始めてしまったとか、聞き手が来る前に手をつけてしまったといった際に使われる。wait に代わって hold back もオーケー。また意味合いを強調して文末に any longer を付すことも多い。なお、類似したものに、I jumped the gun. がある。ちなみに jump the gun は to start before one should の意。

p.120	**Why can't I make you see that?**	意味	どうしてあなたにそのことが分かってもらえないの？

英文解析: ここでの see は「見る」ではなく、Do you see what I'm saying. (私の言っていることがわかりますか) のように、to understand のこと。また、make you see that の「S + make + O + do」の型は「S は O に～させる」を意味する。すなわち、ここでの make は「S が O に働きかけて強制的に行動をおこさせる」といったニュアンスを表している。

使用方法: この表現は話し手が聞き手を説得したり、説明して納得させようとするものの、聞き入れてもらえないときなどに使われる。聞き手の頑固さに対する話し手のイラダチが聞こえてきそうである。類似したものに Why can't you understand what I'm trying to say? がある。なお、can't に代わって don't を用いてもよい。

p.176	**I'll let you know.**	意味	後で知らせます。

英文解析: ここでの let は She let me know the results. (彼女は私に結果を知らせてくれた) のように「S + let + O + do」の型で「S は O に～させる」の意を表す。そこで I'll let you know as soon as I'm settled. とすれば「落ち着いたらすぐに知らせます」となる。なお Let me know what you think. (君の意見を聞かせてくれ) のように let someone know は「人に知らせる」。

使用方法: この表現は、問い合わせなどに対して後で答える旨を伝える際に使われる。I'll let you know later.、I'll let you know beforehand.、I'll let you know by Friday. といった具合に「時」を表す語を伴って使われることが多い。なお、返事を遅らせつつ、その場しのぎの口実として使われることもなきにしもあらず。類似したものに I'll get back to you. がある。

p.180	**Do you wanna talk about it?**	意味	その件について話してみる？

英文解析: 文字通りには「あなたはそれについて話したいですか？」だが、「それについて話してみてはどうですか？」という意味。wanna は want to の発音綴り。なお、ここでの Do you wanna ～ は、聞かれた側の望みではなく、Do you want to go to a movie with me? (私と一緒に映画へ行くのはどう？) のように、むしろ聞き手の希望にポイントが置かれたもの。

使用方法: この表現は悩んだり、悲しんでいる人に対して使われる。話し手の思いやりが感じられる表現である。ただし、相手は言いたくないかもしれないので、その人物の性格や、体験に照らして使用するか否かの判断をする必要がある。なお、話したくない場合は I don't want to talk about it.、I don't want to talk about anything. などとすればよい。

表示のページを開いて、セリフが登場する場面の前後関係とともに、その使用法を完全にマスターしてください。

スクリーンプレイ出版物のご案内（スクリーンプレイ・シリーズ）

アイ・アム・サム
7歳程度の知能しか持たないサムは、娘のルーシーと幸せに暮らしていたが、ある日愛娘を児童福祉局に奪われてしまう。

中級

A5判 199ページ
【978-4-89407-300-5】

赤毛のアン
赤毛のおしゃべりな女の子、アンの日常にはいつも騒動で溢れている。世界中で読み継がれる永遠の名作。

最上級

A5判 132ページ
【978-4-89407-143-8】

アナスタシア
ロマノフ一族の生き残り、アナスタシアが、怪僧ラスプーチンの妨害を乗り越え、運命に立ち向かうファンタジー・アニメーション。

初級

A5判 160ページ
【978-4-89407-220-6】

アバウト・ア・ボーイ
お気楽な38歳の独身男が情緒不安定な母親を持つ12歳の少年に出会い、2人の間にはいつしか奇妙な友情が芽生える。

中級

A5判 160ページ
【978-4-89407-343-2】

雨に唄えば
サイレント映画からトーキー映画への移行期を描いたミュージカル映画の傑作！

初級

1,500円（本体価格）
四六判変形 168ページ
DVD付
【978-4-89407-443-9】

嵐が丘
荒涼とした館「嵐が丘」を舞台にしたヒースクリフとキャシーの愛憎の物語。

中級

1,500円（本体価格）
四六判変形 168ページ
DVD付
【978-4-89407-455-2】

アラバマ物語
1930年代、人種差別が根強く残るアメリカ南部で、信念を貫いた良心的な弁護士の物語。

上級

1,500円（本体価格）
四六判変形 164ページ
DVD付
【978-4-89407-462-0】

或る夜の出来事
ニューヨーク行きの夜行バスで出会った大富豪の娘としがない新聞記者の恋の結末は…。

中級

1,500円（本体価格）
四六判変形 204ページ
DVD付
【978-4-89407-457-6】

イヴの総て
大女優マーゴを献身的に世話するイヴ。その裏には恐ろしい本性が隠されていた。

中級

1,500円（本体価格）
四六判変形 248ページ
【978-4-89407-436-1】

インデペンデンス・デイ
地球に巨大な物体が接近。正体は異星人の空母であることが判明し、人類への猛撃が始まる。人類の史上最大の作戦とは。

中級

A5判 216ページ
【978-4-89407-192-6】

麗しのサブリナ
ララビー家の運転手の娘サブリナ、その御曹司でプレイボーイのデヴィッドと仕事仲間の兄ライナスが繰り広げるロマンス。

初級

A5判 120ページ
【978-4-89407-135-3】

英国王のスピーチ
幼い頃から吃音という発音障害に悩まされている英国王と一般人スピーチセラピストとの友情を描いた感動作。

中級

1,600円（本体価格）
四六判変形 168ページ
【978-4-89407-473-6】

オズの魔法使 ドット改訂版
ドロシーと愛犬トトはカンザスで竜巻に巻き込まれ、オズの国マンチキンに迷い込んでしまう。

初級

1,400円（本体価格）
四六判変形 168ページ
【978-4-89407-469-9】

カサブランカ
第2次大戦中、モロッコの港町カサブランカでカフェを営むリックの元に昔の恋人イルザが現れる。時代に翻弄される2人の運命は…。

中級

A5判 200ページ
【978-4-89407-419-4】

風と共に去りぬ
南北戦争前後の動乱期を不屈の精神で生き抜いた女性、スカーレット・オハラの半生を描く。

上級

1,800円（本体価格）
A5判 272ページ
【978-4-89407-422-4】

価格表示のないものは 1,200 円 (本体価格)

クリスティーナの好きなコト
クリスティーナは仕事も遊びもいつも全開。クラブで出会ったピーターに一目惚れするが…。女同士のはしゃぎまくりラブコメ。
上級
A5 判 157 ページ
【978-4-89407-325-8】

交渉人
映画『交渉人』を題材に、松本道弘氏が英語での交渉術を徹底解説。和英対訳完全セリフ集付き。
上級
1,800 円 (本体価格)
A5 判 336 ページ
【978-4-89407-302-9】

ゴースト ニューヨークの幻
恋人同士のサムとモリーを襲った悲劇。突然のサムの死には裏が。サムはゴーストとなり愛する人を魔の手から守ろうとする。
中級
A5 判 114 ページ
【978-4-89407-109-4】

ゴスフォード・パーク
イギリス郊外のカントリーハウス「ゴスフォード・パーク」。そこで起きた殺人事件により、階級を超えた悲しい過去が明らかに。
上級
A5 判 193 ページ
【978-4-89407-322-7】

ザ・ファーム 法律事務所
ミッチはハーバード法律学校を首席で卒業、ある法律事務所から破格の待遇で採用を受けるが、陰謀劇に巻き込まれる。
上級
A5 判 216 ページ
【978-4-89407-169-8】

サンキュー・スモーキング
タバコ研究アカデミー広報部長のニックは巧みな話術とスマイルで業界のために戦うが、人生最大のピンチが彼を襲う！
上級
四六判変形 168 ページ
【978-4-89407-437-8】

幸せになるための 27 のドレス ドット改訂版
花嫁付き添い人として奔走するジェーン。新聞記者のケビンは、取材先で出会った彼女をネタに記事を書こうと画策する。
中級
1,600 円 (本体価格)
四六判変形 200 ページ
【978-4-89407-471-2】

市民ケーン ドット改訂版
かつての新聞王ケーンが死に際に残した謎の言葉「バラのつぼみ」をめぐって物語は進んでいく…。
中級
1,400 円 (本体価格)
四六判変形 200 ページ
【978-4-89407-492-7】

シャレード
パリを舞台に、夫の遺産を巡って繰り広げられるロマンチックなサスペンス。
中級
1,500 円 (本体価格)
四六判変形 228 ページ
DVD 付
【978-4-89407-430-9】

JUNO / ジュノ
ミネソタ州在住の 16 歳の女子高生ジュノは、同級生のポーリーと興味本位で一度だけしたセックスで妊娠してしまう。
上級
A5 判 156 ページ
【978-4-89407-420-0】

シンデレラマン
貧困の中、家族の幸せを願い、命を懸けて戦い抜いた男の半生を描く。実在のボクサー、ジム・ブラドックの奇跡の実話。
中級
A5 判 208 ページ
【978-4-89407-381-4】

スクール・オブ・ロック
ロックをこよなく愛するデューイは、ルームメイトのネッドになりすまし、有名な市立小学校の 5 年生の担任となる…。
初級
A5 判 216 ページ
【978-4-89407-364-7】

スーパーサイズ・ミー
1 日 3 食、1 カ月間ファーストフードを食べ続けるとどうなる？ 最高で最悪な人体実験に挑むドキュメンタリー映画。
上級
A5 判 192 ページ
【978-4-89407-377-7】

スタンド・バイ・ミー
不良グループの話しを盗み聞きし、目当ての死体を探しに旅に出る 4 人の少年達。最初に見つけてヒーローになろうとするが…。
中級
1,600 円 (本体価格)
四六判変形 216 ページ
【978-4-89407-504-7】

素晴らしき哉、人生！
クリスマス前日、資金繰りに窮し自殺を考えるジョージに、二級天使クラレンスは彼を助けようと…。
中級
1,400 円 (本体価格)
四六判変形 224 ページ
【978-4-89407-497-2】

※2014 年 9 月現在

スクリーンプレイ出版物のご案内（スクリーンプレイ・シリーズ／その他出版物）

スラムドッグ＄ミリオネア

インドのスラム出身のジャマールは「クイズ＄ミリオネア」に出場し最終問題まで進む。オスカー作品賞に輝く感動作。

上級

A5 判 168 ページ
【978-4-89407-428-6】

第三の男

誰もが耳にしたことがあるチターの名曲とともに、事件の幕があがる…。

中級

1,500 円 (本体価格)
四六判変形 188 ページ
DVD 付
【978-4-89407-460-6】

ダイ・ハード 4.0

全米のインフラ管理システムがハッキングされた。マクレーン警察補は史上最悪のサイバー・テロに巻き込まれていく…。

上級

A5 判 176 ページ
【978-4-89407-417-0】

ダークナイト　ドット改訂版

新生バットマン・シリーズ第2作。最凶の犯罪者ジョーカーとバットマンの終わりなき戦いが今始まる…。

中級

1,600 円 (本体価格)
四六判変形 208 ページ
【978-4-89407-468-2】

ドリームキャッチャー

幼なじみのヘンリー、ジョーンジー、ピート、ビーヴァ。ある日山で遭難した彼らは拾ったことから、異生物との対決に巻き込まれる。

上級

A5 判 173 ページ
【978-4-89407-346-3】

ナイアガラ

ローズは、浮気相手と共謀し夫を事故に見せかけ殺害しようと企むが…。

中級

1,500 円 (税込価格)
四六判変形 136 ページ
DVD 付
【978-4-89407-433-0】

ナイト ミュージアム

何をやっても長続きしないダメ男ラリーが斡旋されたのは博物館の夜警の仕事。だがその博物館には秘密が隠されていた。

初級

A5 判 176 ページ
【978-4-89407-415-6】

バック・トゥ・ザ・フューチャー　ドット改訂版

高校生のマーティが30年前にタイム・スリップし、まだ若き日の両親のキューピットに。人気SFストーリー。

初級

1,600 円 (本体価格)
四六判変形 168 ページ
【978-4-89407-499-6】

ハート・ロッカー

イラク・バグダッドで活動しているアメリカ軍爆発物処理班の姿を描く。オスカー作品賞、監督賞に輝いた衝撃作！

上級

四六判変形 188 ページ
【978-4-89407-453-8】

ハムナプトラ

舞台はエジプト。リック・オコンネルは、仲間と3人で、ハムナプトラの消えた秘宝を探す旅に出たのだが…。

中級

A5 判 148 ページ
【978-4-89407-239-8】

評決

法廷は弱者にチャンスを与えるものだという信念を胸に、権力を利用する相手に立ち向かう弁護士フランク。正義はどこに…。

上級

A5 判 122 ページ
【978-4-89407-012-7】

プラダを着た悪魔　ドット改訂版

ジャーナリスト志望のアンディが、一流ファッション誌の編集長ミランダのアシスタントとなった…。

1,600 円 (本体価格)
四六判変形 200 ページ
【978-4-89407-466-8】

フリーダム・ライターズ

ロサンゼルスの人種間の対立が激しい高校で、新任教師が生徒に生きる希望を与えるように奮闘する、感動の実話。

上級

1,600 円 (本体価格)
四六判変形 184 ページ
【978-4-89407-474-3】

ミッション・インポッシブル

不可能な任務を可能にするスパイ集団IMF。人気TVドラマ「スパイ大作戦」をベースにした傑作サスペンス・アクション。

中級

A5 判 164 ページ
【978-4-89407-148-3】

ミルク

アメリカで初めてゲイと公表し、公職についた男性ハーヴィー・ミルク。だが、その翌年最大の悲劇が彼を襲う…。

中級

四六判変形 192 ページ
【978-4-89407-435-4】

価格表示のないものは 1,200 円（本体価格）

メイド・イン・マンハッタン
マンハッタンのホテルで客室係として働くマリサ。ある日次期大統領候補のクリスが宿泊に来たことからラブストーリーが始まる。

中級

A5 判 168 ページ
【978-4-89407-338-8】

モナリザ・スマイル
1953 年のアメリカ。美術教師のキャサリンは保守的な社会に挑戦し、生徒らに新しい時代の女性の生き方を問いかける。

中級

A5 判 200 ページ
【978-4-89407-362-3】

欲望という名の電車
50 年代初頭のニューオリンズを舞台に「性と暴力」、「精神的な病」をテーマとした作品。

上級

1,500 円（本体価格）
四六判変形 228 ページ
DVD 付
【978-4-89407-459-0】

リトル・ミス・サンシャイン
フーヴァー家は、美少女コンテスト出場のため、おんぼろのミニバスでニューメキシコからカリフォルニアまで旅をする。

中級

A5 判 184 ページ
【978-4-89407-425-5】

レベッカ
後妻となった「私」は、次第にレベッカの見えない影に追い詰められていく…。

中級

1,500 円（本体価格）
四六判変形 216 ページ
DVD 付
【978-4-89407-464-4】

ローマの休日　ドット改訂版
王女アンは、過密スケジュールに嫌気がさし、ローマ市街に抜け出す。A・ヘプバーン主演の名作。

1,400 円（本体価格）
四六判変形 200 ページ
【978-4-89407-467-5】

ロミオ&ジュリエット
互いの家族が対立し合うロミオとジュリエットは、許されぬ恋に落ちていく。ディカプリオが古典のリメイクに挑む野心作。

最上級

A5 判 171 ページ
【978-4-89407-213-8】

ワーキング・ガール
証券会社で働くテスは、学歴は無いが、人一倍旺盛な努力家。ある日、上司に企画提案を横取りされてしまい…。

中級

A5 判 104 ページ
【978-4-89407-081-3】

若草物語
19 世紀半ばのアメリカ。貧しいながら幸せに暮らすマーチ家の四姉妹の成長を描く。

中級

1,500 円（本体価格）
四六判変形 224 ページ
DVD 付
【978-4-89407-434-7】

もっと知りたいマザーグース
『映画の中のマザーグース』に続く第 2 作。映画だけでなく文学、ポップス、漫画とジャンルを広げての紹介に。

鳥山　淳子　著
A5 判 280 ページ
1,200 円（本体価格）
【978-4-89407-321-0】

映画英語授業デザイン集
「映画を使って英語を教えたい」または「学びたい」という人に必見。25 種類の授業紹介とワークシートがついています。

ATEM 東日本支部　監修
A5 判 176 ページ
1,800 円（本体価格）
【978-4-89407-472-9】

図解 50 の法則　口語英文法入門
洋楽の歌詞と洋画・海外ドラマの台詞を例外として、口語英語の規則性を体系化。すべての英語教師・英語学習者必読の書。

小林　敏彦　著
A5 判 212 ページ
1,600 円（本体価格）
【978-4-89407-494-1】

英語学習のための特選映画 100 選　小学生編
映画英語アカデミー学会（TAME）の先生 20 名が小学生向け映画 100 本を用いた授業方法を提案。

TAME　監修
B5 判 224 ページ
1,400 円（本体価格）
【978-4-89407-521-4】

映画の中の星条旗（アメリカ）
アメリカの現代社会について 100 のテーマを選びそれについて関係の深い映画の場面を紹介・解説しています。

八尋　春海　編著
A5 判 240 ページ
1,500 円（本体価格）
【978-4-89407-399-9】

2014 年 第 3 回映画英語アカデミー賞
外国語として英語を学ぶ、小・中・高・大学生を対象にした教育的価値を評価し、特選する、"映画賞" の第 3 弾。

TAME　監修
B5 判 216 ページ
1,600 円（本体価格）
【978-4-89407-524-5】

※2014 年 9 月現在

iPen の案内

iPen とは？
- **i**(わたしの)**Pen**(ペン)は内蔵音声データを再生する機器です。
- 先端に赤外線読み取り装置が組み込まれており、ドットコードを読み取ります。
- 上部にスピーカーとマイクロフォンが付いています。

読んでる時が聞きたい瞬間
- 特殊加工(ドットコード)印刷された英文にペン先を当てると、
- スキャナーがドット番号を読み取り内部のシステムを介して…
- MicroSD 内データを呼び出し、音声を再生します。

早送りも巻き戻しも必要なし
- 聞きたいセリフ箇所にペン先を当てるだけで直ちに聞こえます。
- DVD・ブルーレイ・USB など映画ソフト、プレイヤー・パソコンなどハードは必要なし。
- 面倒なチャプター探し、早送り、巻き戻しも一切不要です。

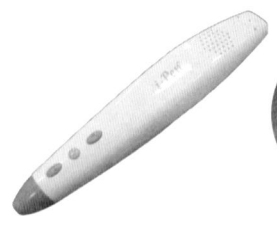

その他の機能紹介

用途	音声録音	USB 対応	ヘッドホンと MicroSD 対応
内容	本体内部にはデジタルメモリーが内蔵されており、本体上部のマイクにより外部(あなたの)音声を一時的に録音させることができます。また、録音音声をドットコードとリンクさせ、再生させることもできます。	付属の USB ケーブルを使用してパソコンと接続することができますから、パソコンで音声データ編集が可能です。単語毎、文章毎、画像の音声化などあなたの用途に応じてさまざまな音声編集をすることができます。	本体には一般ヘッドホンが接続できます。使い慣れたヘッドホンで周囲の環境を気にすることなく本体をご使用いただけます。また、音声データは基本的に MicroSD カード(別売り)に保存してご利用いただけます。
実用例	シャドーイング学習・発音確認	音声カードやフラッシュカード作り	通勤通学学習・友人と音声交換

iPen の使い方 ①

音声を再生する

電源ボタンで *iPen* を ON にします。(OFF も同様です)

❶ セリフ毎の音声再生
スクリーンプレイの英語文字周辺にペン先をあわせると、印刷行の区切りまで音声を再生することができます。同一人物のセリフでも、長いセリフは途中で分割されています。
繰り返し聞きたいときは、再度、ペン先をあわせます。

❷ チャプター毎の音声再生
チャプター毎にまとめて、連続してセリフを聞きたい時は、スクリーンプレイの目次や各ページに印刷されている (DVD) チャプター番号にペン先をあわせます。

❸ スクリーンプレイの目次
スクリーンプレイの目次は今後とも原則「10」で編集しますが、日本発売の標準的 DVD チャプターの区切りに準じます。

音声データのコピー (移動)

iPen では任意の MicroSD で PC と双方向に音声データのコピーができます。だから、MicroSD は一枚でも結構です。各映画の音声データは PC のフォルダーに保存しておきましょう。

❶ 音声データをダウンロードします
必要な音声データを PC 内フォルダーにダウンロードします。

❷ *iPen* と PC を接続します
iPen 電源オフで付属 USB ケーブルを PC に接続します。

❸ *iPen* の所定フォルダー内既存データを「削除」します

❹ 音声データをコピーします
PC 内の音声データを *iPen* の所定フォルダーにコピーします。

❺ 「所定フォルダー」や切断方法など
iPen の所定フォルダーや PC との切断方法など、詳しい内容は *iPen* 付属の取扱説明書をご覧下さい。

スクリーンプレイから「音」が出る新時代

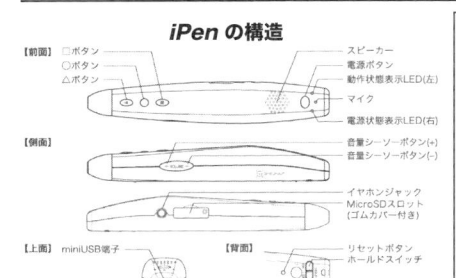

iPen の構造

【前面】
- □ボタン
- ○ボタン
- △ボタン
- スピーカー
- 電源ボタン
- 動作状態表示LED（左）
- マイク
- 電源状態表示LED（右）

【側面】
- 音量シーソーボタン(+)
- 音量シーソーボタン(-)
- イヤホンジャック
- MicroSDスロット（ゴムカバー付き）

【上面】miniUSB端子　【背面】リセットボタン／ホールドスイッチ

主な仕様

製品名	スクリーンプレイ iPen	製造元	Gridmark Inc.型番GT-11010J
サイズ	145×25×21mm	保証期間	購入日より6ヶ月製造元にて
重量	約40グラム	配給元	株式会社 FICP
マイク	モノラル	商標	iPenはFICPの登録商標
音出力	モノラル100mW/8Ω	媒体	MicroSDカード
使用電池	リチウムイオン電池3.7v (400mAh)	音声	専用音声データ（別売り）
充電時間	約5時間（フル充電で約3時間作動）	印刷物	ドットコード付き書籍（別売り）
外部電源	5V/0.8A	動作温度	0～40℃

（詳しくは本体説明書をご覧下さい）

Screenplay「リスニング CD」は？

・「リスニングCD」は、お客様のご要望により当社iPenをご利用されていない学習者の方々のために販売を継続しています。
・「リスニングCD」の有無は、下記のホームページでご確認下さい。（本作のようなパブリックドメイン作品を除きます）
・購入済み Screenplay「リスニング CD」は（送料はお客様のご負担の上、CD本体を）当社までご返送いただければ、該当タイトルの「音声データ」（ダウンロード権）と無料交換いたします。
　詳しくはホームページをご覧下さい。　http://www.screenplay.co.jp

入手方法

平成24年6月1日現在、書籍と iPen (2GB以上、MicroSDカード装着済み)は書店でご注文いただけますが、音声データは当社への直接注文に限ります。
下記までご連絡ください。

郵便、電話、FAX、メール、ホームページ

株式会社フォーイン　スクリーンプレイ事業部
〒464-0025　名古屋市千種区桜が丘292
TEL：(052)789-1255　　FAX：(052)789-1254
メール：info@screenplay.co.jp

ネットで注文

http://www.screenplay.co.jp/ をご覧下さい。
（以下の価格表示は2014年9月1日現在のものです）

iPen の価格

スクリーンプレイ *iPen* 一台　8,800円（本体価格）
　（MicroSDカード「2GB」以上、一枚、装着済み）
　（当社発売ドット出版物すべてに共通使用できます）

専用書籍

iPen を使用するには、専用の別売り ドットコード印刷物と音声データが必要です。

ドット付き　新作　　スクリーンプレイ　1,600円（本体価格）
ドット付き　クラシック スクリーンプレイ　1,400円（本体価格）
ドット付き　その他の出版物　表示をご覧下さい。

MicroSD カード

iPen 装着以外の MicroSD カードは電気店・カメラ店などでご購入ください。推奨容量は「4GB」以上です。

音声データ（ダウンロード）

音声データ(1タイトルDL)　標準　　　1,200円（本体価格）
（音声はクラシック スクリーンプレイシリーズは映画の声、それ以外はネイティブ・スピーカーの録音音声です）

送料

音声データのダウンロード以外は送料が必要です。
ホームページをご覧いただくか、当社営業部までお問い合わせ下さい。

iPen の使い方 ②

音声を録音する

❶ 録音モードに切り替える
待機状態で「○ボタン」を2秒以上長押ししてください。LED（左）が赤く点灯し【録音モード】になります。

❷ 録音する
【録音モード】になったら「○ボタン」を離して下さい。すぐに録音が開始されます。

❸ 録音の一時中止
録音中に「○ボタン」を押すと録音を一時停止します。もう一度「○ボタン」を押すと録音を再開します。

❹ 録音を終了する
「□ボタン」を押すと録音を終了します。

❺ 録音を消去する
【一部消去】、【全消去】とともに説明書をご覧下さい。

音声をリンクする

リンクとは録音音声をスクリーンプレイ左ページ最下段に印刷された (iPen) マーク（空き番号）にリンクすることです。(iPen) マークにペン先をあわせると録音音声が聞こえるようになります。

❶【リンクモード】に切り替える
リンクしたい音声を選択し、その音声の再生中／録音中／一時停止中に「△ボタン」を2秒以上長押ししてください。LED（左）が橙に点灯し【リンクモード】になります。

❷ リンクを実行する
【リンクモード】になったら、「△ボタン」を放してください。リンクの確認メッセージが流れます。その後、(iPen) マークにタッチするとリンク音が鳴り、リンクが完了します。

❸ リンクを解除する
【一部解除】、【全解除】、その他、説明書をご覧下さい。

スクリーンプレイ **リスニング・シートのご案内**

- ●リスニングシートは以下の『目的』『方法』『シートについて』『注意』をよく読みご利用ください。
- ●該当の映画メディア（DVD、ブルーレイ、3D等）を購入するか、レンタルするか、準備が必要です。
- ●映画音声で聞き取りにくい方は、まず『音声データ』（別売）または『リスニングCD』（別売）で練習してください。

目 的

リスニングシートは、ドット印刷書籍スクリーンプレイ・シリーズとして発行されている名作映画を対象に、メディア（DVDやブルーレイ、3D等）と併用して、リスニング学習を応援するためのものです。

リスニングシートは、あなたが『字幕なしで映画を楽しめるようになる』ことを目指して、何度も映画スターのセリフを聞き取りながら「完全英語字幕」を作成、リスニング学習の楽しさと喜びを感得し、英語音声の特徴と口語英語のリズムを習熟、リスニング能力向上の実現を目的にしています。

方 法

映画　リスニングシートは、書籍スクリーンプレイ・シリーズの中で「ドット印刷」として発行されているタイトルだけです。タイトルは順次、追加します。

種類　シートは4コース（初級Aコース、中級Bコース、上級Cコース、最上級Dコース）あります。

選択　ご希望のコースを選んでください。通常は『初級Aコース』から順にご利用ください。

印刷　シートは印刷（プリント）できます。標準B4サイズで印刷してください。

記入　メディアを鑑賞しながら、リスニングシートのアンダーライン部分にセリフ文字を記入します。

禁止　メディアには英語字幕がある場合がありますので、これを表示しないでリスニング学習します。

解答　解答、日本語訳、語句解説などはご購入された書籍スクリーンプレイをご覧ください。

リスニングシートについて

・初級Aコースのアンダーラインは、JACETレベル1までの中学習単語の中から設定しました。

・中級Bコースのアンダーラインは、JACETレベル3までの高校学習単語の中から設定しました。

・上級Cコースのアンダーラインは、JACETレベル6までの大学学習単語の中から設定しました。

・最上級Dコースのアンダーラインは、JACETレベル8までの8000単語すべてです。

・JACETとは大学英語教育学会のことで、JACET8000の詳しい内容は以下をご覧下さい。

http://www.j-varg.sakura.ne.jp/about/log/#2

初級Aコース（見本）

(ドット印刷) スクリーンプレイ購入者に 無料特典

リスニングシートはスクリーンプレイのホームページにあります！
http://www.screenplay.co.jp/

『ユーザー名』に半角「screenplay」、『パスワード』に本書のISBNコード下4桁を半角「ハイホン」付きで入力ください。

複数形、進行形、過去 (完了) 形、比較 (最上) 級、否定形、結合単語等もすべて含まれます。

レベルを超えた単語はすべて記入済みです。

人名や固有名詞は初めて登場する時は記入済み、2回目からはアンダーラインの場合があります。

セリフをよく聞き取って、正確に英語字幕を記入してください。
「I am」と発声していたら「I am」、「I'm」と発声していたら「I'm」です。
「wanna」は「wanna」で、「want to」は不正解です。その他、同様です。

辞書を使用することは可能です。英語字幕を表示・参照することは禁止です。

リスニングシートは転載・引用・コピー・第三者への貸与・販売等一切禁止です。

注　意

基本 ①発声されたセリフを良く聞き取って、正確に文字化し、完全な英語字幕を作成します。
②動物の鳴き声や自然物等の擬声語、擬音語は原則的に文字化する対象になりません。
③大文字と小文字の区別、コンマ、ピリオド、ハイフォンなども必要です。
④文字は半角文字で記入です。数字は算用数字の場合と文字の場合があります。
⑤正しい英文法や標準的な表記法に準拠した文章表示が大切です。
⑥実際のセリフが文法的に間違っている場合は、発声に従います。
⑦英語以外の言語が登場する場合は、あらかじめ表示されています。

ライン ①一つのアンダーラインに一つの単語が入ります。
②一つのアンダーラインに2単語以上記入があると「不正解」です。
③ただし、中には「-」や「'」で結合された複合単語などがあります。
④アンダーラインの長さは、半角英数で、正解単語の長さとほぼ一致します。
⑤「.」「,」「!」「?」などは、基本的に初めから表示されています。

最上級Dコース (見本)

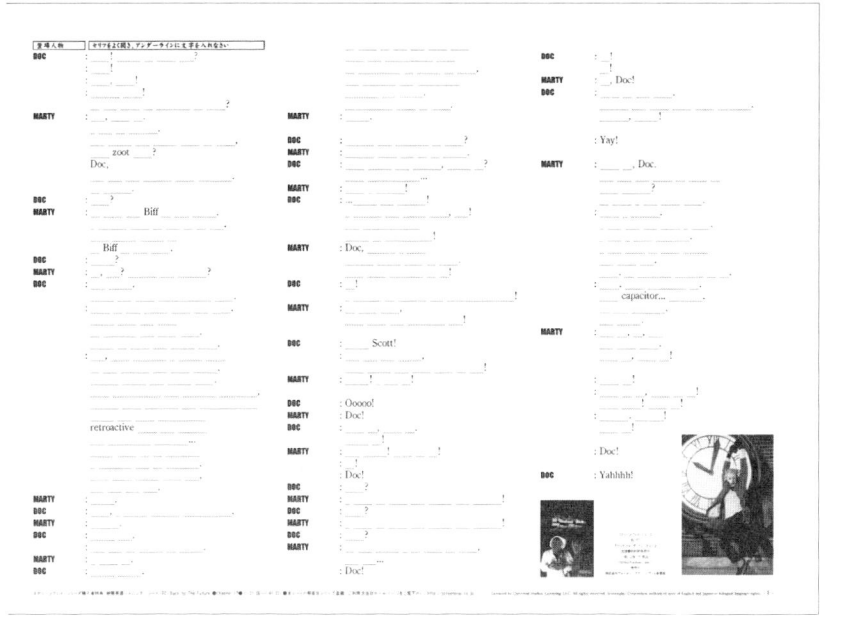

クラシック・スクリーンプレイ（CLASSIC SCREENPLAY）について
　クラシック・スクリーンプレイは著作権法による著作権保有者の保護期間が経過して、いわゆるパブリック・ドメイン（社会全体の公共財産の状態）になった映画の中から、名作映画を選んでスクリーンプレイ・シリーズの一部として採用したものです。

名作映画完全セリフ集
スクリーンプレイ・シリーズ 169
紳士協定

2014 年 10 月 10 日初版第 1 刷

監　　　修：	曽根田　憲三
翻　　　訳：	曽根田　憲三／安部　佳子／上原　寿和子／熊谷　順子 小嶺　智枝／中村　真理／宮津　多美子／宮本　節子
前文・コラム：	曽根田　憲三／羽井佐　昭彦／鈴木　涼太郎
語句解説：	曽根田　憲三
協　　　力：	Gary Bourke／曽根田　純子
10 のセリフ：	Mark Hill／曽根田　憲三
英文担当：	Mark Hill
編 集 者：	Mark Hill／塚越　日出夫／鈴木　誠／内山　芳博 梅田　麻美／鯰江　佳子
発 行 者：	鈴木　雅夫
発 売 元：	株式会社フォーイン　スクリーンプレイ事業部 〒 464-0025　名古屋市千種区桜が丘 292 TEL: (052) 789-1255　FAX: (052) 789-1254 振替: 00860-3-99759
印刷・製本：	チューエツ株式会社
特　　　許：	吉田健治／グリッドマーク株式会社（ドット印刷）

定価はカバーに表示してあります。
無断で複写、転載することを禁じます。
乱丁、落丁本はお取り替えいたします。

Printed in Japan
ISBN978-4-89407-522-1